國家"2011計劃"出土文獻與中國古代文明研究協同創新中心成果

此書為國家社科基金重大項目"戰國文字詁林及數據庫建設"
（項目批准號：17ZDA300）階段性成果

孫稚雛學術叢稿

孫稚雛 著

中山大學出版社

·廣州·

版權所有　翻印必究

圖書在版編目（CIP）數據

孫稚雛學術叢稿/孫稚雛著．—廣州：中山大學出版社，2018.12
ISBN 978-7-306-06537-7

Ⅰ.①孫…　Ⅱ.①孫…　Ⅲ.①漢字—古文字學—文集　Ⅳ.①H121-53

中國版本圖書館 CIP 數據核字（2018）第 300395 號

出 版 人：王天琪
責任編輯：裴大泉
裝幀設計：林綿華
責任校對：佟　新　趙　婷
責任技編：黃少偉
出版發行：中山大學出版社
　　　　　編輯部電話（020）84111996，84113349
　　　　　發行部電話（020）84111998，84111160，84111981
地　　址：廣州市新港西路135號
郵　　編：510275　　傳　　真：（020）84036565
網　　址：http://www.zsup.com.cn　　E-mail：zdcbs@mail.sysu.edu.cn
印 刷 者：佛山市浩文彩色印刷有限公司
規　　格：787mm×1092mm　16開本　20印張　443千字　14彩頁
版　　次：2018年12月第1版
印　　次：2018年12月第1次印刷
定　　價：128.00圓

本書如有印裝質量問題影響閱讀，請與出版社聯繫調換

1968年春，廣州

1988年夏，湖北武當山金頂

1983年春，香港中文大學

1995年，新加坡

1995年，香港大嶼山

1998年3月，北京天安門

1998年3月，九屆全國人大開會期間在北京飯店過生日

2001年3月，在北京參加九屆全國人大第五次會議

2001年3月，參加九屆全國人大第五次會議並在廣東團大會發言

2002年，雲南大理蝴蝶泉边。與電影《五朵金花》男主角阿鵬飾演者莫梓江合影

2008年，廣州

2014年，澳大利亞悉尼

厚德載物　老樹新花

江湖歸白髮　詩酒醉紅顏

洗硯魚吞墨　烹茶鶴避煙

節臨中山王鼎銘

嘉樂君子，受天之祿（田煒 書）

古之作者，寄身於翰墨，見意於篇籍，不假良史之辭，不託飛馳之勢，而聲名自傳於後

蒼蒼竹裡寺，杳杳鐘聲晚。荷笠帶斜陽，青山獨歸遠

咬定青山不放鬆，立根原在亂崖中，千磨萬折還堅勁，任爾顛狂四面風

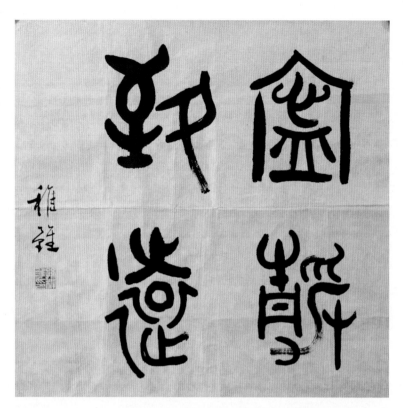

寧靜致遠

執兩用中

滿目青山夕照明

離離原上草，一歲一枯榮。野火燒不盡，春風吹又生

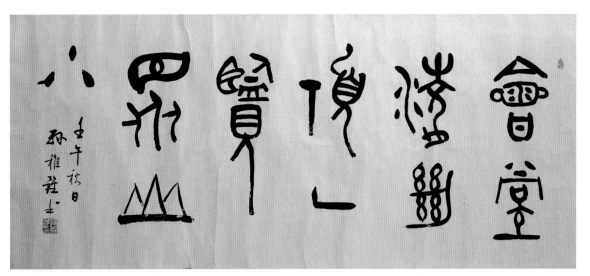

會當凌絕頂，一覽衆山小

色不異空

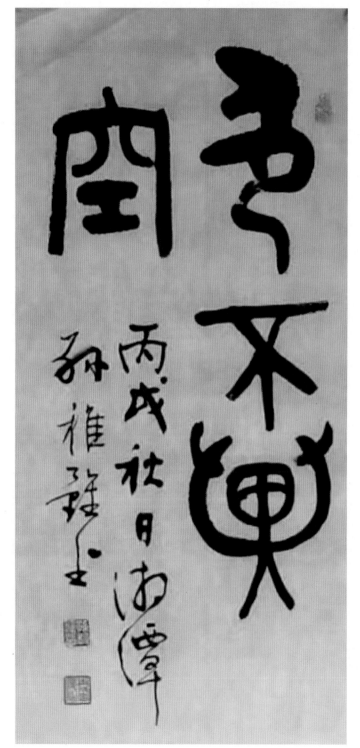

積健為雄

一炁通天地，滴水轉乾坤

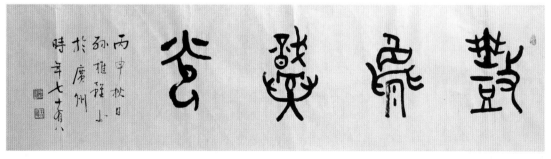
蓬薄熾光

如魚得水（戲作）

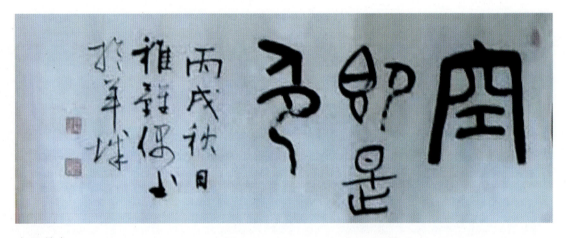

空即是色

孫稚雛印
（馬國權刻）

孫稚雛印
（蕭毅刻）

虎髭
（蕭毅刻）

七十讀易
（田煒刻）

目　　錄

《三代吉金文存》辨正 ……………………………………………（1）
《三代吉金文存》重印說明 ………………………………………（41）
天亡簋銘文匯釋 …………………………………………………（45）
保卣銘文匯釋 ……………………………………………………（64）
郊竝果戈銘釋 ……………………………………………………（90）
長由盉銘文匯釋 …………………………………………………（95）
㝬羌鐘銘文彙釋 …………………………………………………（103）
毛公鼎銘今譯 ……………………………………………………（117）
盂鼎銘文今譯 ……………………………………………………（126）
牆盤銘文今譯 ……………………………………………………（132）
刃其三卣應先辨真偽 ……………………………………………（136）
中山王䰲鼎、壺的年代史實及其意義 …………………………（138）
金文釋讀中一些問題的商討 ……………………………………（168）
班簋銘文釋讀的一些問題 ………………………………………（188）
淮南蔡器釋文的商榷 ……………………………………………（196）
江陵昭固墓若干問題的探討 ……………………………………（200）
說文新解質疑 ……………………………………………………（210）
字詞辨正 …………………………………………………………（214）
學普通話要多開"尊口" …………………………………………（232）
書法的魅力與多媒體教學 ………………………………………（233）
草書、楷書和行書 ………………………………………………（235）
《說文解字》與篆書藝術 …………………………………………（240）
契齋書法辨偽 ……………………………………………………（246）

韓威生《書法集》序 …………………………………………（266）
容庚先生在學術上的貢獻 ……………………………………（268）
鍥而不捨　自強不息
　　——容庚教授青年時代求學的故事 …………………（307）
中國古文字的發現與研究 ……………………………………（310）

後記 ……………………………………………………………（315）

《三代吉金文存》辨正

《三代吉金文存》是四十多年前出版的一部青銅器銘文專集，羅振玉將其畢生所蒐集的金文拓本於一九三六年編纂成書，次年影印行世。這部書的問世，以其蒐羅之富、鑑別之嚴、印刷之精而成為金文研究者不可多得的一部工具書。

人們重視這部書，是因為它給以後的金文研究提供了極大的方便。大家知道，商周青銅器向來被人們視為瑰寶，出土後，往往為官紳大賈所得，密室深藏，秘不示人，所以連吳大澂都有"拓本至不易得"的慨嘆（《愙齋》4.11）。[①] 可是對研究者來說，卻希望材料提供得愈完備愈好，最好是將各種材料彙集一處，以備採用，這就是人們經常道及的"合集"、"彙釋"之類。《三代》實際上是我國三十年代一部質量較高的"金文合集"，這部"合集"，直到今天依然閃耀光彩，它仍然是金文研究者案頭必備的工具書。由於原書印數較少，海外競相翻印，據不完全統計，有八開、十六開、三十二開等各種印本達七千冊之多，而為這部書作續編的有于省吾先生的《商周金文錄遺》、周法高先生的《三代吉金文存補編》，為它編製索引的有日本學者林巳奈夫的《三代吉金文存器影對照目錄》和周法高等的《三代吉金文存著錄表》。筆者在前人研究的基礎上，根據十八年來校讀金文所得，編成《金文著錄簡目》

---

① 為節省篇幅，本文引書皆用簡稱，詳後附錄《引用書目及其簡稱表》。書名後的數字，一般表示卷（冊）、頁和同頁內器之順序，用"·"點隔開，如《愙齋》4.11指《愙齋集古錄》卷四、十一頁。下同，不再注。

一書，其中也包括了《三代》的全部條目。前不久，羅福頤先生還刊行了《三代吉金文存釋文》。

雖然這部書給以後的金文研究提供了方便，但也給人們帶來了許多困惑，因為除拓本和目錄外，全書有關器形、出土、著錄、收藏、釋文和考證等各方面的情況，都不置一辭。我們知道，銘文離開了器物，其研究價值便有所減損，而僅僅印行拓本的書，其參考價值便大大減低。當然，對編者來說，當年這樣做是有情可原的，因為許多器物出土已久，器影、出土地與流傳經過早已無法追尋，加之羅氏年逾七旬，自知"炳燭餘光"（自序語），也來不及對畢生所蒐集的大量材料進行全面的整理與考釋，於是儘快公佈材料，以利後學。從表面上看，這是一種客觀地公佈材料，其實仔細考察，它的內含卻相當豐富，分類排列的本身，包含了編者對銅器分類學、器物定名、辨偽以及拓本的審定等各方面的豐富知識。因此，研究我國三十年代的這部"金文合集"，對於更好地利用此書，對於編纂新的"金文合集"，都有十分重要的意義。

從一九六三年以來，筆者在容希白師指導下，曾用近兩年的時間，兩度校讀《三代》，現在將學習中發現的問題歸納為辨類、正名、疑偽、漏拓、重出、分置、誤合、反置、誤釋、錯簡十項，逐一寫出自己的一些意見，希望能得到海內外學者，尤其是曾經參與過編纂《三代》的前輩學長的教正。在這裏應該特別說明的是，像《三代》這樣一部四十多年前出版、蒐羅又是那麼豐富的書，由於時代和認識上的局限，出現這樣或那樣的缺點是不足為奇的。四十年來，隨著大量青銅器的出土，金文研究有了長足的進步；國內外的藏家，也陸續出版了他們收藏的各種青銅器圖錄，這使我們看到了《三代》編者當年無法看到的許多材料，因此，用這些材料和新的觀點來校正《三代》，是我們今天有可能也應該進行的一項工作。這一工作，過去雖有學者在他們的著作中零星地提到過，但系統地、全面地校正此書，則尚未有所聞。因此，筆者將自己一些粗淺意見寫出來，作為拋磚引玉之用。由於水平不高，學力有限，錯誤之處在所難免，有些意見，可能時賢早已指出，而自己卻囿於見聞，未曾涉獵，這些都希望讀者隨時加以指正。

壹、辨　類

　　《三代》分商周青銅器為二十六類，其排列次序為：鐘（卷一）、鼎（卷二、三、四）鬲（卷五上）、甗（卷五下）、彝（卷六）、毁（卷七、八、九）、簠（卷十上）、簋（卷十中）、豆（卷十下）、尊（卷十一上）、罍（卷十一下）、壺（卷十二上）、卣（卷十二下、十三上）、罋（卷十三下）、盉（卷十四上）、觚（卷十四中）、觶（卷十四下）、爵（卷十五、十六上）、角（卷十六下）、盤（卷十七上）、匜（卷十七下）、雜器（卷十八）、戈（卷十九）、戟（卷二十上）、矛（卷二十中）、雜兵（卷二十下）。排列先後大致依器物的作用來分，即以樂器、食器、酒器、水器、雜器、兵器為序。這種分類法與我們今天一般的分類，有歧異的有如下幾種：

　　（一）方彝與毁（簋）混同。《三代》卷六所收彝類，實際包括方彝和圈足毁兩種，後者應歸幷入毁類。方彝乃酒器，不應與食器混同，應單獨列為一類。《三代》所收方彝為數不多，先據有器形可考查者剔出如下，其餘的絕大部分是毁。還有很少一部分其他的器也混入了彝類，具體詳後。

　　1. 𰙔方彝　《三代》6.1.1

　　圖像見容師《通考》圖595、《白鶴》20、《日精華》4.278，乃方彝。

　　2. 亞醜方彝（一）　《三代》6.6.8

　　圖像見《弗里爾》（1967）No.37，《考古學報》1977年第2期圖版壹：5，乃方彝。

　　3. 亞醜方彝（二）　《三代》6.6.9

　　圖像見《通考》圖596，《故宮》31期，《故宮周刊》419期，《故圖》下上118，乃方彝。

　　4. 亞又方彝　《三代》6.9.6

　　圖像見《鄴初》上15，《通考》圖593，《通論》圖161等。乃方彝。

5. 仲追父方彝　《三代》6.35.8

圖像未見。《貞松》4.42.4 著錄此器銘文，謂："此方彝失蓋，往歲見之津沽。"故知器為方彝，《金文編》誤作殷。

6. 燮子方彝　《三代》6.36.4

圖像見《海銅》26，《劫掠》A648，蓋器全，《三代》僅有器銘。

7. 〇作父辛方彝（一）　《三代》6.41.3

圖像見《長安》1.13，《海外》圖96，《通考》圖602，《日精華》4.281等。乃方彝。

8. 又二　《三代》6.41.4

此器較上器略小，圖像見《懷米》上11，失蓋。《海外》考釋第15頁謂："《奇觚室吉金文述》（卷五第八頁）著錄一銘，疑即曹器之蓋也。"

按：《奇觚》所錄乃一觥銘，圖像見《弗里爾》（1976）44，非此方彝之蓋。

9. 吳方彝　《三代》6.56.1

圖像見《通考》圖605，乃一方彝之蓋。

10. 令方彝　《三代》6.56.2

圖像見《歐精華》1.10-11，《通考》圖603，《通論》圖16.5，《劫掠》A646。乃方彝。

《三代》還有部分方彝誤入尊類，亦應別出歸并於此。

11. 〇方彝　《三代》11.3.5

圖像見《劫掠》A642，是一種直筒形的方彝，有蓋，《三代》以為尊。

12. 子蝠形方彝　《三代》11.5.1

圖像見《劫掠》A639《三代》稱尊。

13. 母〇帚方彝（一）　《三代》11.16.2

圖像未見。著錄各書《筠清》2.23 稱尊，《攈古》一之二.76 稱卣，《愙齋》13.15、《綴遺》17.20、《小校》5.15.5 皆稱方尊。據此可知是器形方有蓋，介乎尊、卣之間，當為方彝。

14. 龏乍父癸方彝（蓋）　《三代》11.32.4

圖像未見。著錄各書如《從古》6.13 稱尊，《攈古》一之二.61，《小校》5.34.3 稱尊蓋，《愙齋》13.13、《綴遺》17.27 稱方尊蓋，《周金》5.9 稱尊蓋而著名方形。按：尊一般侈口無蓋，有蓋而形方者當為方彝。

15. 亞受鼎斿若癸方彝　《三代》11.26.4

圖像見《劫掠》A641，《三代》稱尊。

16. 師遽方彝　《三代》11.37.2

圖像見《通考》圖 604，《通論》圖 166，《上海》58，《三代》稱尊。

（二）"敦"與殷合一。宋代以來的金文家，大多把銘文中的殷字釋作"敦"，但金文中有自名䵼、膳䵼者，形與殷不同。近代各金文家大多將敦單獨列一類，而《三代》卻仍將自名䵼、膳䵼者歸入殷類。現別出如下。

1. 齊侯飤䵼（一）《三代》7.23.5

圖像未見。據銘文自稱"飤䵼"，當入敦類。

2. 又二《三代》7.24.1

圖像未見。蓋器對銘，據自名亦當入敦類。

3. 齊侯乍孟姜䵼䵼《三代》8.35.1

圖像見《歐精華》3.203，《通考》圖 390，《通論》圖 82，《劫掠》A284 等，束頸、體扁圓、兩環耳之間飾三道凸弦紋，蓋上有四環耳。由銘文自稱"䵼䵼"，知仍應列敦類。

4. 陳侯午鎛鐸（一）《三代》8.42.1

圖像見《家居》12，《通考》圖 375，《通論》圖 79。自名"鎛鐸"，形圓，蓋上有三環耳，倒立時可為足，乃敦非殷。

5. 又二《三代》8.42.2

按：此器銘拓中部泐數字，銘文行款、字數、銘首記年皆與上器同，知亦自銘鎛鐸者。器作半圓形，改三環足為三獸足，與上器略異，圖像見《武英》79，《通考》圖 377，《通論》圖 78 等。

6. 陳侯因資鐸《三代》9.17.1

圖像見《善彝》88,《大系》圖144,《通考》圖378。形圓,兩環為耳,三環為足,失蓋。自銘為"鐸"。

(三)盨誤釋作"簋"。《三代》卷十所錄"簋"類,其實是盨,"簋"乃盨字之誤。按:簋即殷字,自宋代以來,多將殷字誤釋為"敦"而讀盨為"簋"。所以此類器名均應改稱盨。值得注意的是,有些盨自名為"殷",這是因為盨這種形制是由殷發展而來的,所以形如盨而自名為"殷"或"盨殷"的銅器,均應屬盨類。又《三代》盨類中也混入了其他的器,則應剔出。

1. 華季盨《三代》7.33.3

是器自銘為殷而器形為盨,圖像見《武英》83,《通考》圖373,《故圖》下下205,失蓋。《三代》入殷類。按:《三代》對此種情況之處理,體例不一。華季盨屬殷類,而魯司徒白吳盨自名"旅殷",卻入盨類(《三代》10.33.1,圖像見《善齋》9.14,《冠斝》上30),後者是正確的,應根據形制稱盨。

2. 滕侯作旅盨《三代》8.9.1

圖像未見。《三代》據銘文中有"旅殷"二字,屬之殷類。按:是器亦著錄於《攈古》二之二.86,吳式芬稱"滕侯簋蓋",知其形當為盨蓋,《金文編》亦稱盨,《大系》錄編211誤作滕侯穌殷。

3. 我方鼎蓋《三代》10.43.2

《三代》稱禦簋(盨)。按:此乃一方鼎之蓋,圖像著錄於《尊古》2.19,《尊古》2.18乃其器形。容師《善彝》考釋(第45器)謂:"此器出於洛陽,初由虹光閣購得,僅殘銅數片。轉售於尊古齋,補綴成今形。後其蓋復出,形略如盨蓋,索價甚昂,善齋不之收,今不知歸何所矣。"

4. 乍遣盨(盉?)《三代》10.30.5

圖像未見。銘曰"乍遣盨,用追考匃萬年壽,孀冬。"著錄各書皆據銘文稱盨。《劫掠》R519附錄其銘,未錄圖像,稱之為盉。174頁附錄拓本說明曰:遣盉,蓋銘十二字,素,高18.8,口徑13,款19.5"。是陳氏當見過此器,稱盉與自銘為"盨"有矛盾,姑存此以備查考。

（四）圈足觥混入匜類。《三代》未單獨列觥類，凡觥之屬皆入卷十八雜器類。但有一部分圈足觥與匜混同了，其中有圖像可考者五器，據銘文可改訂為觥者一器。

1. 父戊♦觥《三代》17.23.4

圖像見《通考》圖675，《劫掠》A654。非匜乃觥。

2. 責引觥《三代》17.24.4

圖像見《陶齋》3.35.《上海》16，非匜乃觥。

3. ▨乍父辛觥《三代》17.26.3

圖像見《弗里爾》（1976）圖44乃觥非匜。

4. 亞醜者姤曰太子方觥（一）《三代》17.26.5

圖像見《日精華》3.262，《考古學報》1977年第2期34頁後所附之圖版貳：2，乃方觥，非匜。

5. 又二《三代》17.27.1

圖像見《周金》5.74（蓋）75（器），有全形拓本，據此可知非匜乃觥。

6. 冊▨▨▨觥《三代》17.23.1

圖像未見。蓋器對銘，著錄各書皆以匜名之。

按：匜的出現較晚，大約在西周中晚期以後，此器有蓋，銘文時代較早，當為觥，今暫改列入觥屬。

（五）鎛與鐘混淆。鐘、鎛雖是同類樂器，但它們的作用和名稱皆有所不同，如合併為一類，應在器名上要有所區別，不能統統叫做鐘。《三代》目錄中除齊侯鎛一器署名鎛外，其他都以鐘名之。今據有圖像可考者，將鎛列舉如下：

1. 卯鎛《三代》1.2.2

圖像見《夢郼》上1，器形為鎛。

2. ▨侯鎛《三代》1.3.1

圖像見《善彝》圖一七，銘稱"龢鐘"而其形乃鎛。

3. 克鎛《三代》1.24.1

器形見《文物》1972年第6期圖版壹。著錄此器各書，因未見圖像，皆以鐘名之。

4. 郑公孫班鎛《三代》1.35.1

圖像見《夢郼》上3，乃鎛。

5. 郘原鎛（二）《三代》1.37.2－39.1

《三代》著錄共二器，第一器圖像未見，此其二。圖像見《善彝》16甲，《故圖》下下470－472，《中華》87等，器形為鎛。

6. 者汈鎛《三代》1.42.1

圖像見《善齋》1.16，器形為鎛。

7. 鬻鎛《三代》1.66.2－68

圖像見《通考》圖969，《上海》85，器銘亦自稱為鎛。

以上所舉五類39例，是在分類上有比較明顯缺點的例子，其他如戈戟之分，豆籩之辨，以及某些具體器物的定名，如匜究竟是"簠"呢，還應該是"瑚"等等，都還有進一步研究的必要。因為這些離題較遠，在這裏就不贅述了。

貳、正　名

銅器器名的確定，只有很少一部分器物會出現模棱兩可的現象，絕大部分器物的名稱是確定的，例如鼎絕不可能與斝、卣、盤、匜等混同，如果把斝當做鼎，那就不是分類上的不同而是真的弄錯了，對這類弄錯了名稱的器，必須改正。本節所述即此。

1. 戍斝《三代》2.3.8

圖像見《歐精華》66，《通論》圖109，《劫掠》A304，乃斝，《三代》誤作鼎。

2. 乍公尊彝卣《三代》3.10.6

圖像見《劫掠》A619，乃卣，《三代》誤作鼎。又漏拓器銘（詳後）。

3. 董臨乍父乙殷（蓋）《三代》3.14.4

是器曾為阮元所藏，著錄於《積古》1.14，稱鼎。圖像見《兩罍》3.8－9，稱鼎蓋。著錄此器各書亦多以鼎名之。按：從圖像看，乃一圓形之蓋，似為殷蓋。又《三代》誤將此圓蓋與一方鼎配合，詳後。

4. 趩乍文父戊甗《三代》3.17.3

《三代》稱鼎，《周金》5.31 稱甗，謂："高一尺余，文在口內，嘉興沈淇泉衛視學陝西所得，壬子冬初拓此紙。"今據正。

5. 齊侯乍孟姜匜《三代》4.14.2

按：是器自銘"盥盉"，器形為匜，《三代》誤作鼎。《周金》4.20 有全形拓本，此外著錄是器圖像的還有《大系》圖 150、《通考》圖 858、《通論》圖 261，《劫掠》A830 等書。

6. 師趛鬲（一）《三代》4.10.3

7. 又二《三代》4.11.1（較上器小，銘文間有間格）

師趛鬲所見凡二器，一大一小，《三代》皆稱鼎。其中大的一器現藏故宮博物院，著錄各書皆未附圖形。是器附耳蹄足，腹飾夔紋獸面，雲雷紋補地，附耳上作雙環紋，通體色黑發亮，形制介乎鼎、鬲之間。另一器現藏上海博物館，《貞圖》上 24、《通考》圖 54 等著錄其圖像，柱足較長，有鳥紋一道橫列腹中，頗異於常制。兩器銘文皆自名為"䰜"。按：器自名為"䰜"的尚有羋肇家鬲（《三代》5.28，"鑄作䰜"）、珊生鬲（《文物》1965 年第 7 期 22 頁圖九"乍……尊䰜"），䰜、䰜、䰜皆鬲之別名，所以師趛二器當按其自名改列入鬲類。①

8. 趛殷《三代》4.33.2

圖像未見。《窻齋》5.10《周金》卷二補遺（附於卷三後），《小校》

---

① 參看拙作《金文釋讀中一些問題的商討》二，"鬲自銘為䰜"，載 1979 年《中山大學學報》（哲學社會科學版）第 3 期 57 頁。

3.25.2，《文錄》1.23 等書皆誤作鼎。只有《韡華》丙 36 稱敦（殷），《安徽金石》1.20.3 稱彝，徐乃昌注云：舊藏南海李氏，今藏合肥李氏。"因器曾為合肥藏家所藏，故徐乃昌、柯昌濟的定名較為可信。據友人云，是器現存日本書道博物館，確為殷而非鼎。

9. 子隻君妻（齍）《三代》6.22.5

圖像未見，《三代》屬彝類。《續殷》上 41.1 稱殷，《小校》2.30.5 稱鼎。按：器銘中的"妻"當為器之自名，妻即盡字，銅器中有方鼎而自名為"盡"者，如《三代》2.49.5 弔乍懿宗方鼎，《三代》3.16.1 季盤乍宮白方鼎，銘文皆自銘為盡，盡即齍字。故此器乃鼎而非彝。

10. ✿乍父乙尊彝卣《三代》6.32.3

《三代》屬彝類。是器《劍古》上 19 稱壺，《續殷》下 73 稱盉，容師注作"卣"，今暫依師說稱卣。

11. 延乍周公盤《三代》6.37.2

圖像見《歐精華》150，《通考》圖 829，《通論》圖 252 等，乃一附耳蟬紋盤，《三代》誤作彝。

12. 魯侯鴞尊《三代》6.37.3

圖像未見，《綴遺》18.28 引潘祖蔭曰："此器作鴞鳥，形制絕奇異。銘為大亞形，此蓋銘也。"知此器為鴞形尊。《三代》、《貞補》上 22、《周金》3.115 皆稱彝》，《小校》9.50 稱盉。

13. 隹乍父己尊《三代》6.41.1

圖像見《劫掠》A452，乃尊，《三代》誤作彝。

14. 北子乍母癸方鼎《三代》6.42.4

圖像見《斷代》（三）第 38 器圖版貳（左），陳夢家曰："山西洪桐劉鏡古（肇鑑）舊藏，1955 年見原器。"乃方鼎。《三代》、《攗古》二之一.22 皆誤作彝。

15. 大保作宗室鼎《三代》6.42.8

圖像未見。《三代》、《小校》7.38.3 皆稱彝，《從古》11.7 稱鼎。徐同柏曰：銘口側二字，腹中二行七字，首一字蝕。"所記頗詳，今據改作鼎。

16. 燮子旅乍且乙甗 《三代》6.45.4

《三代》原屬彝類。按：是器圖像見《日精華》3.208，乃甗，《金文編》作殷，亦誤。

17. 明公尊 《三代》6.49.2

清宮舊藏，曾著錄於《西清》13.8，其後著錄其圖像者有《大系》圖57，《通考》圖301，《通論》圖53。器形極似有方座之殷，故各家多以殷名之，其實器腹中空，當正名為尊。

18. 屯作兄辛卣 《三代》7.18.4

圖像見《賸稿》27，《歐精華》1.82，《劫掠》A623，器形為卣，《三代》誤為殷。

19. 剔休角 《三代》7.26.1

圖像未見。《周金》3.111稱彝，《三代》、《貞續》上37稱殷。按：《綴遺》26、28稱陝角，謂："據龔孝拱郎中拓本參以潘益所輯拓本摹入。"據兩家拓本所記而定名為角，應較可信。

20. 小臣傳卣 《三代》8.52.1

圖像未見。著錄此器各書，《積古》6.12、《攗古》三之一.37，《奇觚》16.31稱敦（殷），與《三代》同。《愙齋》13.11，《綴遺》17.28，《小校》5.39.2稱尊。方濬益曰："小臣傳尊……吳平齋觀察所藏器，據拓本摹入。按此器《積古齋款識》已錄，名師田父敦，可辨者四十字，又多誤釋。光緒己卯，此器至吳中，器蓋幷全，經古肆洗剔，復得十餘字，蓋則以破裂黏合不可剔。觀察得之，圖其狀以諗陳壽卿編修，編修定為尊。"按：形與尊近而有蓋者，當為卣，故《周金》5.80稱卣，《吳興金石記》亦稱卣。

21. 匿尊 《三代》10.25.1

圖像未見。《攗古》三之一.32似不知何器，以銘文中有"甫"字，故名之曰簠。《綴遺》18.21稱尊，曰："嘉興姚六楡（觀光）所藏器，據朱建卿助教手拓本摹入。"以後著錄各家，大多以卣稱之。《周金》5.84曰："此器前以中有匩字，誤列入簠補遺內，今據此舊拓，知匩為名，乃卣也。後列之，幷識吾過。"按：三代據舊說作簠，肯定是不對的，但應為尊呢？還是卣？根據一般的情況，尊侈口無蓋，卣則有蓋而且往往蓋器對銘，此器僅一銘，各書所記皆未云有蓋，所以是尊的可能性較大，又《綴遺》所記藏家與傳拓者皆較詳細，而《周金》、《韡華》（庚上4）等書。雖定名為卣，但未說出根據，故今暫以尊名之。

22. 🯄方罍《三代》11.3.6

圖像見《冠斝》上31，失蓋。器形為罍，《三代》稱尊。

23. 亞醜方罍《三代》11.4.1

圖像見《懷米》上8，《故宮博物院院刊》1958年第1期40—50頁，器形為罍，失蓋，《三代》稱尊。

24. 亞醜方觚《三代》11.4.4

圖像見《武英》133頁，《通考》圖568，《故圖》下下379。《考古學報》1977年2期圖版貳:5，乃方觚，《三代》稱尊。

25. 🯄母辛殷《三代》11.12.4

圖像未見。《綴遺》6.18稱殷，謂："潘伯寅尙書所藏器，據拓本摹入。"《三代》、《續殷》（上55.7）皆稱尊。

26. 亞🯄🯄🯄罍《三代》11.18.3

圖像見《懷米》上9，《上海》13，器形為罍，《三代》稱尊。

27. 臥盤《三代》11.20.2

圖像未見。《三代》稱尊。按：著錄此器各書，《筠清》2.20，《攈古》一之三.22.1，《小校》5.18.3稱尊，《從古》7.26，《綴遺》7.3，《周金》4.19稱盤。方濬益曰："矩盤銘五字，筠清館已錄，題為尊，云夏松如藏器，茲據唐鷦安司馬所輯拓本摹入，並據其題記更定為盤。"今暫據方氏說改為盤。

28. 虘乍父丁觥《三代》11.21.2

圖像見《斷代》（一）圖版拾壹、拾貳，《劫掠》A662。乃觥，《三代》稱尊。

29. 焱乍父丁方罍《三代》11.30.3

圖像見《懷米》上7，器形為方罍，失蓋。《三代》稱尊。

30. 拍乍祀敦（蓋）《三代》11.33.3

圖像未見，《三代》稱尊。著錄此器各書《積古》8.9、《奇觚》8.11稱拍盤，《攈古》二之三.47稱拍尊蓋，《周金》4.33稱舟。許瀚曰："其器乃尊蓋上有三環，仰之可以代足。"羅福頤先生曰："曾見器形拓本，似是殷蓋。"按：器上有三環，仰之可以代足者，敦蓋也，應定名為敦。

31. 趞乍姑寶彝卣《三代》11.34.2-3

圖像見《斷代》（二）116頁圖版拾圖十六，《劫掠》A613，《弗里爾》（1967）No.54，為潘祖蔭舊藏之卣，《三代》作尊。

32. 趞殷《三代》11.38.1

圖像見《恆軒》上50，《大系》圖206，《冠斝》補遺2，《斷代》（六）113頁圖版貳（下）。形似觶而大，似尊而腹淺，故《恆軒》、《三代》等稱尊，《大系》、《冠斝》作觶，容師以為乃無耳殷，今暫列入殷屬。

33. 亞醜卣《三代》12.1.7

圖像見《清乙》8.39，《寶蘊》84，《通考》圖643，《故圖》下下275。《寶蘊》稱壺，《通考》改作卣。按：是器環耳侈口，當以卣名之較佳。

34. 亞旁罍《三代》12.1.8

圖像見《歐精華》2.130，《劫掠》A780，器形為罍，無蓋。《三代》稱壺。

35. 玄婦方罍《三代》12.2.1

圖像見《西清》19.14，《陶續》下5，《通考》圖788，《日精華》1.20，器形為方罍。《三代》稱壺。

36. 㪤亞父乙觶《三代》13.1.3

著錄此器各書如《韡華》戊3，《小校》5.13.6等皆稱尊，《三代》稱卣。按：是器曾為南海李宗岱（山農）漢石園所藏，友人曾以器形照片見示，乃觶，據正。

37. 白☐尊（二）《三代》13.18.2

圖像見《劫掠》A555，現藏美國帝揚博物館。器有二獸耳，無提梁，口部橢圓。《三代》稱卣，《劫掠》附於觶類。按：據器形應稱為尊。

38. ☐乍兄癸卣《三代》13.53.2

39. ☐兄癸乍卣《三代》13.53.3

二器圖像皆未見。著錄各書多稱斝，《三代》亦作斝。按：《愙齋》19.10，《綴遺》11.14，《小校》4.39.1 作卣，方濬益曰："舟卣銘八字（按：實為六字），潘伯寅尚書所藏器，據拓本摹入。按"此即《積古齋款識》所錄父舟斝三器之第二銘也。所據為趙謙士侍郎摹本，點畫失眞，又以器為斝，今並訂正。"

40. ☐父丁卣　《三代》14.4.2

圖像見《澂秋》49，有提梁及流，其形為卣，《三代》稱盉。

41. ☐父庚卣　《三代》14.5.3

圖像見《故宮》三期，《通論》圖184，《中華》48，《故圖》上下130，有提梁及流，當為卣，《三代》稱盉。

42. 兔盤　《三代》14.12.1

圖像見《通考》圖833，《通論》圖255等書，銘稱"用乍盤盉"，故《三代》列入盉類。按：盤盉乃配套之水器，故二者並舉，是器為盤，當以盤名之。

43. 魯侯爵　《三代》14.46.5

《三代》稱角。按：是器無柱有流，自銘為爵，圖像見《通考》圖442，《通論》圖100，《青研》97頁（全形拓），當屬爵類。

44. 長隹壺爵（一）　《三代》18.19.8

《三代》不知為爵，誤入雜器類。此器圖像見《海外》圖90，《通考》435，《通論》圖102，《銅玉》110插圖71b，《日精華》3.237等書，器形為爵。

45. 又二 《三代》18.20.1

《三代》亦不知為爵，誤入雜器類。是器圖像見《善齋》7.62，《善彝》161，《通考》圖434，《歐精華》64，《劫掠》A396，器亦為爵。

46. 亞醜父丙爵《三代》18.20.2

蓋器銘各四字，圖像見《西清》26.47，《尊古》3.1，《善齋》7.60，《通考》圖431，《中華》66，《通論》圖99。按：是器似爵無柱，有蓋若觥，故《西清》、《善齋》稱角，《三代》名觥。《愙齋》23.9 只錄器銘，稱爵。

按：稱爵是也，此器當為有蓋之爵。

叄、疑　偽

銅器辨偽是鑑別傳世青銅器一門很重要的科學，學者多有專書、專文論及，此不贅述。本文僅根據拓本提出有關銘文真偽或可疑的一些問題，以供商討。至於器之真偽，因未見原器，則頗難斷言。由於筆者接觸實物的機會不多，所說未必準確，希望專家們多指正。

1. 楚公鐘《三代》1.20.1

圖像見《夢郼》上2。按：《夢郼》所錄之器形拓本，乃一商代大鐃，從花紋看，口應向上，羅氏誤倒置如甬鐘。這樣的鐃，在浙江、湖南等地曾有發現，一般沒有銘文。本器所附銘文乃仿宋代金文書中之楚公逆鎛銘偽刻，銘文與器物的時代、名稱都不合，故知其偽。著錄此器各書凡附拓本者皆偽。近讀張光裕博士《偽作先秦彝器銘文疏要》一書，72頁按語中說："達先師曾見告，楚公夜雨鐘乃嘉興湯安所刻，羅氏以二千銀元易得者。顯堂師跋中央圖書館藏楚公逆鎛原拓，說亦同。"秦更年《金文辨偽》（二）葉四則以為是器乃吳中蘇氏所刻。二說略有歧異，姑并存之以待考定。

2. 㝬䢅鼎　《三代》4.11.2

銘文仿宋代金文偽刻。

3. 番仲吳生鼎　《三代》3.42.1

此器清代金文專著如《筠清》4.22，《攗古》二之二.59，《敬吾》上40等書皆入錄，後歸劉氏善齋。容師謂："鳳眼張偽刻"。按："鳳眼張"即張三銘，乃道光年間與蘇氏兄弟（億年、兆年）同時的陝西銅器作偽能手，事見鮑康《觀古閣續叢稿》（23頁），故是器作偽的時間較早。

4. 昷古方彝　《三代》6.18.5

是器劉燕庭得之於陝西長安，圖像、銘文皆著錄於《長安》1.14，以後相繼為《筠清》5.20，《敬吾》上44，《周金》3.117，《小校》5.12.2等書所著錄。器之兩側有耳如象鼻，其形與師遽方彝（《上海》58）、盠方彝（《圖釋》圖五四、五五）略同。這種方彝流行於西周中晚期，銘文字體與時代不合，刻銘者可能是想寫"般古彝"三字，故作古樸以抬高身價，結果反而露出馬腳。從銘文字體看，可能也是出自二蘇與鳳眼張之手。

5. 𥎦乍父辛殷　《三代》6.44.5

按是器曾著錄於《積古》1.29，《懷米》上23，《攗古》二之一.66，對照三書，知《三代》銘文乃仿《積古》偽刻，其字跡與《懷米》、《攗古》皆不同。

6. 舟弔殷　《三代》7.33.2

端方舊藏，見《陶齋》2.3，蓋器全。《奇觚》3.13 著錄僅器銘。陳夢家《劫掠》A241謂："此器與蓋不甚脗合，蓋銘（R396a）當是偽刻，《奇觚》3.13 著錄此器的器銘而無蓋銘，蓋銘應是後加。"若此，則蓋乃器歸陶齋前所配。

7. 𦥑弔殷　《三代》8.37.2

銘文偽刻。

8. 窒弔乍豐姞旅殷　《三代》8.51.1

是器曾著錄於《積古》6.12，《攗古》三之一.27，《善齋》8.82等書。《積古》摹寫偶有小誤，如首字"唯"有筆誤，而《攗古》則不誤。本銘乃仿《積古》偽刻，故"唯"字與《積古》同而有異於《攗古》。按：《積古》一書成書早（1804年）名氣大，刻手佳而摹工則稍遜，故時有誤字。《攈古》刊行晚於《積古》91年，作偽者未能校對二書，故留此破綻。又第二行寶弔之弔字。中一直筆，左彎成弧形，與各書皆有不同，故知此銘必係偽作，作偽時間當在器歸善齋以前。

9. 元年師兌殷（二）　《三代》9.32.2 – 33.1

《三代》著錄二器，此其二。亦見《善齋》8.95 – 96，《善彝》75，《大系》圖111、錄147等書，容師以為蓋銘乃仿前器器銘偽刻，郭沫若亦以為偽，但誤將蓋銘當做器銘，謂器乃後配。按：對照二器，此銘行款文字，皆與前器器銘同，第五行"敬"，第八行"殷"字摹寫皆有誤。

10. 王子申臣《三代》10.8.2

字體與王子申盞盂（《三代》18.12.5）同，文義不通，疑仿盂銘偽刻。現將二器對讀如下：

盂："王子申乍嘉嬭盞盂，其眉壽無期，永保用之。"

臣："王子申乍嘉嬭——，其眉壽一期，永保用。"

作器而不署器名，其可疑一也；省字而使銘文文義不通，其可疑二也。據商承祚先生《古代彝器偽字研究》稱，此器乃山東濰縣作偽能手王藎臣所刻。（《金陵學報》三卷二期27頁）

11. 鑄公臣　《三代》10.17.3

《三代》著錄二器，此其二。按《三代》第一器銘文與《西清》29.3同，第二器銘文與《西清》29.4有異，第二器銘文乃仿前器偽刻，摹寫並有小誤，如壽字等。

12. 子卣　《三代》12.35.4

清宮舊藏。蓋銘作"子"，器名作"不"，曾著錄於《清乙》8.11，稱周子卣，不知器內有銘。按《寶蘊》97曾著錄是器，容師謂："蓋仿制，銘作与器文不合。"據此知蓋乃後配。

13. 貉子卣《三代》13.41.1

此為《三代》所錄之第二器（蓋器對銘），第一器見《三代》13.40，僅一銘，鈐有潘祖蔭與憩齋印記。按：二卣皆清宮舊藏，著錄於《西清》15.9，15.11，皆蓋器對銘，行款各自相同。用《三代》與《西清》互較，知《三代》13.40之銘（潘祖蔭藏器）乃《西清》15.9之器銘，《三代》13.41所錄之器銘乃《西清》15.9之蓋銘（行款相同，如第五行末為休字，丁丑之丑字正書），此應為一套；而《三代》13.41之蓋銘則是《西清》15.11之器銘（第五行末為用字，丁丑之丑字反書）。《劫掠》A626所錄之卣即本器，陳夢家說："前曾數次審驗皮氏所藏器，決定蓋是真的而器是偽的。原來在清宮時，此卣共一對，其中一真（《西清》15.9）一偽（《西清》15.11）。出宮後，李宗岱得真蓋偽器，即皮氏今所存者；潘祖蔭得真器，而《西清》15.11之偽蓋，今不知所在。潘器失提梁，與李蓋字體行款相同。李、皮之器及失去的偽蓋，銘文仿刻真器而有訛誤，花紋、形制亦與潘器、李、皮蓋稍有不同。"若如陳氏所說，則本卣之器乃偽作，其偽作時間，應在進入清宮之前。

14. 靜卣　《三代》13.41.2

《三代》共著錄二器，此為第一器，蓋銘七行，器銘四行。第二器僅器銘四行。本器圖像見《善齋》4.35，《善彝》圖116，劉體智舊藏。按：《西清》15.20曾著錄一靜卣，蓋、器對銘各四行，花紋為大鳥，提梁兩端飾獸首，與本器風格迥異。是器流出清宮後，曾為福山王懿榮、丹徒劉鶚所藏，器破損，僅存其字，劉承幹《希古》5.15曾記其事，并謂："器損而字尚完"。容師《善彝》考釋31頁謂："案《西清古鑑》（15.20）錄一卣，腹作鳳紋，形制與此異，今不知所在。《積古齋》據陳仲魚摹本編入，疑即內府所藏，誤為彝。劉氏食舊堂所藏殘存片銅，銘三十六字，殆經圓明園火燬而僅存者。此復由片銅補綴成器，並偽刻蓋銘。賈人往往取殘銘鑲入無字器中，如上虞羅氏之樠伯簋，無足異也。但賈人不知西清之器，蓋器銘行款相同，故此蓋銘偽作七行。"據此，則本器只有器銘是真的，器係由片銅補綴而成，蓋及七行之銘皆偽。張光裕博士在臺北曾復驗是器，謂："經仔細審視，補綴之痕，極難察覺，惟器外有赭黃銹斑數塊，或即技工用以掩飾修補接口處者。"（《偽作先秦彝器銘文疏要》105頁）

15. ⟨圖⟩父癸匜　《三代》17.23.6

圖像見《善齋》9.35，《冠斝》上 51，是器曾經容師目驗，謂"仿彝銘偽"。按：同銘之簋見《三代》6.17.2，從圖像看，此器形制、花紋不能早於西周晚期，與銘文時代不合。

16. 甫人父旅匜　《三代》17.29.2

《三代》著錄同銘者二器，此第一器，蓋器對銘。第二器一銘。按：此器圖像見《陶齋》3.37，乃一有蓋觥，時代較早，與銘文時代不合。第二器器形見《懷米》下 11，文字與形制時代脗合。王國維《觀堂集林》三說觥以為陶齋銘後刻，乃摹曹氏之甫人匜（即《懷米》下 11 之器）為之者，王說是也。

17. 弔高父匜《三代》17.34.2

《三代》著錄二器，此第一器，劉體智舊藏，圖像見《善齋》9.41，是器經容師目驗，以為偽器，銘文乃仿第二器偽作。按：《善齋》藏器摹字有小誤，如"其"字下誤加二點，"中"字明顯仿第二器而作。

18. 亞醜鼎《三代》2.9.7

按：亞醜鼎所見凡八器，《三代》2.9－10 著錄七器，另一器見《嚴窟》上四。《三代》著錄七器中，只有本器銘找不到圖像，字跡風格亦與亞醜諸器不同，其銘可疑。

19. 禽鼎《三代》4.2.3

有同銘之殷，見《三代》6.50.1，《通考》45 頁曰："禽鼎文同，疑仿刻。"按：周公之周，下應從口，鼎銘刻作"⟨圖⟩"，疑仿殷銘偽刻。

20. 王子吳鼎《三代》4.14.1

《小校》3.5 引張廷濟云："此鼎據吳中耆古家云，曾在虎丘山寺，不知何年佚去，坊間遺流僅有舊拓，得此當益珍惜。"按：拓本可疑。

21. 田乍父己彝《三代》6.41.2

拓本可疑。銘文摹寫亦有誤字，如尊字等。

22. 白乍寶殷《三代》7.24.4

是器為劉氏善齋所藏，著錄於《善齋》8.60，為一圈足瓦紋簋。按：此器曾經容師目驗，先生於著錄表中在此器下注一"偽"字。錄此存參。

23. 白矩食匝《三代》10.7.5

按：拓本可疑。

24. 史僕壺《三代》12.16.3

《三代》錄二器，此為第一器。銘文拓本上有"愙齋"印記。校對兩器銘文，如障、僕、年等字，尤其是僕字所從之"亻"旁，皆可疑。

25. 立父丁卣《三代》13.3.2

《三代》錄二器，陳夢家《劫掠》A558謂此"銘可疑"。按："是器曾著錄於《陶齋》2.30，《善齋》4.16，與第一器校對，父、立等字確可疑。"

26. 齊大宰歸父盤《三代》17.14.2

圖像見《陶續》2.17。《三代》錄二器，此其二，銘文乃仿前器（17.14、1）偽刻，如命字"冂"之下筆誤連於左邊之口，其他字跡亦有小誤。

27. 盜澳篋戈冊 《三代》19.40.1

銘文可疑。

肆、漏　拓

《三代》所錄器銘中，某些銅器漏拓了部分銘文，經校對有如下各器：

1. 兮仲鐘　《三代》1.13.2

此乃《三代》所錄之兮仲鐘第三器，目錄列27字，銘拓僅鉦銘，漏鼓左銘文8字。對照《攈古》二之三.42所摹銘文，知鼓左兩行文字為"文人子孫永保用亯"。《奇觚》9.8亦失錄鼓左銘。

2. 者汈鎛　《三代》1.42.1

《三代》與著錄此器各書如周金1.45（又補遺），《貞松》1.6，《希古》1.5-6，《善齋》1.16，《小校》1.47.1，《大系》圖247錄164等皆僅錄正背兩面鉦上之銘文，正面銘文為"隹戉十有九年，王曰：者汈，女亦虔秉不瀯"

四行，每行四字共十六字。背面銘泐，可見者為"□□剌疾□□□聿女□□茲女□□□"亦為十六字，據此推斷，兩鉦之間共缺三十六字（不計重文），如以每行四字計，三十六字可分為九行，此九行文字當分佈在鉦之正面鼓左及背面鼓右。另一鼓之兩面亦當有銘，因鼓上銘文為銹所掩，故未為人所察覺。

3. 者汈鐘（二）　《三代》1.40.2

按：此乃一組編鐘之首鐘，行款與《三代》1.39.2－40.1鐘（一）同，共有銘文四十九字，圖像見《海外》137。對照器形，《三代》所錄銘文乃正面鼓左、背面鼓右及背面鉦上之銘，尚缺正面鉦上"隹戊十有九年"六字，正面鼓右及背面鼓左銘文共十八字。又《三代》將鉦銘排於鼓銘之右上，亦失察，此背面鉦銘當接鼓右之銘，故應排於鼓銘之左上側。

4. 王蔑鼎　《三代》2.16.3

是器曾為容師頌齋所藏，著錄於《頌齋》3，先生曰："左耳上初僅見一、二筆畫，以為有字，以山查敷治數次，銹去乃知兩耳之上各有二字，右耳兩字不可識，當寫此稿時，默念《寶蘊樓彝器圖錄》中之莫鼎耳旁及蓋皆有字，此或尚有未剔出者，取鼎細查，以小刀剔其蓋之中央，果露筆畫，得王蔑二字。"是此器兩耳各有二字，蓋二字，《三代》僅錄左耳一銘。

5. 乍公尊彝卣　《三代》3.10.6

按：是器蓋、器對銘，圖像見《劫掠》A619，銘拓見R273，《三代》誤作鼎，失錄器銘。

6. ◨父癸殷　《三代》6.17.2（蓋）

著錄此器各書如《積古》1.15，《攈古》一之二.9，《奇觚》17.9，《綴遺》6.8，《小校》7.13.4，《續殷》上39皆蓋器對銘，經校對《三代》乃蓋銘，失拓器銘。

7. 燮子方彝　《三代》6.36.4（器）

按：此器有蓋，圖像見《海銅》圖26，《劫掠》A648，銘文見《劫掠》R332，蓋器對銘，《三代》僅錄器銘。

8. 魯侯鴞形尊　《三代》6.37.3（蓋）

《三代》著錄一銘，稱魯侯彝。按：是器亦著錄於《綴遺》18.28，方濬益引潘祖蔭曰："此器……銘為大亞形，此蓋銘也。"據此知《三代》漏拓亞形器銘。

9. 白中父乍寶殷《三代》6.49.3（器）

清宮舊藏，曾著錄於《清甲》12.42，蓋器全，蓋銘三行，器銘四行，出宮後器歸陶齋，著錄於《陶續》1.37，失蓋。以後著錄各家如《周金》3.66，《小校》8.13.1，《三代》等皆無蓋銘。是器現藏美國納爾遜美術館，《劫掠》R395 亦只著錄器銘。

10. 彔乍文考乙公殷　《三代》7.19.4（蓋）

是器現藏上海博物館，曾著錄於《從古》11.28，《筠清》1.31，《攟古》二之一.40，皆蓋器全。器歸憲齋後，僅存其蓋，《憲齋》9.5 題作敢蓋，注云："憲齋自藏，器失。"以後著錄各家如《周金》3.81，《小校》7.74.5，《貞續》上 37 以及《三代》等皆僅存蓋銘。

11. 簸伯殷（二）　《三代》7.25.2

《三代》7.25 錄簸伯殷六銘以為四器，其中一、三兩器僅一銘，二、四蓋器對銘。根據《劫掠》46 頁考證，第二器配合有誤，乃兩器誤合，據此則共有五器。

《三代》7.25 第二銘乃一蓋銘，同《劫掠》R392a，美國福格博物館藏，器銘見《劫掠》R391b，《三代》漏拓此銘。

12. 又四　《三代》7.25.4

《希古》3.16，《小校》7.81.1 著錄南陵徐乃昌所藏一器，蓋器對銘，蓋與本銘同，知《三代》漏拓器銘。按：徐氏藏器之蓋，與器分離後，又與另一器配合，著錄於《小校》7.80.1，以後流往美國，現藏福格博物館，著錄於《劫掠》R391a、392b。

13. 魯太宰邍父殷　《三代》8.3.1

《三代》著錄一銘，未言蓋器。按此銘《攟古》二之二.69，《大系》錄

226，《小校》8.5.1，《山東》魯3等著錄，皆有一刻款器銘與之配合，《周金》3.72後亦錄此刻款銘，鄒安說："前蓋與余藏一器為原偶，此鑒文當是另一器。"按：《周金》3.73所錄自藏之器，銘乃偽作，故"另一器"之說殊不可信。據此，《三代》漏拓器銘。

14. 毛伯嗷父殷　《三代》8.13.1

圖像見《寶蘊》72頁，蓋、器全，容師謂："器蓋各二十二字，在腹内，蓋銘剔損不錄。"《三代》亦未錄此剔損之蓋銘，僅錄器銘。

15. 内白多父殷　《三代》8.33.1

《三代》著錄一銘，未言蓋器。按：是器曾著錄於《攈古》二之三.55，《周金》3.53後，皆有蓋器二銘，經校對，知《三代》所錄乃蓋銘，失拓器銘。

16. 師酉殷（三）　《三代》9.23.2

此為《三代》所著錄之師酉殷第三器，是器曾藏烏程顧壽康，故拓本上有"子嘉珍藏"之印，後歸端方，著錄於《陶齋》2.14，失蓋。此銘首行末字"各"因脫范使"夂""口"相距甚遠，《陶齋》2.14，《周金》3.22後，《小校》8.72皆拓出了"各"字之"口"，《三代》失拓"口"部，又《積古》6.26，《攈古》三之二.32亦未摹出此"口"。

17. 鑄子叔黑臣匝　《三代》10.13.3（蓋）

圖像著錄於《家雪》8－10，蓋器對銘。與《三代》對照，知《三代》所錄乃蓋銘，而將器銘誤合它器。（詳後）。

18. 弔倉父寶盨　《三代》10.27.4

此器《攈古》一之三.63，《綴遺》9.5著錄皆蓋器對銘，方濬益曰："蓋銘摩蝕，據《攈古錄金文》摹入。"《三代》、《周金》3.164前，《小校》9.24.4等皆只錄器銘。

19. 竃乍父丁觥　《三代》11.21.2（蓋）

圖像、銘文見《斷代》（一）圖版拾壹、拾貳，《劫掠》A662，R328，蓋器全，《三代》失拓器銘。

20. 玄婦方罍　《三代》12.2.1

清宮舊藏，著錄於《西清》19.14，蓋器全。蓋銘"玄婦亞󰀀"四字；器銘"玄婦"二字；兩鋬內各有"亞󰀀"二字。流出清宮後，器為陶齋所得，著錄於《陶續》下5，失蓋，僅存器及兩鋬之銘。以後著錄各家大多只有器鋬銘而無蓋銘，《三代》亦同。

21. 白乍姬禽簋　《三代》12.6.7

此器《積古》5.10，《攗古》一之三．34著錄，皆蓋器對銘，經校對，知《三代》所錄乃器銘，失蓋。按：此器與蓋在吳大澂得到拓本前即散失，《愙齋》14.17著錄即一銘，不知有蓋，《周金》5.58，《小校》4.47.6亦然。

22. 保󰀀母壺　《三代》12.12.4（蓋）

按：《錄遺》231著錄，蓋器對銘。《三代》漏拓器銘。

23. 󰀀卣　《三代》12.36.2

清宮舊藏，蓋器對銘。出宮後，二者失散，器為潘祖蔭所得，著錄於《攀古》上33，後歸端方，見《陶續》1.38。著錄是器各書，大多只有器銘，蓋銘不知所在。攝影圖像見《劫掠》A557，《三代》所錄亦器銘。

24. 史父丁卣　《三代》12.50.4

是器曾著錄於《清甲》8.10，蓋器對銘，《三代》僅錄蓋銘，漏器銘。

25. 家戈父庚卣　《三代》13.4.3（蓋）

清宮舊藏，著錄於《清甲》8.16，蓋器對銘。按：是器一直深藏清宮，而蓋卻流傳於外，所以民間著錄是器各書，如《奇觚》6.5，《愙齋》18.7，《綴遺》10.24，《殷文存》上35前，《小校》4.29，《三代》等，皆只錄一蓋銘，而器銘則僅著錄於《清拾》圖12。

26. 戈󰀀卣　《三代》13.6.2（蓋）

是器《懷米》上25，《攗古》一之二．72，《綴遺》10.18，著錄皆蓋器對銘，經校對知《三代》乃曹氏蓋銘，失拓器銘。《小校》4.31.4錄二銘，以為蓋器，校對《懷米》知器銘乃《懷米》之蓋，而蓋銘則為另一器誤合。

27. 父乙臣辰卣　《三代》13.9.5（蓋）

是器《三代》、《賸稿》26，《歐精華》1.84 皆著錄一銘，《歐精華》謂："器銘同"，故知此銘當為蓋銘。《劫掠》A603，R309 蓋器銘全，可據補。

28. ▨叔父辛卣　《三代》13.11.2

是器《攈古》二之一.8，《綴遺》11.11 著錄，蓋器對銘，《三代》錄一銘，與《攈古》之器銘、《綴遺》之蓋銘同，不知是器是蓋。可以肯定尚缺一銘。

29. 白魚卣　《三代》13.17.2（蓋）

清宮舊藏，曾著錄於《西清》16.2，蓋器對銘。後蓋流傳於外，為丁小農所得，《綴遺》11.29 謂："伯魚卣銘六字，器載《西清古鑑》，今失。蓋為丁小農觀察所藏。"《周金》5.100 後著錄此蓋銘，有"小農手拓金石"之章，《愙齋》19.20，《小校》4.42.1，《三代》等皆蓋銘，無器。

30. 無▨乍父丁卣　《三代》13.23.4

《西清》16.33 著錄是器，蓋器全。蓋銘為"▨父己母癸"。顯係誤合。《劫掠》R515 蓋器對銘，174 頁注云："無憂卣，器蓋銘各八字，高32.5，見於 Komor。"《三代》失錄一銘。

31. 吏乍父戊肇卣　《三代》13.24.2

圖像見《長安》1.19，失蓋。《攈古》二之一.26 著錄是銘，誤作卣蓋。《綴遺》11.33 著錄二銘，一同此，一同《攈古》二之一.26 之另一器，方濬益曰："惠卣幷蓋銘七字，器為劉燕庭方伯所藏，載《長安獲古編》，蓋則金蘭坡所藏也，本一器，出土時散佚。"據此則《三代》漏蓋銘。

32. 闕乍詧白卣　《三代》13.26.6

《三代》此銘亦見《積古》5.8，《攈古》二之一.12，阮、吳皆稱卣蓋，《周金》3.113 誤作彝。又《綴遺》12.23，《周金》5.99，《小校》4.48.5 亦著錄一銘，與《三代》略異，方濬益曰："闕卣銘七字。按：《積古齋款識》有卣蓋，銘與此同，當即此器之蓋，先時散佚。"據此知《三代》乃蓋銘，當與《綴遺》等之器銘相配合。

33. ▢高卣　《三代》13.30.1（蓋）

張光裕《澳大利亞所見中國銅器選錄》（《屈萬里先生八秩榮壽論文集》抽印本）63 頁圖七引此器，蓋器對銘，《三代》失器銘。

34. ▢乍父辛卣　《三代》13.34.4

《西清》16.20 著錄此器，蓋器對銘，與《三代》互較，知《三代》所錄乃蓋銘，失拓器銘。

35. 農卣　《三代》13.42.3

《西清》15.13 著錄此卣，蓋器全，蓋銘 48 字，器銘"作寶彝"三字。《奇觚》6.15 著錄 48 字銘，拓本上有"卣"、"蓋"二字章，注明"潘師器"，知是器出宮後，為潘祖蔭所藏。《周金》5.84 後著錄二銘，謂"器蓋連文稀見。"85 頁附有全形拓本，極可貴。《小校》4.64.3 著錄二銘，以 3 字銘為蓋，48 字者為器，與《西清》適反。《三代》漏拓"作寶彝"三字銘。

36. 鼎乍盉　《三代》14.5.8（器）

是器器、鋬內各有銘文三字，見《錄遺》291，《三代》缺鋬銘。

37. 子▢▢父甲盉　《三代》14.7.3

《積古》2.21 著錄一銘，與《三代》同。《筠清》2.10，《從古》9.3，《攈古》一之三.33，《綴遺》13.1，《續殷》下 71.4 皆著錄二銘，與《三代》互校，知《三代》所錄乃器銘，失拓蓋銘。此蓋銘拓可據《續殷》補。

38. 白矩盉　《三代》14.9.3（蓋）

《三代》拓本有"盉"、"蓋"二字章及"曾為丁彥臣藏"六字章。按：《西清》31、37 著錄此器，蓋器全，器銘"白矩乍"、"尊彝"五字分兩行，"寶"字在兩行之下。此器流出清宮後，器不知所在，故著錄各書如《奇觚》6.33，《綴遺》14.25，《周金》5.66 後，《小校》9.50.3 等皆只錄蓋銘，《小校》4.41.3 又重出與另一銘配合，稱卣。

39. 亞艹爵　《三代》15.17.3

此爵為劉體智所藏，圖像著錄於《善齋》6.70，"亞艹"乃鋬內銘，另外柱上尚有父丁兩字，《三代》漏拓。

40. 亞󰀀父丁角　《三代》16.44.2（器）

《三代》錄一銘，未云蓋器。《小校》6.81.1錄兩銘，器銘與《三代》同，《安徽金石》1.38.1亦錄兩銘，與《小校》同，注云"歙縣程氏藏"，據此知《三代》漏蓋銘。

41. 父丁亞󰀀角　《三代》16.44.4（蓋）

此器僅存其蓋，圖像見《夢郼》上50，著錄各書如《小校》8.81.2，《續殷》下38皆蓋銘，據此知《三代》乃蓋，器應有字，惜無法追尋，姑存此以備查考。

42. 大于戈（一）　《三代》19.13.1
43. 又二　《三代》19.13.2

按：此二戈圖像見《家貯》26（反面）、25（正面），內之另一面花紋中尚有"臣"（目形），也可能不是字，《三代》未錄，姑存以待考。

伍、重　出

《三代》一書，銘拓重出者，就管見所及，有如下九例：

1. 召仲作生妣尊鬲　《三代》5.34.1—2

《三代》錄二銘，以為兩器，實乃一器之重出。按：召仲鬲傳世確有兩器，同器異范，第一器仲字"⬭"較小，寶字所從之缶作󰀀，劉燕庭、潘祖蔭遞藏，著錄於《長安》1.25，《攀古》上51，《攈古》二之二.16.1，《愙齋》17.13後，《恆軒》94，《綴遺》27.17，《周金》2.73（後），《小校》3.75.2等書；另一器中字"⬭"較大，缶作󰀀，著錄於《攈古》二之二.16.2，《周金》2.74前，《小校》3.76.1等書，《三代》所錄即此銘，又重出作兩器。

2. 白作彝𣪘　《三代》6.18.7

《三代》卷六稱彝，又7.4.6重出作𣪘。

3. 三年師兌殷　《三代》9.30.1（器）

《三代》9.30.2 重出此器銘未去銹時拓本，另作一器。按：此拓亦見《周金》3.15 後，《大系》錄 151 前。《貞松》6.20 錄此銘，第五行末字"隹"摹寫有小誤，故與 6.19 所錄不同，實則一器。

4. 🕱父丁壺　《三代》12.2.4

《三代》14.43.9 又重出作觶，此器《貞續》中 11 前、《貞補》中 21 亦重出。

5. 史父丁卣　《三代》12.50.4

此器曾著錄於《清甲》8.10 蓋器同銘，《三代》乃蓋銘，又 14.43.3 重出作觶。

6. 🕱父辛卣　《三代》13.4.5

此卣蓋器全，圖像見《善彝》111。蓋銘作"𠩺🕱父辛"，器銘作"🕱父辛"。《三代》12.55.2 重出器銘，另作一器。

7. 婦闌乍文姑卣　《三代》13.32.4

《三代》13.32 - 33 共錄三卣，皆蓋、器對銘。按：33 頁第一器同《陶齋》2.36，第二器《陶齋》2.37。32 頁所錄之銘乃 33 頁第二器之重出，且將蓋器互相顛倒。

8. 靜卣（二）　《三代》13.41.3

《三代》錄二器，此第二器，僅一銘。按：此乃清宮舊藏之卣，經圓明園火燬而僅存片銅者，後由賈人補綴成器，並偽刻蓋銘而成第一器（詳前疑偽第 14 項）。此兩器實際上是一器，銘重出。

9. 白夏父罍　《三代》18.16.2 - 3

《三代》18.16 背面錄二銘，實乃一器之重出。按：白夏父罍傳世所見確有兩器，一為錢塘馬秋藥（履泰）所藏，《積古》4.25、《攈古》二之二.58 著錄，誤為鼎。此器流傳只有摹本而未見拓本；另一器為烏程顧壽康（子嘉）所藏，《三代》之器即顧氏藏器，拓本上有顧氏圖章；《周金》5.27 亦著錄是器，有全形拓本，極可貴。鄒安曰："戊午是器在滬，旋歸周夢坡君，器無色澤，或指為宋仿，余力辯之，並以石林山房舊拓作證。此尤為前拓，印此以祛羣疑。"《綴遺》26.13 據自輯拓本摹入，亦顧氏藏器。

陸、分　置

《三代》將同一器物不同部位的銘文分置兩處而以為兩器者，所見有如下11例。

1. 我方鼎　《三代》4.21.1（器）10.43.2（蓋）

是器為有蓋之方鼎，有關出土及修補等情況，容師《善彝》考釋14頁已道其詳（參看本文辨類（三）、3所引）《三代》卷四錄器銘稱鼎，卷十錄蓋銘稱盨。

2. 三年師兌殷　《三代》9.30.1（器）9.31.1（蓋）

是器為丁彥臣所藏。《小校》8.82 著錄此器，蓋銘拓本上有"日照丁麐年"五字章，《三代》誤將蓋、器分為兩器。

3. 商丘弔旅匜（一）　《三代》10.12.2–3

《三代》分作兩器。著錄是器各書如《愙齋》15.7，《奇觚》5.22，《周金》3.138–139 等皆分置，而《綴遺》8.10 則合作一器，方濬益曰："商邱叔簠並蓋銘各十七字，潘伯寅尚書所藏器。"按：匜一般皆蓋器對銘，方說是也。

4. 又（二）　《三代》10.12.4–5

《三代》亦分作兩器。按：是器曾為端方所藏，《陶齋》2.46–47 亦分列。從《劫掠》A256 所錄器形照片看，應為一器，《三代》誤分為二。

5. 趞作姞寶彝卣　《三代》11.34.2–3

潘祖蔭舊藏，現已流出國外。圖像見上"正名"31所引，《三代》誤分為二器。

6. 白矩卣　《三代》13.17.5–6

《三代》13、17 第五器錄一銘，第六器錄二銘（蓋、器）。按：第六器之蓋當與第五器配合。是器為南海李宗岱所藏，《周金》5.105 有全形拓本，極可貴，蓋器兩銘與《三代》第五器及第六器之蓋銘相同，《希古》5.10.4，《劫掠》A607、R455 亦如此，故知《三代》將一器分置兩處。

7. 貉子卣　《三代》13.40.3（器）

《三代》著錄兩器，此第一器，潘祖蔭舊藏，圖像見《通考》圖670，失蓋，故知此銘為器銘。按：是器原為清宮所藏，曾著錄於《西清》15、9，蓋器全。流出清宮後，蓋器分開，器歸潘祖蔭，蓋則與清宮所藏之另一偽器合為一器，為李宗岱所得，後又流出國外，歸皮斯柏。皮氏之器即《三代》13、41 所錄之第二器。以《西清》與《三代》互校，知《三代》貉子卣第二器器銘乃本器之蓋銘，蓋器分置二處。

8. 龏父甲觶　《三代》14.40.7－8

《三代》14.40.7－8 錄兩銘，以為兩器。按：第七器銘文亦見《小校》5.76.6，《小校》附有全形拓本，乃一觶蓋，是蓋現藏中國歷史博物館，蓋上花紋為兩道小圓圈紋夾一道雲雷紋。第八器為一無蓋觶，圖像見《陶齋》1.13，《通考》582，《歐精華》圖 4 下等，紋飾、口徑皆與《小校》所錄之蓋同。陳夢家以為此兩器應配合為一器，而且此觶與柉禁無關（見《劫掠》A418 說明）。

9. 慘乍爵　《三代》15.38.5（鋬）16.28.5（腹）

《三代》所錄之銘，從拓本看，乃鋬內之銘，又 16.28.5 錄慘乍父乙爵銘，字之四周無紋飾，應為腹內之銘，分作兩器。按：此二銘亦著錄於《綴遺》22.11，方濬益曰："慘父乙爵腹內銘四字，鋬內銘三字，潘伯寅尚書所藏器。"由此可知，此乃同一器上之銘，《三代》誤分為二。

10. 冊丁歔爵　《三代》16.25.3（鋬）16.30.1（柱）

《三代》著錄二銘以為二器，《積古》2.5，《攈古》一之二.64 僅著錄柱上五字銘，無鋬內三字銘。《小校》6.72.2 著錄吳子壽藏器拓本，鋬內、柱上銘皆全，拓本上有張廷濟跋："商冊冊歔爵，吳子壽藏器，銘與吳江王少呂所藏正同，此柱上尚有手執本及冊父己等字。"按：據《小校》銘拓及張廷濟跋，此二銘當為一器，《三代》誤分為二。又《綴遺》22.3 著錄一"◯冊冊父己"五字銘，較上銘短，方濬益曰："守冊父己爵銘五字，據鄭竹坡（國基）所輯拓本摹入，《積古齋款識》有爵銘與此同，文在柱，此文在鋬內，蓋一人所作器也。"這應是另一件器。

11. 鵙公劍　《三代》20.45.3，又 20.43.3

此殘劍兩段，據銘文可以拼合，《三代》誤分為二器。按：此劍郭沫若、孫常敘兩先生都拼合過。郭說見《管子集校》546；孫文載 1962 年《考古》第 5 期 266—269 頁。

柒、誤　合

將不同的器物或拓本，不正確地配合在一起稱誤合。《三代》此種情況，有如下 14 例：

1. 者沑鐘：《三代》1.41

《三代》錄此鐘正反面銘文拓本，上有甬。按：此器乃紐鐘，圖像見《海外》圖 138（甲、乙），《三代》拓本上的甬乃由它器誤合。

2. 堇臨作父乙方鼎　《三代》3.14.4 - 5

《三代》著錄兩銘，目錄謂："蓋器各八字"，按第一銘（14.4）乃一圓形器蓋，圖像見《兩罍》3.8 - 9，第二銘（14.5）乃清宮舊藏一方鼎，圖像見《西清》2.40 無蓋。是鼎流出清宮後，殘破歸簠齋，《簠齋》一鼎四著錄，陳介祺注曰："殘方鼎"。《愙齋》3.11 著錄是器，亦謂"濰縣陳氏藏器，無蓋。"由此可知《三代》乃將方圓二器誤合為一。

3. 婦闌乍文姑甗　《三代》5.8.6

《三代》錄二銘，謂"蓋器十字。"按：是器圖像見《銅玉》169D，《日精華》3.206，為一連體甗，無蓋。《三代》所錄之蓋器，乃一罍蓋。

4. 筬伯殷　《三代》7.25.2-3

《三代》原以此二銘為蓋器對銘，按：實為二器誤合為一，詳上"漏拓"11。

5. 弔噩父殷　《三代》8.17.1

《三代》錄兩銘，上銘有一"蓋"字章，殆以為蓋，下銘據目錄知是器。按：下銘亦著錄於《愙齋》12.7，《小校》8.20.1皆不與它銘配合；又《貞松》5.34錄兩銘，以為蓋器，蓋銘即《三代》8.17.1有"蓋"字章之銘，而器銘則為《三代》8.16.3之銘，兩書自相矛盾，故《三代》兩銘之配合尚有可疑。

6. 師酉殷（一）　《三代》9.21.2-22.1

《三代》9.21-23共錄四銘，以為兩器，將21頁反面銘與22頁正面銘配合為一器，又將22頁反面銘與23頁正面銘配合為另一器。此種配合有誤。按：9.21反面之蓋銘當與23頁正面之器銘配合，是器為阮元舊藏，著錄於《積古》6.23，以後蓋器分散，器為吳雲所得，圖銘皆著錄於《兩罍》6.10-11，吳氏曰："甲寅（1854年）春得此器於江都荒市，即阮文達公所藏。"蓋為金香圃所得，後又歸吳雲，《兩罍》6.15曾記其事："案此器舊為阮文達公所藏，余於甲寅季冬得於江都荒市，載入《二百蘭亭齋金石記》，時蓋已佚去，訪求未獲，後為友人金香圃（以誠）購得之，知器在余處，書來借玩數日，遲留不歸，而香圃遽歸道山，頻年屢索未還，今春金氏以遷家檢點箱籠，見之遂並器蓋歸余。"《三代》將阮氏蓋銘與陳受笙所藏器銘誤合為一器。

7. 師酉殷（二）　《三代》9.22.2-23.1

《三代》9.22反面之蓋銘當與22頁正面之器銘配合，是器為海甯陳受笙（均）、朱筱漚（鈞）所藏，著錄於《兩罍》6.16-17，《三代》誤以此蓋與阮元藏器之器銘（23.1）合為一器。

8. 矢令毀　《三代》9.26.2-27.1

1929年洛陽馬坡出土，二器銘同，均失蓋。《三代》誤以為一器一蓋。陳夢家《斷代》（二）76頁"令殷"下謂："此二器今藏巴黎 Davd weill 處，

1946年春見之於紐約一倉庫中，當時攝影師並量其尺度如下：高25、口徑17、寬28.2、方座1.91×19.1厘米，銘在器內底。兩器俱失蓋，自來著錄諸書誤以兩銘為一蓋一器，不知實是二器，並無蓋銘。"按：著錄是器各書中，如《通考》（上冊344頁）、《通論》（35頁）等都已注意到此應為二器。

9. 鑄子弔黑臣匜（二）　《三代》10.13.4－14.1

按：《三代》10.14.1所錄之銘乃北京孫氏雪園藏器之器銘，著錄於《家雪》9，其蓋銘為《三代》10.13.3之銘。《三代》誤將此銘與另一蓋銘配合。

10. 史尊《三代》11.1.4－5

《三代》11.1史尊第三器錄兩銘，目錄謂"器內、器底各一字。"按：第二銘亦見《西清》9.6，《故宮》第40期，《故圖》上下101，皆一銘。《續殷》上50.7－8亦將此二銘分屬二器。《三代》誤合為一。

11. 㷒乍父丁方罍　《三代》11.30.3

《三代》錄二銘（蓋二行、器四行），配合為一器。按：此器圖像見《懷米》上7，銘四行，乃器銘，失蓋。著錄各書如《筠清》2.18，《攈古》二之二.27，《續殷》上61.2等皆只錄四行之銘，《三代》、《小校》5.31.3則與一兩行之銘配合。按此二行之銘乃一卣銘，著錄於《弗里爾》P1.52，不應與《懷米》之器銘相配合。

12. 🌿父乙卣　《三代》12.50.2

此器《三代》著錄乃愙齋拓本，上有吳大澂手題"卣蓋"、"卣器"等字。按：蓋銘作父乙，器作父戊，不應合為一器。《錄遺》249有同銘之器，蓋器銘同，皆作父乙，可證。

13. 白矩卣　《三代》13.17.6

《三代》13.17第六器錄兩銘以為蓋器，按：蓋銘當與第五器配合，是器為南海李宗岱所藏，《周金》5.105有全形拓本，可證。《三代》將李氏藏器之蓋誤與另一器銘配合。

14. 🙢父戊盤　《三代》17.2.2

劉體智舊藏，圖像見《善齋》9.48，其形如盤，著錄此器各書多以盤名之。

按：是器曾經容師目驗，先生謂此乃簋足鑲入它器以為盤者，今存以備考。

捌、反　置

反置是指將銘文拓本反貼。顛倒或蓋、器銘互換等。今據所知，有如下六例。

1. 甲蟲爵　《三代》15.25.4

是器為日本住友氏所藏，圖像見《海外》圖 85，銘拓虫字鉤尾向右作🝔，《貞補》中 25 摹本亦如此，皆不誤。《三代》誤將拓本的反面作正面，故虫字作鉤尾向左。

2. 乙𦑣觚　《三代》14.20.1

是器銘拓，《三代》乙字在下，《攈古》一之一.45 適反，乙字在上。按：《劫掠》R202 有同一族氏之器 父己觚，其字與《攈古》同，由此可知《三代》銘拓首尾顛倒。

3. 大亞勺　《三代》18.27.4

《三代》目錄稱"亞屰勺"，按：是器銘文附於勺柄之背面，圖像見《劍吉》上 50，《家契》29－30，此二書與《續殷》下 78.3 皆作"大亞"，《三代》之"亞屰"乃"大亞"二字之顛倒。

4. 仲殷父𣪘（一）　《三代》8.3.2

按：是器為潘祖蔭舊藏，《小校》8.10.1 著錄拓本有"鄭盦所藏吉金"六字章，謂三行者乃蓋銘，四行為器銘，《三代》蓋器二銘互倒。

5. 宴𣪘（一）　《三代》8.36.2

《三代》8.36 反面著錄蓋、器二銘，上為蓋，下為器。按：著錄是器各書如《愙齋》11.25 蓋器銘與《三代》適反，《攈古》二之三.71 著錄《三代》

器銘亦以為蓋，《周金》3.106，又卷三補遺重出是銘，皆注作蓋。由此可知《三代》蓋器銘應互換。

6. 乍宗彝卣　《三代》12.59.1

《三代》錄二銘，以為上蓋下器。按：上銘圖像見《周金》5.111所錄之全形拓本，是卣器，下銘圖像見《周金》5.110，反面之全形拓本，乃卣蓋。《小校》4.25.5著錄是器亦與《周金》同，由此可知《三代》將蓋器銘文互相顛倒。

玖、誤　釋

《三代》一書銘拓皆未附釋文，目錄中釋字偶有小誤，今列出以備查考。

1. 自乍其走鐘　《三代》1.1.3

目錄稱袄鐘。按：原銘為"自乍其走鐘"，袄乃走字之誤。

2. 楚王領鐘　《三代》1.9.2

《三代》目錄作楚王頿鐘，按：頿乃領字之誤。

3. 者汈鐘　《三代》1.39.2－42.1

《三代》錄四器，計三鐘一鎛，目錄名"者汈鐘"。按：下一字原銘作汈其右旁不應从弓，考釋家亦有作汭者，郭沫若《者汈鐘銘考釋》釋作汈，謂"汈與剌偏旁同，故知為刀。"（《考古學報》1958年第1期）今暫從郭說改作汈。

4. 陳生崔鼎　《三代》3.23.7

《三代》目錄稱"陳□裹鼎"乃"生崔"之誤。

5. 奠義伯鼎　《三代》3.28.4

《三代》目錄稱姜白鼎。按：奠下一字略泐，形似姜而實為義字。同人所作之器有奠義白盨，見《三代》10.31.4，奠義白匜，見《三代》17.28.2。義字都很清楚。

6. 毀乍母庚甗　《三代》5.6.4

《三代》目錄作"殺父庚甗"。按："父"乃母字之誤。有同銘之簋，見《三代》6.34.3，字作母，可證。

7. 乍從彝卣　《三代》12.59.3

《三代》目錄從字誤釋作"旅"。

8. 冊父丁鬲　《三代》5.13.10

此器《三代》稱亦父丁鬲，劉體智舊藏，因口緣有缺，銘文首字之左半又為銹所掩，故著錄此器各書如《善齋》3.13，《善彝》46，《小校》3.53.4，《續殷》上27.7 等拓本首字左旁皆不清晰，後經去銹，銘拓才明顯（見《中華》1），其字當隸定作冊。

9. 鼎父乙爵　《三代》16.5.8

鼎字《三代》原拓作⿰，其上部未拓出。《小校》6.38.1 同，《三代》目錄直書作⿰父乙爵。《貞松》10.2.4 摹本亦如此作，《善齋》6.55 拓本較三代為優，但仍未拓全。《中華》69 拓本清晰，乃鼎字，據正。

10. 匕乙爵　《三代》16.24.9

"匕乙"二字《三代》目錄誤作"父癸"。

11. 矢父戊爵（一）　《三代》16.29.6

12. 又（二）　《三代》16.29.7

二器戊字《三代》目錄皆誤作"丁"。

拾、錯　簡

《三代》編者為了遷就版面，將部分大篇銘文如毛公鼎、大、小字盂鼎，克鼎等分剪成條，再貼入版心內，粘貼過程中有詞序錯亂者，稱錯簡。今得一例。

1. 克鼎　《三代》4.40–41

《三代》44.41（克鼎銘文後半部）7—8 行當與 5—6 行對調，是器現藏上海博物館，器銘可參看《上海》47。

以上所舉十項208例，是筆者在校讀《三代》時發現的一些值得商討的問題，當然所議未必都很恰當，只是提供討論而已。

除此之外，可議者尚有拓本清晰度的比較（《三代》有些銘文拓本不如其他的書清楚，有些拓本填過白粉，字跡極不自然），字數、器數的統計，以作者定器名即名從主人的問題，器物的質地（有些不是銅器而是玉器、銀器），刻畫符號和銘文的辨別等等，都還可以提出若干可供商討的例證，對這些問題進行討論，雖然不無裨益，但究竟是比較次要的問題，為節省篇幅，這裏就不一一贅述了。

附錄：引用書目及其簡稱表（以在文中出現先後為序）

愙齋	吳大澂：《愙齋集古錄》二十六冊	（1896年）
三　代	羅振玉：《三代吉金文存》二十卷	（1937年）
通　考	容庚：《商周彝器通考》二冊	（1941年）
白　鶴	日·梅原末治：《白鶴吉金集》	（1934年）
日精華	日·梅原末治：《日本蒐儲支那古銅精華》	（1959—1962年）
弗里爾	美·弗里爾博物館：《弗里爾的中國青銅器》	（1967年）
故　宮	故宮博物院編：《故宮》四十五冊	（1929—1940年）
故　圖	故宮、中央博物院聯合管理處：《故宮銅器圖錄》二冊	（1958年）
鄴　初	黃濬：《鄴中片羽初集》二冊	（1935年）
通　論	容庚、張維持：《殷周青銅器通論》	（1958年）
貞　松	羅振玉：《貞松堂集古遺文》十六卷	（1931年）
海　銅	陳夢家：《海外中國銅器圖錄第一集》二冊	（1946年）
劫　掠	中國科學院考古研究所（陳夢家）：《美帝國主義劫掠的我國殷周銅器集錄》	（1962年）
長　安	劉喜海：《長安獲古編》	（1852年）
海　外	容庚：《海外吉金圖錄》三冊	（1935年）

懷　米	曹載奎：《懷米山房吉金圖》二卷		（1840 年）
奇　觚	劉心源：《奇觚室吉金文述》二十卷		（1902 年）
歐精華	日・梅原末治：《歐美蒐儲支那古銅精華》		（1933 年）
筠　清	吳榮光：《筠清館金文》五卷		（1842 年）
攈　古	吳式芬：《攈古錄金文》三卷九冊		（1895 年）
綴　遺	方濬益：《綴遺齋彝器款識考釋》三十卷		（1899 年）
小　校	劉體智：《小校經閣金文拓本》十八卷		（1935 年）
從　古	徐同柏：《從古堂款識學》十六卷		（1886 年）
周　金	鄒安：《周金文存》六卷		（1916 年）
上　海	上海博物館：《上海博物館藏青銅器》		（1964 年）
家□	商承祚：《十二家吉金圖錄》二冊（家後一字是指藏家名號）		
			（1935 年）
武　英	容庚：《武英殿彝器圖錄》二冊		（1934 年）
善　彝	容庚：《善齋彝器圖錄》三冊		（1936 年）
大　系	郭沫若：《兩周金文辭大系圖錄考釋》八冊		（1958 年）
善　齋	劉體智：《善齋吉金錄》二十八冊		（1934 年）
冠　斝	日・榮厚：《冠斝樓吉金圖》三卷，補遺一卷		（1947 年）
尊　古	黃濬：《尊古齋所見吉金圖》三卷		（1936 年）
陶　齋	端方：《陶齋吉金錄》八卷		（1908 年）
夢　郼	羅振玉：《夢郼草堂吉金圖初集》四卷		（1917 年）
中　華	國立中央博物圖書院舘聯合管理處：《中華文物集成》首輯第一冊。		
積　古	阮元：《積古齋鐘鼎彝器款識》十卷		（1804 年）
貞　圖	羅振玉：《貞松堂吉金圖》三卷		（1935 年）
文　錄	吳闓生：《吉金文錄》四卷		（1934 年）
韡　華	柯昌濟：《韡華閣集古錄跋尾》十五卷		（1916 年）
安徽金石	徐乃昌：《安徽通志金石古物考稿》十八冊		（1936 年）

續　殷	王辰：《續殷文存》二卷	（1935年）
劍　古	于省吾：《雙劍誃古器物圖錄》二卷	（1940年）
貞　補	羅振玉：《貞松堂集古遺文補遺》	（1931年）
斷　代	陳夢家：《西周銅器斷代》一至六（《考古學報》九至十四冊）	
西　清	梁詩正等：《西清古鑑》四十卷	（1755年）
賸　稿	孫海波：《河南吉金圖志賸稿》	（1939年）
貞　續	羅振玉：《貞松堂集古遺文續編》三卷	（1934年）
恆　軒	吳大澂：《恆軒所見所藏吉金錄》二冊	（1885年）
清　乙	王杰等：《西清續鑑乙編》二十卷	（1793年）
寶　蘊	容庚：《寶蘊樓彝器圖錄》二冊	（1929年）
陶　續	端方：《陶齋吉金續錄》二卷	（1909年）
澂　秋	孫壯：《澂秋舘吉金圖》二冊	（1931年）
青　研	郭沫若：《殷周青銅器銘文研究》	（1954年）
鶴　撰	日·梅原末治：《白鶴吉金撰集》	（1941年）
銅　玉	日·水野清一：《殷周青銅器と玉》	（1959年）
敬　吾	朱善旂：《敬吾心室彝器款識》二冊	（1908年）
圖　釋	陝西博物館：《青銅器圖釋》	（1960年）
希　古	劉承幹：《希古樓金石萃編》十卷	（1933年）
嚴　窟	梁上椿：《嚴窟吉金圖錄》二冊	（1943年）
頌　齋	容庚：《頌齋吉金圖錄》	（1933年）
清　甲	王杰等：《西清續鑑甲編》二十卷	（1910年）
山　東	曾毅公：《山東金文集存》	（1940年）
錄　遺	于省吾：《商周金文錄遺》	（1957年）
攀　古	潘祖蔭：《攀古樓彝器款識二卷》	（1872年）
殷文存	羅振玉：《殷文存》二卷	（1917年）
清　拾	容庚：《西清彝器拾遺》	（1940年）
簠　齋	鄧實：《簠齋吉金錄》八卷	（1918年）

兩　　罍　吳雲：《兩罍軒彝器圖釋》十二卷　　　　　　　　　　（1872 年）

（該文爲中華書局 1982 年重印版《三代吉金文存》附錄；又載香港中文大學《中國語文研究》第 8 期）

《三代吉金文存》重印說明

20世紀30年代是我國青銅器和金文研究蓬勃發展的時期，這一時期，許多銅器圖錄和重要著作相繼問世，當時人們迫切需要一部全面提供金文材料的書，於是1937年羅振玉印行了集當日金文拓本之大成的《三代吉金文存》（二十卷）。

這部大書是羅振玉晚年的精心之作。振玉字叔言，號雪堂，浙江上虞人。1866年出生於江蘇淮安，早年即留心於古器物及拓本的蒐集與鑒別，後終生事此不疲。從1911年以來，編印有關甲骨、金文書籍甚多，1936年將其畢生所藏金文拓本編成是書，次年影印行世。這時羅氏已年逾七旬，三年後（1940年）就在旅順病故了。

《三代吉金文存》為以後的金文研究提供了極大的方便，全書收商周青銅器銘文4800餘器，傳世銘拓大致完備。書中拓本多精品，鑒別亦嚴，印刷也能盡善盡美，視之不讓原拓，所以得此一書，當時其他一些專印拓本的金文書籍就可以不必備了。這部書的另一個特點是全部銘文均以原大拓本付印，而且盡量求全，這使本書實際上成為我國30年代一部質量較高的金文合集。四十年來，海外競相翻印，直到今天它依然閃耀光彩，成為金文研究案頭必備之書，其原因即在此。

當然，這部書也有不足之處，全書除拓本和目錄外，有關器形、出土、著錄、收藏和考釋等各方面的情況，皆付闕如。編者當年這樣做是有一定的原因的。因為許多器物出土已久，器影、出土地點與流傳經過等早已無法追尋，而當時羅氏年逾七旬，自知"炳燭餘光"也來不及對畢生所蒐集的大量材料進行全面的整理與考釋，於是只好先以拓本付印，公諸同好。雖然如此，這種僅僅印行拓本的方法，究竟不是一種最好的方法，讀者面對一大堆拓本，雖然排列有序，鑒別精嚴，但使用起來卻有許多不便。因為必須對照各種銅器圖錄和其他金文書籍，才能對器物的形制、花紋、釋讀等有全面的瞭解，這對於初學者或不是長期從事這方面工作的人來說，存在一定的困難。因此，為了更好地使用這批金文資料，還必須借助於金文著錄表，方能便於查閱。此外，使用本書時，還應該注意如下幾項：

（一）器物的分類、定名與現行一般的分類法有部分不同。例如卷六彝類，包括圈足簋與方彝兩種，前者當與卷七、八、九殷（簋）類合一，而後者乃酒器，則應單獨列出；又如卷十之"簋"，其實是盨，"簋"乃盨字之誤；卷十七匜類中混入了部分圈足觥，這些都應有所區別。此外，具體器物的定名也有弄錯了的，如將斝誤作鼎（卷二第三頁戈鼎）、將盤、鴞形尊誤稱為彝（卷六·第三十七頁延彝、魯侯彝），而長佳壺爵因不知為爵則誤入了雜器類（卷十八·第十九頁）。凡此等等，都應仔細辨別。

（二）本書辨偽雖嚴，絕大部分銘文也都可靠，但仍有極少數銘拓，不能無疑。例如楚公鐘（卷一·第二十頁）、番仲吳生鼎（卷三·第四十二頁）、帚甍鼎（卷四·第十一頁）、窖吊簋（卷八·第五十一頁）、王子申匜（卷十·第八頁）、甫人匜（卷十七·第二十九頁）等皆有偽作之嫌。

（三）部分器物銘文未能做到十分完備。如兮仲鐘第三器（卷一·第十三頁）目錄列二十七字，但銘拓僅鉦銘，漏拓鼓左"文人子孫永寶用喜"二行八字；王蔑鼎（卷二·第十六頁）曾為容庚所藏，兩耳及蓋上皆有字，此僅錄左耳一銘；焚子方彝（卷六·第三十六頁）蓋器對銘，僅錄器銘，失收蓋銘；師酉簋第三器（卷九·第二十三頁）採用烏程顧壽康拓本，首行末字"各"，失落"口"部；保禄母壺（卷十二·第十二頁）、家戈父庚卣（卷十三·第四頁）蓋器對銘，皆失拓器銘；農卣（卷十三·第四十三頁）漏拓"作寶彝"三字；亞帝爵（卷十五·第十七頁）漏拓柱上"父丁"二字等。

（四）銘拓有重出者，如召仲作生妣鬲（卷五·第三十四頁）錄二銘，以為兩器，實乃一器之重出；白作彝簋於卷六第十八頁稱彝，卷七第四頁重出作簋；三年師兌簋（卷九‧第十三頁）重出未去銹時拓本，另作一器；父丁壺（卷十二‧第二頁）又在卷十四第四十三頁重出作觶；史父丁卣（卷十二‧第五十頁）乃蓋銘，卷十四第四十三頁亦重出作觶；白夏父鬲（卷十八‧第十六頁）錄二銘以為兩器，實乃一器之重出。

（五）本書有誤將同一器物不同部位的銘文分置兩處以為二器者，如我方鼎器銘見卷四、第二十一頁，蓋銘則置於卷十、第四十三頁，稱盨；三年師兌簋（卷九‧第三十至三十一頁）錄二銘以為兩器，實乃一器誤分為二；趙卣（卷十一‧第三十四頁）為潘祖蔭舊藏之器，蓋器兩銘，誤作兩器；鷈公劍兩段（卷二十‧第四十五頁，又第四十三頁）亦誤分為二器。

（六）還有將不同器物的拓本不正確地配合在一起者，如者汈鐘（卷一‧第四十一頁）乃鈕鐘，銘拓上有甬，為它器誤合；堇臨作父乙方鼎（卷三‧第十四頁）誤將一圓形器蓋與之配合；婦闌甗（卷五‧第八頁）乃一連體甗，無蓋，誤將一甗蓋與之配合；矢令簋（卷九‧第二十六至二十七頁）二器銘同，均失蓋，誤合為一器。

（七）銘文拓本有反貼或顛倒者，如甲蟲爵（卷十五‧第二十五頁）誤將拓本反面作正面；大亞勺（卷十八‧第二十七頁）將銘文顛倒稱"亞屰"勺等。

（八）編者為了遷就版面，將部分大篇銘文如毛公鼎、大、小字盂鼎、克鼎等分剪成條再貼入版心內，粘貼時有將次序錯亂者，如卷四、第四十一頁所錄克鼎銘文第七、八兩行與第五、六兩行錯亂，當對調始符合原銘行款。

（九）有部分銘拓對照其他已著錄書籍仍有欠鮮明者，如卷十、第十二頁商丘弔匜，是器曾為端方所藏，著錄於《陶齋吉金錄》卷二、第四十六頁、《周金文存》卷三、第一百三十九頁，拓本皆較本書清晰。又如卷七、第二十五頁散伯簋第二器，為使拓本筆道明顯，便於攝影，原銘曾用白粉填過，字跡顯得極不自然，這種情況尚有多起，使用時可參照其他書籍驗證。

（十）本書銘拓皆未附釋文，目錄中釋字偶有小誤，亦應注意。如卷一第九頁楚王顉鐘，"顉"乃領字之誤；卷三、第二十三頁豳□裏鼎，"□裏"乃"生崔"之誤；卷三、第二十八頁姜白鼎，"姜"乃義字之誤；卷五第六頁癹父庚甗，"父"乃母字之誤；卷十二、第五十九頁作從彝卣，從字誤釋作"旅"；卷十六、第二十四頁𢼸匕乙爵，匕乙二字，誤作"父癸"；卷十六、第二十九頁矢父戌爵二器，戌字皆誤作"丁"等。

這次重印採用羅氏原印本制版，一仍舊貫，不作任何更改。對於上述十項問題，卷末附刊孫稚雛同志的《三代吉金文存辨正》一文，逐項討論，以便讀者參考。有錯誤或不妥之處，希讀者隨時加以指正。

中華書局編輯部
一九八二年四月

（中華書局重印版《三代吉金文存》卷首，1982年）

天亡簋銘文匯釋*

　　清代道光末年，天亡簋與毛公鼎同出於陝西岐山。陳介祺《聃敦釋說》說："余得是器於關中蘇兆年三十年矣。"按陳氏於同治癸酉（一八七三年）七月三十日"審釋"是器，八月三日寫成"釋說"一文，據此上推三十年，知陳氏得器之年當為一八四三年，出土之時在這以前不久。以後不知去向。一九五六年，北京琉璃廠振寰閣古物店由上海周姓收藏者處購得，後歸故宮博物院，今陳列於中國歷史博物館。孫詒讓說："審繹辭意，似是周武王殷祀祖考時，助祭臣工所作。"（《古籀餘論》）

　　由於此簋"文字古樸，義難通曉"（孫詒讓語），又是傳世周初的一件重要銅器，所以吸引了許多考釋的人，他們大多根據銘文中有"丕顯考文王"而定為武王時器。孫作雲又據楊樹達說"'文王德在上'四句乃禱祝之辭"，推論器乃武王滅殷之前所作（《說"天亡簋"為武王滅商以前銅器》），孫常敘也認為所記的是武王伐商"師初發"前準備出兵的部分情況（《天亡簋問字疑年》），而唐蘭則認為"銘文中所記是武王滅殷以後祭他的父親文王"（《朕簋》），黃盛璋、于省吾將銘文與典籍相互印證，也以為器作於武王滅殷以後（《大豐簋銘製作的年代地點與史實》、《關於"天亡簋"銘文的幾點論證》），只有殷滌非定為昭王時器（《試論大豐簋的年代》），按殷氏之說，實因誤讀銘文中"考"、"乞"二字所致，天亡簋是武王時的銅器，是可以肯定的。

　　此簋的定名，頗有分歧，陳介祺曰："舊釋朕之字，余久疑臣子作器……

＊　引文出處詳後"參考文獻"，正文只舉篇名，不再註明出處，下同。

而自稱朕，無名，必不如是之不敬謹，後疑朕字似聃而未敢定。同治癸酉七月三十日丙子復審釋之，決是聃字，則是器為毛叔所作明矣。"（《聃敦釋說》）所以他定名為"毛公聃季殷"（《簠齋吉金錄》）。唐蘭曰："朕字顯然是做這件銅器的主人的名字，所以應該稱為朕簋。"（《朕簋》）吳式芬、孫詒讓、郭沫若等則據銘首"王有大豐"一句，稱之為"大豐殷"。按：劉心源根據文義確定銘文中的"天亡"乃作器者名，是正確的，據此則當名之為"天亡簋"。

天亡簋的發現，對周代早期銅器的研究，具有重要的意義。唐蘭說："過去清代銅器學家常把商代跟周代劃分得很機械，把陝西出土的銅器都訂為周代器，但事實上有些銅器的製作是遠在武王伐紂以前的，就其地域來說，是周王國的地區，但就其時代來說，卻還是商代，這件朕簋因為是西周最初年代，武王剛伐商時做的，所以可以證明，在商代後期，西北地區的周王國已經發展了自己的青銅工藝。這件銅器無論在器形上、圖案上、銘刻上、書法上都有自己的特點，和一般商代銅器不同。主要是它沒有商代銅器那樣流麗和工致。而到了成王時代銅器，風格又顯然起了變化，顯得整齊和雅致了。那是由於周公成王建立了東周洛陽，遷了殷的遺民，跟商代文化藝術有了很多接觸，而且已經融合在一起的緣故。（《朕簋》）

器形四耳有座，器腹和方座上飾有一種張口卷身的龍紋。陳夢家說："此殷……在形制上有其特殊的意義。四耳和方座，是西周的特色，而四耳之殷僅限於西周初期，如宜侯夨殷、井侯殷、大保殷以及《商周彝器通考》下冊二四七、二四八、二五四、二五五、二五六等。帶方座的殷，盛行於西周初期，但在西周中期或以後，也仍然有出現的。

此簋器身和座身的花紋是一致的，也代表僅僅行於武成時代一種西周初期形式的花紋：開口的龍頭與迴身的龍身。它和仲禹殷（《商周》二九〇，《柏景寒銅器圖錄》二〇）器身的花紋一樣，該器的時代也不能晚於成王。"（《斷代》一，一五七頁）稚雛按：除了仲禹簋以外，叔德簋（《劫掠》A·二一九）的花紋也和它相同。另外，四川彭縣出土的銅罍上也有這種紋飾（《文物》一九六一年十一期）。

釋　文

乙亥[一]，王又大豊[二]。王凡三方[三]。王
祀于天室[四]，降[五]，天亡又王[六]，
衣祀于王[七]。丕顯考文王[八]，
事喜上帝[九]，文王德在上[十]，不
顯王乍省[十一]，不緐王乍庚[十二]，不克
乞衣王祀[十三]。丁丑，王卿大宜[十四]，王降，
亡助𤔲退橐[十五]。隹朕
又蔑[十六]，每揚王休於𣪘[十七]。

匯　釋

[一] 首字原泐，孫詒讓"以下文丁丑推之，此疑當為乙亥。"（《古籀餘論》）丁丑前二日為乙亥，據補。

[二] 大下一字，舊多讀為豐，徐同柏《從古堂》、陳介祺《𦫽敦釋說》、方濬益《綴遺齋拾遺》、吳大澂《愙齋集古錄》等皆以豐為地名，劉心源曰："以大豐為豐邑，則下文不貫。古刻豐、豊篆刻無別……釋此為豊，讀禮自協。"（《奇觚室》）孫詒讓也說："又大豐""疑當讀為'有大禮'。"（《餘論》）柯昌濟曰："豊疑讀禮，大禮謂宗廟郊祀之事，或為古代禮制中之專名詞，未敢定，王有大豐當讀如王有大禮，亦未能定。"（《韡華閣》丙9）

郭沫若讀"大豐"作"大封"，《大豐𣪘韻讀》說："所謂'大豐'乃田役蒐狩之類，或係操習水戰。《周禮·春官·大宗伯》：'以軍禮同邦國，大師

之禮用眾也，大均之禮恤眾也，大田之禮簡眾也，大役之禮任眾也，大封之禮合眾也。'封豐本同聲字，所謂大豐當即大封。鄭注大封云：'正封疆溝塗之固，所以合聚其民'，恐不免望文為訓矣。"《大系考釋》又說："大豐亦見麥尊，彼銘云：'王乘于舟為大豐'，余意當即大封，《周禮》'大封之禮合眾也'。"聞一多非其說曰："郭謂大豐即大封似未確"，"大封者，告於后土，祭于宗廟，封建諸侯之禮也。邦國初建，封疆溝塗，容有錯互不正者，當合軍以治之，故又為軍禮。因之，建國之後，境界侵削，而以兵征之，亦謂之大封。"又引麥尊銘說："麥尊言王在辟廱為大豐，射大鷺，明是饗射之類，與大封不侔也。因疑麥尊及此器之'大豐'，仍當從孫詒讓讀為大禮。《周禮》大宗伯之職：'治其大禮詔相王之大禮'，小宗伯之職：'治相祭祀之小禮，凡大禮佐大宗伯'。注皆謂群臣之禮為小禮，則人君之禮為大禮可知。饗射亦大禮之一也。"（《大豐殷考釋》）陳夢家《西周銅器斷代》繼承孫、聞二氏之說謂"'王又大豐'應從孫氏讀作'有大禮'""大禮是饗射之禮，行於辟雍。"接着引麥尊等銘文及《詩·靈臺·正義》所引《五經異義》、《史記·封禪書》等詳細論證明堂辟雍之制，結論是"王有大禮""是王有大禮於辟雍池中，所以王凡三方是汎舟於大池中的三方。'王祀于天室'是王祀於辟雍內水中丘上的明堂，所祀者是文王與上帝。周先王中只有文王祀於明堂，以配上帝。"（《斷代》一，一五二頁）

楊樹達以為大豐乃遊娛之事，不關典禮。他說："大豐亦見麥尊，彼文云'迨（會）王客蒡京酻祀，雩若翊日，才（在）璧廱，王乘于舟，為大豐，王射大龏（鴻），禽。'據彼文觀之，似大豐乃遊娛之事，不關典禮也，或疑此銘所記為祭享之事，不得涉及娛遊，此自是後人見解。麥尊記蒡京酻祀之次日為大豐，此文記衣祀大室之前有大豐，事正相同，不得以此為疑也。惜出闕有間，無由以載籍證明耳。"（《積微居》二五八頁）

黃盛璋則以為"大豐"應是一種封侯的典禮。根據是，麥尊"前後都是記王封井侯于井之事"，"特別是下文記載賞賜那些東西，全是封侯授官的典禮中所必有"，而"賞賜都在'為大豐'之後，據此可確知大豐為一種封侯典禮。""本銘大豐既與麥尊大豐文字相同，行禮程序也大致相似，'王有大豐'之前也舉行祭祀，後來也有賞賜，特別是王賞給天亡的有爵和囊，而爵在周初也是一種最隆重的賞賜，應與封侯有關。據此，我們斷知本銘之'大豐'和麥尊中的大豐意義一樣，無論讀'禮'讀'封'，它必與封賞有關，最初應是一種封侯的典禮。'豐''封'同音，可以互假，金文有康侯封，《尚書》、《史記》俱作'封'，'丰''豐'音義並同，'丰'即'豐'之初文；又古'邦'、'封'不別，豐鎬之豐，'載大夫姓鼎'作邦，這些都可證豐、封互假，絕無滯礙，郭氏讀'大豐'為'大封'是正確的。"（《大豐殷銘製作的年代地點與史實》八二頁）。孫常敘不同意黃氏之說，他列舉了三點理由：（一）麥尊開頭一句就說："王令辟井侯出𤔲侯于井"，既稱"辟井侯"，可見"早在這次王命之前就已經被封為侯了，何況麥尊'唯天子休于麥辟侯之年'已經明言其事只是天子嘉美邢侯，給予榮寵的禮遇，而不是始封。"（二）"封侯同時會有一些與之相應的賞賜，可是不能由此得出一個結論，說凡是有貴重賞品時就必然是封侯。"（三）"黃先生據以成說的'爵'字在天亡殷上是不存在的。那個字乃是从𢆉从𠂆从𠃬的𥹠（𥹠）字！"他認為"大豐"仍當從郭說作"大封"，是"以軍禮同邦國的會同之禮的一個組成部分。"（《天亡殷問字疑年》）

此外，赤塚忠釋"大豐"作"大醴"，讀又為侑，謂"豐乃醴酒之意"。聯繫下文"王凡三方"，認為是在祓祭之前舉行饗禮，就叫做大豐。白川靜進一步解釋說："大豐是本祭中舉行的奠醴或祼鬯之儀禮，大概是因為在主祭中舉行的，所以附上一個'大'字。"（《金文通釋》一）

稚雛按：長囟盉"穆王卿豐（饗醴）"之豐，與本銘大下一字形同。豊、豐古本一字，後世才將它們分別開來。據此，孫詒讓讀為"大禮"是正確的，至於這種"大禮"的內容指什麼，為什麼麥尊銘文說在舟中舉行，則還有待於進一步探討。

［三］王下一字，徐同柏、陳介祺、方濬益釋為"域"，吳式芬、孫詒讓釋作"同"。吳闓生曰："同，會同也，同字去口，與周作𠙹同例。"（《吉金文錄》）劉心源釋"凡"，郭沫若曰："凡叚為風，諷也，告也。三方，東南北

也，周人在西，故此僅言三方。"（《大系考釋》）聞一多評孫、郭二氏之說曰："孫詒讓釋凡為同，故自可通，惟無以解於'三方'之文。郭釋風，讀為諷，並謂三方斥東南北，周人在西，故僅言三方，然宗周之器言四方者多矣，又將何辭以解？竊謂麥尊紀王在辟雍乘舟為大豐，此亦言大豐，則凡疑讀為汎，傳王在辟雍中汎舟也。"汎舟為什麼要說"三方"呢？聞氏為瞭解釋"三方"之文，於是先考證了"辟雍即泮宮"，引《詩·泮水》鄭箋："泮之言半也，半水者，蓋東西門以南通水，北無也"來說明"辟雍之水亦半圓形之水，水形半圓，故但得三方，如鄭說，即東西南三方，殷文曰：'王汎三方'猶言王遍遊辟雍之水矣。"（《大豐殷考釋》）只要稍為仔細地考察一下聞氏的說法，就會發覺：（一）辟雍見於《大雅》，泮宮出於《魯頌》，魯用天子之禮，故二者在音義上可能會有些聯繫，可是天子與諸侯在禮制上必然會有一定的等級差別，故"辟雍"不應等於"泮宮"。《史記·封禪書·索隱》"按：服虔云，'天子水帀，為辟雍，諸侯水不帀，至半，為泮宮。'《禮統》又云'半有水，半有宮'是也。"又《集解》引張晏曰："制度半於天子之辟雍。"（二）傳、注於辟雍與泮宮也有不同的說法。《詩·吳臺》毛傳："水旋丘如璧曰辟雍。"《泮水》鄭箋："辟雍者，築土離水之外，圓如璧。"聞氏僅選用於己說有利的鄭玄對"泮水"的說法，而對"辟雍"的傳、箋卻避而不言，是亦"無以解於三方之文"而強為之解也。故岑仲勉雖依聞說讀"凡"為"汎"，卻另解"方"為"泭也，泭即桴，即箄……凡三方即汎了三張箄。"翻譯此句為"乘着三個筏子前去。"（《天亡殷全釋》）

于省吾說："以卜辭'凡于且丁'（北大藏契）和'于父乙凡'（後上七·五）證之，則'凡'當為祭名，而卜辭和金文習見'四方'之祭，不言'三方'，銘文'三'字下又適有一畫的空隙，是否四字之泐，疑未能決，存以待考。"（《關於"天亡簋"銘文的幾點論證》）稚雛按：徐同柏亦曾以為"三方即四方"，謂"古三、三（四）字皆積畫，此或有脫筆。"（《從古堂》）李平心也以"凡為祭名"，惟讀"三方"為"三祊"，以為即卜辭中常見的"三匚"。翻譯此句為"天子首先獻祭於大王、王季、文王的廟。"（《周伐商唐新證——"大豐殷銘"中周伐商唐的確證》）孫常敘綜合前人之說，力辯"丼"不同於"凡"（凡）。他說："丼"和"同"同音（同从口丼聲）。"王丼三方"就是王同三方，從吳闓生說"同"用作會同之同（《天亡殷問字疑年》）。

稚雛按：從字形看，"丼"釋作凡是正確的，"丼"（凡）就是般、盤的古文，甲骨文般庚之般作"凡"（《前編》一•一六•一），或作"凡"（《前編》一•一五•八），金文同字从凡从口，會意，省口則無意可會，且不為"同"字。古音凡（邦母侵部）、同（定母東部）通假的可能性也很小。所以字仍以釋凡為是，"凡"當為一種祭名。

［四］天室，吳大澂、孫詒讓、劉心源均以為"太室"。孫氏曰："大……當為大之變體"。（《古籀餘論》）于省吾謂"天太古通"。柯昌濟曰："天室當係祀天之室，或祭室之代稱，蓋古禮載祀天於圜丘，未聞有天室之制也。《周禮•大宗伯》以禋祀祀昊天上帝。此器云，祀于天室，殆即古郊禋祭天之事。"（《韡華閣》丙九頁）稚雛按：天、大（太）古雖可通，然從本銘看，天室、天亡之"天"，與大豐、大宜之大，區別分明，並不混用，故不能以為天室即太室。天室，當為祀天之室。徐同柏、楊樹達謂即《逸周書•度邑篇》、《史記•周本紀》"定天保，依天室"的天室，徐氏且據《尚書•洛誥》鄭說"文祖"為明堂為之，謂天室"當亦明堂之謂"。陳夢家也說："天室……是祀天的明堂"，乃是"辟雍內水中丘上的建築。"（《斷代》一，一五二頁）《史記•封禪書》："天子曰明堂辟雍，諸侯曰泮宮，周公既相成王，郊祀后稷以配天，宗祀文王於明堂以配上帝。"郭沫若則以為"天室"為天亡之室，似未妥。

［五］降，陳介祺曰："王降自天室也。"楊樹達曰："謂由天室下降也。"聞一多以為："降字諸家皆屬上讀，最誤。"他以為應屬下讀，義與"令"同。"《國語•周語》'王降狄師以伐鄭'，猶言王命狄師以伐鄭也。'降天亡又王……'謂令天亡衣祀於文王，並事喜上帝也。"（《大豐殷考釋》）陳夢家也說："'降天亡又王'是降命天亡佑助王以二事。"柯昌濟則以"降天亡又"為一

句。他說"又當為失之訛字，亡失又見虢伯彝。失佚古字音誼皆通，亦可讀為無佚，《尚書》篇目有《無逸》，疑古文逸失字相通，亡失二字又常見卜辭，蓋亦殷周代之常用語，又案《洛誥》'周公曰：王肇稱殷禮，祀于新邑，咸秩無文。'無文二字亦當即金文無丈之訛字，丈文字形相近，因誤作文字也。"（《韡華閣》丙九頁）唐蘭也以"降天無尤"為一句，說"意思是從天室下來沒有愆尤。"（《朕簋》）稚雛按：此處的降和後文"王降"的降，都是降自祭祀之處。

［六］天亡，劉心源曰："據文義決是作器者名。"以為"天姓之名"，"'又王'讀'佑王'，謂助祭也。"（《奇觚室》）聞一多曰："天亡蓋一字一名。……室猶廟也。王于天室衣祀文王，是天亡當與周同姓，且為宗子也。"（《大豐殷考釋》）陳夢家曰："天亡或稱亡，猶令方彝夨令或稱夨或稱令，故可以名字合稱，也可以分稱。"（《斷代》一，一五一頁）楊樹達曰："周初臣工未見有名天亡者，天、顛古本一字，余疑即《書·君奭篇》之泰顛也。"（《積微居》二五八頁）孫作雲從天亡是大祭的主要襄助人，而古代史官也管祭祀、禱告及書記之事，天亡所司者正與之合，亡又與佚同例，故懷疑天亡乃史佚。（《再論天亡殷二三事》）于省吾則以為"天亡"即"大亡"，依經傳讀法則作"太亡"即"太望"，也就是"輔周伐紂，國舅元勳"的"太公望"。（《關於"天亡簋"銘文的幾點論證》）

稚雛按：疑"天"為其職（與祀天有關），"亡"乃其名，師旂鼎銘前稱師旂，後稱旂，師為其職（與軍事有關），旂乃其名，與此例同。孫常敘亦謂"其職事為'天'，而其名為'亡'"。

［七］衣祀，吳大澂、孫詒讓、王國維（《殷禮徵文》殷祭）皆讀作"殷祀"。《尚書·康誥》"殪戎殷"，《禮記·中庸》作"壹戎衣"，鄭注："衣讀如殷"。《說文》："作樂之盛稱殷"，引申為凡盛凡大皆曰殷。《公羊傳》文公二年："五年而再殷祭"，何休注："殷，盛也。"《禮記·曾子問》："服除而後殷祭"，孔穎達疏："殷，大也……大祭故謂之殷祭。"郭沫若初以為"衣祀"即"禋祀"（《大豐殷韻讀》），後改同孫、王之說。岑仲勉則仍遵郭氏前

說，以為"衣"讀為"禋"更通俗。（《天亡殷全釋》）

柯昌濟曰："衣亦古祭名之見於卜辭者，卜辭云，王賓駿自甲至于武乙衣，又云隹肜衣，又云肜衣，或單稱衣或云肜衣，知與肜日之禮相須而行，疑即古之殷祭也。殷衣雙聲，衣之字訓亦有殷重之誼。"（《韡華閣》九頁）陳夢家曰："卜辭'衣'為祭名，始於祭上甲，衣祀為從頭到尾的遍祀先王。"（《斷代》一，一五二頁）

白川靜在"衣祀于王"後斷句，把"王"看作是"王所"的意思，引令彝銘"用牲于王"為證。他以為"天亡又王"與"衣祀于王"兩個王字的意義不同，令彝是在京宮、康宮用牲完畢後在王用牲，而本器則是在天室祭祀結束後在王衣祀，其次序相類。（《金文通釋》一）

[八] 諸家多將"丕顯考文王"一句屬上讀，白川靜以為事喜上帝乃文王之事，與猶鐘"先王其嚴在帝左右"、宗周鐘"先王其嚴在上"、叔夷鐘"虞成唐，又嚴在帝所"等相同。文王事喜上帝，是說在帝之左右，因此下句直接承此而續以"文王臨在上"。稚雛按：衣祀之衣，若如陳氏所說，是指遍祀先王，則此處"丕顯考文王"確不應與上文連讀。庚嬴鼎"王客□宮衣事"也是說在某一地點舉行衣祀。

[九] 喜，徐同柏、方濬益釋饎。吳大澂曰："喜即饎之省文。"《說文》："饎，酒食也。"引或體作糦。陳夢家曰："'喜'應讀作《商頌·玄鳥》'大禧是丞'之禧，《釋文》引《韓詩》云：'大饎，大祭也'……喜上帝即祭上帝。"郭沫若曰："喜當是熹省，卜辭'延于丁宗熹'，當與柴燎同意。"（《大系考釋》）

[十] 文王下一字，半泐。陳介祺、方濬益、吳大澂、孫詒讓、劉心源、于省吾、楊樹達等均釋作德。吳大澂謂"即《詩》所謂'文王在上，於昭于天'也"（《愙齋集古錄》）。郭沫若曰："字殘闕過甚，不可識，依金文通例，每曰'嚴在上……然嚴字不從目，此器顯然猶存目形，恐是監之殘文。"（《大豐殷韻讀》）白川靜、孫常敘則釋臨。稚雛按：從字形殘泐的情況看，可能是德字。

［十一］楊樹達曰："丕顯王謂文王。上文云'不顯考文王'，故此亦以不顯稱之也。"于省吾曰："顯謂昭顯，《詩·文王》'文王在上，於昭于天'。是說文王死後為神，昭顯于上天，考之稱'顯考'或'昭考'也即此意。"（《關於"天亡簋"銘文的幾點論證》）陳夢家說："'不顯''不緐'是作器者所以美稱時王（即武王）。'不顯王乍省'說武王以文王為典型：《大誥》曰'爾克遠省，爾知文王若勤哉'；《大盂鼎》曰'雩我其遹省先王'；《猷鐘》曰'王肇遹省文武'。凡此省或遹省，義為遵循。"（《斷代》一，一五三頁）

稚雛按：本銘凡提到文王時皆直書文王，所以這裏的"丕顯王"和下面的"丕緐王"都應該是指武王。金文中凡提到先王的，大多寫出名號（或稱"先王"），而對時王則只稱王。殷滌非說，"文王監在上"指文王，"不顯王乍相"指武王，"不肆王作庚"指成王，"不克王衣王祀"指康王。"據此排列，則知大豐殷乃殷祀以文王為首的以下武、成、康諸王時其助享的臣工所作之器。"（《試論大豐殷的年代》）這種說法頗難令人置信。

省，乃孫詒讓、劉心源所釋。吳式芬、吳大澂釋相。郭沫若在《大豐殷韻讀》中，詳細論證了相、眚之別，也釋此字作相，他說："'作'假為則。'丕顯王則相'者言文王不顯，武王則儀型之。"《大系考釋》說同。楊樹達曰："相者，視也，助也，今言照顧。"（《積微居》二五八頁）李平心隸定作省，依郭沫若釋作相，謂"在此當讀商"，"乍讀迮或笮，二字《說文》均訓迫，有誅伐壓迫之意"。引䰯羌鐘、簋大史申鼎、貯簋銘文為證，說"乍相就是武王伐商"。于省吾曰："省與監、臨每同訓……'不顯王乍省'是說文王在天之神能夠照顧的意思。"（《關於"天亡簋"銘文的幾點論證》）聞一多曰："㞢，諸家或釋省，或釋相，案釋省近是。卜辭作㞢，作㞢，金文作㞢，小篆省眚諸文並從此出。卜辭又有㞢字，則循字所從出。金文㞢多可釋盾，讀為循。大盂鼎'雩我其遹㞢先王受民受疆土'，宗周鐘'王肇遹㞢文武堇疆土'，並當釋為'遹循'。《爾雅·釋詁》：'遹，循也。'（克鐘'王親令克遹涇東至于京𠂤'，遹正訓循。）二字同義，故每連文。字一作'率循'，《書·顧命》'率循大卞'是也。金文㞢又作㣎，虢鼎'師雒父㣎衛至于猷'，亦即循衛至于猷也。

本器'不顯王乍眚,不𫵸王乍庚',當讀為'丕顯王且徇,丕肆王且賡'。"（《大豐𣪘考釋》）

稚雛按：字當以釋省為是，《說文》"省，視也。"金文中的"遹省文武"、"遹省先王"、"王省武王、成王伐商圖"（宜侯矢𣪘），都是時王省視先王，可證這裏的"丕顯王"應該是武王，決不是文王。

[十二] 𫵸，陳介祺、柯昌濟釋墜，方濬益釋肆。吳闓生隸定作㲋，謂"㲋即古文肆字，肆者廣大之義。"（《吉金文錄》）聞一多曰："肆有廣大之義，丕肆與丕顯對文。徇猶追述也，追述與賡續義近。"（《大豐𣪘考釋》）楊樹達曰："《說文》九篇下㣇部𫵸字古文作𩇵，引《虞書》：'𫵸類于上帝。'今《書》作肆，則𫵸乃肆之古文也。《爾雅·釋言》云：'肆，力也。'《文選·東京賦》薛注云：'肆，勤也。'"

庚，從庚從凡，字書所無。陳介祺、方濬益、吳大澂、柯昌濟釋作賡。《說文》以賡為古文續字。楊樹達曰："庚字不識，然其字從庚，乃以庚為聲。知者，此銘大部皆有韻，此上以方王王上相為韻，庚讀如庚，乃古韻唐部字，正相合也。《詩·小雅·大東》曰：'西有長庚'，毛傳云：'庚，續也。'此言武王繼續文王之德業，《禮記·中庸篇》所謂'武王纘太王王季文王之緒也。'"（《積微居》二五九頁）孫常敘曰："這個賡字不讀古行切，不是續的同義詞，而是讀作似足切，是'續'字的另一寫法——古文續字。"又說，《說文》的賡字，"當是從庚𦘒聲的𧶛字之譌。緣秦漢以後，𦘒字很少使用，而其字形又和貝之作'𠓝'者相近，遂變𧶛為賡。"賡和續是"東、屋音變"。（《天亡𣪘問字疑年》）

郭沫若曰："庚字從庚從凡，卜辭有之，己酉方彝亦有之，當是從凡庚聲之字，凡古文盤，蓋即湯之古文，與唐為一字，唐卜辭作𠳼，下從𠙵形亦盤皿之象，非口舌字。卜辭以唐為成湯，叔夷鎛鐘成湯亦作成唐，不僅音同通用，實古今字也。"（《大系考釋》）"'丕𫵸王作唐'言文王于穆，武王則發皇之。語法與《多方》作'惟聖罔念作狂，惟狂克念作聖'相近，此二'作'字亦即則之假字也。"（《大豐𣪘韻讀》）李平心在釋文上多以《大系》為依據，上文將"乍相"說成是武王伐商，此謂"乍廄即伐唐"。

稚雛按：庚有續義，廄从庚，亦當有續義。這兩句話的意思是說，偉大而顯赫的武王以文王為榜樣，偉大而勤力的武王繼續着文王的德業。都是指武王而言。

［十三］聞一多曰："丕有乃義（《見《經傳釋詞》），丕克之丕當訓乃。《書·盤庚》'予丕克羞爾用懷爾然'，丕克連用與此同。"

丕克下一字，舊多釋"三"，"不克三衣王祀"究竟是什麼意思？考釋者各異其說。郭沫若《大豐殷韻讀》說："'丕克三衣王祀'即承上'王凡三方'，殆即'祀于天室'、'衣祀文王'、'事熹上帝'之三祀。'衣'亦讀為禋，精意以享曰禋。"《大系考釋》將"衣王"改讀作"殷王"。三版《大系考釋》加眉批曰："'不克'下一字，原銘作彡，與上'三方'三字有別。彼三劃等長，此中劃特短。陳夢家釋為'乞'，可從。乞讀為訖，謂終止也。"

聞一多以為"循賡皆指殷祀言。二句連下'不（丕）克三衣（殷）王祀'讀，猶言王一祀再祀以至三祀也。"

楊樹達曰："'丕克三衣（殷）王祀'，說者多釋祀為祭祀，則與句中數字之三字不相承貫。余按：《爾雅·釋天》曰：'夏曰歲，商曰祀，周曰年，唐虞曰載'。宣公三年《左傳》曰：'桀有昏德，鼎遷於商，載祀六百。'是此文祀字之義也。殷王祀者，殷代稱王之年歲也。三殷王祀謂三倍殷室稱王之年歲也。古人以三表多，三倍者，多倍也。不限於三也（說詳汪中《釋三九》）。此四句言文王之德業在於天上，大顯赫之文王眷顧其子孫，大勤力之武王又繼承文王之德業，必能使周室保有天下之歲年數倍於殷室稱王之年代也。"

吳其昌則以此三衣王祀為武王三年。他說："此為武王三年之器。所以知者，此銘云：'王衣祀于王丕顯考文王'。既'王'之丕顯考為文王，則此王為武王，明碻甚矣。'衣祀'者，商代之祭名也。洛誥云：'王肇稱殷禮，祀于新邑。（中略）作元祀。''殷禮'即'衣祀'也。'肇稱'者，謂之'元祀'則知'衣祀'乃每年一舉，故周初以'元祀''二祀''三祀'……為紀年之文矣。此殷銘云：'丕克三衣王祀'，是王已丕克三衣祀，故知決在武王之三年矣。在武王三年，故一切典禮，尚沿商制，此亦其一證矣。至昭王十年之作冊䰜卣，則'衣'已作'殷'；昭王十一年之臣辰盉，則已作'廩'矣。此器之在成昭以前，證更厚矣。"（《厤朔疏證》四頁）

陳夢家說："'乞'與第一行'三方'之三，形近而異。'三'字是等齊平列的三畫，'乞'字則兩等劃之間一小橫劃。卜辭有此字，于省吾始考定為乞字（《殷契駢枝》Ⅰ：五五—五八）。讀其文乃悟此殷的'乞'字非'三'字。'乞衣王祀'之'祀'可能有兩種解釋：一釋為歷年，《召誥》曰：'我不可不監于有夏，亦不可不監于有殷……有夏服天命惟有歷年……有殷受天命惟有歷年……我受天命丕若有夏歷年，式勿替有殷歷年。'若如此說，則'乞殷王祀'為終迄殷王的歷年，亦即終其天命。一釋為祭祀，《魯世家》封武庚'以續殷祀'，《管蔡世家》令微子'以續殷祀'。此謂繼續殷王的祭祀，則'迄殷王祀'為終迄殷王的祭祀，亦即終其天命。"郭沫若、孫作雲皆從其說。孫氏且引《書·西伯戡黎》"天既訖我殷命"為證。

殷滌非別出新解，將此字釋作"王"，他說，這"是王字的變體或壞字。"白川靜從殷氏之說，在"不克王衣"後斷句，以為與前面的"不顯王乍省"、"不䋣王乍庚"相對應。"不克"就是"不竸"的省文（赤塚忠說），殷滌非和白川靜都認為"不克王"是康王，他們的不同之點是，殷將康王看作是與文、武、成並列的先王而將此器屬之昭王；白川則以為如果並舉，就應說"不克王乍□"，所以"不克王"是時王，故將此器定為康王時器。

［十四］卿，象二人對器而食，當讀作饗。大下一字作圖，徐同柏、吳式芬釋宜。徐氏曰："大宜於社也"。陳介祺、吳大澂釋且，讀為祖。孫詒讓曰："舊釋為宜，文義難通，疑當為且之異文……此且則當為祖之叚字。"（《古籀餘論》）劉心源曰："大宜即聲無不宜之謂。或曰大讀太，圖為廟形，即廟字。此云王饗太廟也，文義更協。"吳闓生、楊樹達亦釋為宜，讀作祖，謂祖廟。柯昌濟曰："太圖即太祖之異文，周之太祖即后稷也。"（《韡華閣》十頁）郭沫若曰："圖字金文可見，卜辭亦多有，舊釋宜，羅振玉釋俎，余曩以為房俎之房。今案仍以釋宜為是。《說文》宜古文作圖，《秦泰山刻石》'者（諸）產

得𩫨',古鉨'𡇋民和衆',漢封泥'𡇋春左園'均是宜字。宜有肴義,令𣪘、己酉方彝之'障𡇋'是也;有妥適義。本銘之'大𡇋',貉子卣之'咸宜'是也;有祭社以祈戰勝之義,般甗'王𡇋夷方無敄(侮)是也。"(《大系考釋》)

黃盛璋仍然本郭氏房俎之說釋𡇋為房。他說:"銘文王饗大𡇋之後接着就是賞賜,'大𡇋'必為舉行大饗與賞賜的地點。案太廟、太室的得名當因其房屋特大。此大𡇋應亦此意。𡇋字又入韻,當為房字的初文。"又說:"此𡇋字正象重屋與窗牖之形……'𡇋'字此處入韻,其為房字初文當無可疑。'𡇋'初意本象重屋。夏世室、殷重屋、周明堂,皆同一形制,雖略有損益演變,但重屋之制實為三代所同。此'𡇋'字上層即象天室,為祭天之所,周代並祀文王,下層則為太室,為行政、宴賞等典禮活動之所(金文記王賞賜冊令多在太室可證),因與天室即在一處,故王衣祀之後,又進行饗宴,封賞典禮於此。"(《大豐𣪘銘製作的年代、地點與史實》八五頁)

聞一多曰:"宜俎古同字,此當讀為王饗大俎,猶遹𣪘之'王饗酒',大鼎之'王饗醴'也。"(《大豐𣪘考釋》)于省吾曰:"早期古文字中,'俎'字未有當作'宜'字用的","大俎者,謂大陳牲牢於俎几以祭。此銘言'王饗大俎'與卜辭之'大俎于殁,𦎫'可以互證。銘文簡括,言大俎者當兼大享合祭之類。"(《關於"天亡簋"銘文的幾點論證》)孫常敘亦以宜為一種祭禮。陳夢家曰:"宜祭見於殷世刻辭:

　　宜于庚宗　《前》一·四五·五　武丁刻辭
　　宜于義京　《前》六·二·二
　　宜于殼京　《續》四·二六·二
　　酌大宜于殼言　《上》二一·六　武文卜辭
　　來丁巳奠獻于父乙,宜卅牛　《上》二七·一○
　　隋宜于召　《己酉方彝》晚殷金文
　　隋文武帝乙宜　《𠫑其卣》
　　隋宜于王姜　《令𣪘》西周初期金文

卜辭金文宜作圓與俎為一字。卜辭宜於宗於京，皆特殊的祭法，又作為用牲之法。武文卜辭有'酻大宜'則與此殷同。晚殷、周初的'奠'宜，亦見於卜辭。《說文》：'奠，置祭也……禮有奠祭'；《廣雅·釋言》'奠，薦也'，《禮記·祭統》'舍奠於其廟'，注云'非時而祭曰奠'；《郊特牲》注云'奠謂薦熟時也'。卜辭金文奠作奠，或從阜。隓宜於王姜者致牛牲於王姜：《楚語》下曰'子期祀平王，祀以牛，俎於王，王問於觀射父曰祀牲何及？'注云'致牛俎於昭王'。俎即胙。《說文》以為'祭福肉'。"（《斷代》一，一五四頁）

稚雛按：圓字以釋宜為是。金文中另有俎字。三年瘣壺曷瘣"麤俎"、"囗俎"，俎作且（《文物》1978年第3期11頁圖16）是為俎几之俎。《莊子·達生》："祝宗人元端以臨牢筴，說彘曰，汝奚惡死，吾將……加汝肩尻乎雕俎之上。"可見俎是切肉之器，而宜則象陳肉於俎上之形。大宜當為一種祭儀。又陳氏所說之奠（隓），乃尊（鐏）之誤。

［十五］亡，天亡。亡下四字，義未確知，各家對字形的隸定和解釋，有很大的不同，今簡述如下，以供參考。

首字從貝從力，可隸定作劦。徐同柏、陳介祺釋賜，《攈古錄金文》（三之一、二七頁）引許瀚釋寽，以為古得字，孫詒讓從之。劉心源釋劦，郭沫若隸定作劦而注作"賀"。聞一多曰："劦字不識，劦爵，蓋爵名。"孫作雲釋作劦，以為從貝從加。孫常敘曰："劦字是一個從貝力聲的形聲字，是以'賜''予'為訓的'賚'的音變。'來''力'雙聲，一在之部，一在職部。之職陰入音變，正象'來'在之部，而從'來'得聲的'麥'卻在職部一樣。"（《天亡殷問字疑年》）劦下一字，徐同柏、陳介祺釋爵，孫詒讓、劉心源疑薦，孫常敘則以為是一個"從羋從卩從彳的䅲字。"䅲字舊多釋退，塱盨（《薛氏款識》十五·一六七》）"進退"之退作䅲，與此同。郭沫若、吳闓生釋作"復"，孫常敘釋"逭"。退下一字，𢓈中泐存×形，此字吳式芬釋賴，徐同柏、方濬益、吳大澂、吳闓生釋橐，劉心源引或說以為壺字，郭沫若曰："余舊釋韇，近于省吾謂是橐字，近是。唯此與爵文對文，仍當讀為韇，橐、韇同在陽部。"（《大系考釋》）聞一多隸定作橐而疑為鱐，橐鱐魚陽對轉，鱐籀文作䚢，从爵省，故此與爵對舉。"（《大豐殷考釋》）孫常敘以為䚢中的"×"，據"它和上一字'逌'的相應關係，可以推知它是米（米）字的殘筆。'䚢'字从橐（橐）从米；橐亦聲，當是《說文》'周人謂餉曰饟'的'饟'字初文。"（《天亡殷問字疑年》）稚雛按：䚢彝（《三代》六·五二）有"賣貝"，帚蔑鼎（《嘯堂》上一）："作冊友史易賣貝"。疑賣、䚢一字，"×"是"貝"（貝）之泐文。若此，則賣䚢當指貯貝之橐。

［十六］朕，陳介祺讀作"聃"，劉心源釋朕，郭沫若注作"媵"，陳夢家說："朕應釋作䑍"，《說文》"䑍，迻書也"，孫作雲曰："朕作'我的'，'我'講，並行不悖。"引邢矦簋"朕臣天子"、少虞劍"朕余名之"等為證。于省吾曰："金文中的'朕'字，通常作為領格用，即'我的'之文，'朕'字後必連以名詞。西周金文從無以'朕'代'我'之例，《尚書》中的朕字係後人竄改，不應援以為例。""'朕'字應作'眹'，也即'畯'字，經傳通作'駿'，古韻蒸、諄通諧，故金文借'朕'為'畯'。井侯簋的'朕臣天子'即'畯臣天子'。'畯臣天子'習見於金文。《爾雅·釋詁》'駿，長也。'這是說長為天子之臣。"（《關於天亡簋銘文的幾點論證》）

"又"下一字，徐同柏、吳式芬、孫詒讓、吳大澂、劉心源等皆釋作德。郭沫若曰："字僅餘一鹿形，从鹿之字在此可適用者，僅有慶之一字。'有慶'連文乃古人常語……其在金文則秦公鐘與秦公殷均有'高弘有慶'語。故此銘之必為'唯朕有慶'，斷可無疑。"（《大豐殷韻讀》）聞一多亦釋為慶，謂"'有慶'見秦公殷，慶古慶字。'隹朕有慶'句法與伯威殷'隹匄萬年'同。"于省吾釋作蔑，他說："'蔑'字各家都誤釋作'慶'，細審最近新拓墨本，原篆作䕟，其為'蔑曆'之蔑毫無疑問。""'唯朕有蔑'，承上句'亡（係天亡省稱）助口䚢'而言，亡助這句話的意義雖然不能強為之說，但係'天亡'嘉贊某種寵迂之義，這是不難理解的。在某種寵迂之下，才接以'唯駿有

蔑'。這是'天亡'自己說要'長久有所勉勵',也即今後長此奮發效勞之意。"(《關於天亡簋銘文的幾點論證》)

[十七] 每,讀作敏,《玉篇》:"敏,敬也。"揚,稱揚,頌揚。"陴"下有一小"白"字,陳介祺曰:"陴,重器之統名,非酒器,从θ,殷文之省,陴殷之合文也。"(《聊敦釋說》)《攟古錄金文》(三之一,七二頁)引許瀚曰:"疑殷字上端"。楊樹達曰:"實殷之象形初文也。"于省吾曰:"'皀'字訛為'白',原因當係鑄造時陶範失調所致。"郭沫若曰:"按此字並無殘缺,實即皀字也……假為享。"(《大豐𣪘韻讀》)後改為"原銘分明白字,語猶今人言補白矣。"(《大系考釋》)稚雛按:從文義看,當是尊殷二字合書。

參考文獻

[1] 徐同柏:《從古堂款識學》卷十五,八頁。
[2] 陳介祺:《簠齋吉金錄》殷一。
[3] 陳介祺:《簠齋商周金石文考釋》三。
[4] 陳介祺:《聊敦釋說》(《簠齋藏古冊目並題記》二四頁,鄒安校本)。
[5] 方濬益:《綴遺齋彝器款識考釋》卷六,十二頁(稿本)。
[6] 方濬益:《綴遺齋彝器款識考釋拾遺》三(稿本,容庚校輯)。
[7] 吳式芬:《攟古錄金文》卷三之一,七二頁。
[8] 吳大澂:《愙齋集古錄》卷十一,十五頁。
[9] 吳大澂:《愙齋集古錄釋文賸稿》下,二二頁。
[10] 孫詒讓:《古籀餘論》卷三,十二頁。
[11] 劉心源:《奇觚室吉金文述》卷四,十一頁。
[12] 鄒安:《周金文存》卷三,三一頁。
[13] 劉體智:《小校經閣金文拓本》卷八,六十頁。
[14] 羅振玉:《三代吉金文存》卷九,十三頁。
[15] 郭沫若:《大豐𣪘韻讀》(《殷周青銅器銘文研究》二九頁)。

［16］郭沫若：《兩周金文辭大系圖錄考釋》圖編二五四，錄編一頁，考釋一頁。

［17］吳闓生：《吉金文錄》卷三，一頁。

［18］于省吾：《雙劍誃吉金文選》上三，一頁。

［19］于省吾：《關於"天亡簋"銘文的幾點論證》（《考古》一九六〇年第八期）

［20］吳其昌：《金文麻朔疏證》卷一，四—六頁。

［21］容庚：《商周彝器通考》三四四頁：一〇三 圖二九八。

［22］柯昌濟：《韡華閣集古錄跋尾》丙篇九—十頁。

［23］聞一多：《大豐殷考釋》（《全集》第二冊《古典新義》六〇三頁）。

［24］楊樹達：《積微居金文說》一六二、二五八頁。

［25］陳夢家：《西周銅器斷代》一（《考古學報》第九冊）。

［26］孫作雲：《說"天亡殷"為武王滅商以前銅器》（《文物參考資料》一九五八年第一期）。

［27］孫作雲：《再論天亡殷二三事》（《文物》一九六〇年第五期）。

［28］唐蘭：《朕簋》（《文物參考資料》一九五八年第九期）。

［29］張克忠：《朕簋》（《故宮博物院院刊》第一期）。

［30］錢柏泉：《"說天亡殷為武王滅商以前銅器"一文的幾點商榷》（《文物參考資料》一九五八年第十二期）。

［31］殷滌非：《試論大豐殷的年代》（《文物》一九六〇年第五期）。

［32］黃盛璋：《大豐殷銘製作的年代、地點與史實》（《歷史研究》一九六〇年第六期）。

［33］李平心：《周伐商唐新證——"大豐殷銘"中周伐商唐的確證》（《文匯報》一九六〇年十一月二十五日）。

［34］岑仲勉：《天亡殷全釋》（《中山大學學報》社會科學版一九六一年第一期）。

［35］孫常敘：《天亡殷問字疑年》（《吉林師大學報》一九六三年第一

期）。

［36］平凡社：《書道全集》第一卷，三四頁。

［37］河出書房：《定本書道全集》第一卷，一六七頁。

［38］赤塚忠：《西周初期金文考釋》二（《甲骨文》第八號）。

［39］白川靜：《大豐殷の時代》（立命館文學二〇〇號紀年論文集）。

［40］白川靜：《金文通釋》一（《白鶴美術館誌》第一輯）

［41］張光直等：《商周青銅器與銘文的綜合研究》三一三一〇〇一（史語所專刊之六十二，一九七三年）

［42］李棪：《金文選讀》一輯第六器。

（原載《古文字研究》第 3 輯，中華書局 1980 年）

天亡簋銘文摹本　　　　　　　　天亡簋器形

保卣銘文匯釋

保卣和一同銘之尊，解放初出土於河南。陳夢家《西周銅器斷代》說："傳出於洛陽。一九五一年夏於徐森玉先生處見卣銘拓本，以爲重要，追尋原物，歸上海市文管會。尊銘同於卣而行款稍異，今歸河南省文管會。"① 郭沫若曰，尊銘"字跡可疑"。② 按：卣今藏上海博物館，尊在河南省博物館。

保卣和保尊，是西周初年的重要銅器，銘文記載了周初的一些重要史實，其文辭和書寫格式卻多與殷代刻辭相同，器形、花紋也與殷器相似。銘文字體和銘首、末記年的方式接近晚殷卯其三卣（《商周金文錄遺》二七三、二七四、二七五），但是"既望"卻是周人在曆法上的專用名稱。陳夢家說："王令保及殷東國五侯"，"應指武王時王令武庚及齊、魯、燕、管、蔡等五國，成王伐武庚後封宋、衛兩國，殷國乃亡。"黃盛璋不同意陳氏之說，他說："武王分封，國數並不止五，即以三叔監殷論，管、蔡以外，尚有霍叔，不知將如何處置？若以方位論，在殷東者只有齊、魯、燕實在殷北，若管燕霍既不在殷東，也不好全稱爲之殷，殷雖爲成王所滅，然距其即位，中間尚有一段時間，並且此處明云：'殷東國'，並非直謂之殷，若據此點即訂爲武王時器，那是絲毫不能令人信服的。"③

按："王令保及殷東國五侯"確不能解釋爲"令武庚及齊、魯、燕、管、

---

① 陳夢家：《西周銅器斷代》（一），第二器，《考古學報》第九冊1955年，第157頁。
② 郭沫若：《文史論集》，人民出版社1961年，第322頁。
③ 黃盛璋：《保卣銘的時代與史實》，《考古學報》1957年第3期，第51頁。

蔡等五國。"判斷本器的年代，關鍵是要弄清楚保是誰？"王令保及殷東國五侯延兄六品"的意義又是什麼？關於前者，陳夢家說："作器者名保，成王時代周公子明保，亦稱明公、明公尹，見於《令方彝》，與此器之保恐無關係。明保、明公、明公尹是周公子之食邑於明者，保、尹是其官名，公是其尊號。金文中尊稱它人可以稱官名或尊號；自稱則多私名，亦可以附以官名，而很少自稱官名而附私名的。"① 之後，他在論及《大保簋》和梁山七器時，又附帶地提到了"'保'可能是'保奭'"。② 平心則說"卣銘中的保無疑就是《禽簋》的明保，也就是伯禽"。③ 後來改為"保當即《令彝》之明保，亦即武王庶弟毛叔鄭，明是字，保是官。鄭為文王庶子，文王在《小盂鼎》稱周王，所以明保在《令彝》稱周公子。周公子猶他器銘文中陳公子、虢公子之比，似不能解為周公之子。《路史·後記九下》云：'武王克商，以毛叔鄭從，成王以鄭為三公'，此說必有所據（疑礙括古本《竹書記年》之文），與《令彝》'明保尹三事四方'之銘文相合。保當是太保之副貳或屬官，保與太保，猶師與太師，史與太史，所以《保卣》之保未必就是召康公太保奭（金文通稱大保）。"④ 說保是魯公伯禽，遭到了黃盛璋的激烈反對，他說："此說實無立足之餘地，於銘文亦未能通讀，銘文明云：'用作文父癸宗寶尊彝'，所作既為其父廟之祭器，是其父已死，且周公子孫作祭器者，皆稱為周公，不名癸宗，即此可決知此人絕非周公之後代。"他以為"作器之保實為召保奭，此銘之'保'應為官職而非人名，周人稱召公，其前常加'保'字，如'保奭'、'召太保'、'保召公'，或直稱'太保'，金文中亦有'太保'、'公太保'、'皇天尹太保'等稱謂，此皆他人之稱召公者，而召公本人亦自稱為太保，《太保方鼎》之'太保'即其明證，蓋召公為保之官最久，武王伐殷時他就是

---

① 陳夢家：《西周銅器斷代》（一），第二器，《考古學報》第九冊1955年，第157頁。
② 陳夢家：《西周銅器斷代》（二）《考古學報》第十冊，1955年，第95頁。
③ 平心：《祝冊與作冊》，《學術月刊》1957年第2期，第64頁。
④ 平心：《保卣銘略釋》，《中華文史論叢》第四輯，第32頁。

保"。① 郭沫若同意保是召保奭，但認為作器者是保的下屬。他引《屯鼎》："屯蔑曆于王。"（稚雛按：審原銘實為"屯蔑曆于囗衛"，《善齋彝器圖錄》圖二四清晰。）謂與本銘"蔑曆于保"同例，"故此《保卣》乃大保奭之下屬所作，稱'保'而不名，猶稱王而不名。此句得其解，正為'保'為大保奭之一佳證。蓋器如為大保所作，則銘文無僅自稱職而不稱名之例。作器者為誰，銘中未言，《趙孟疥壺》'迂邗王于黃池，為趙孟疥，邗王之賜金，以為祠器'，亦未著作器者名，例與此同。"② 蔣大沂駁黃、郭二氏之說曰："郭先生推論的根據是不牢靠的，他所舉的《鼎銘》，根本沒有'屯蔑曆于王'的話"，其原銘當為"'屯蔑曆于囗衛'，和這《保卣銘》的'王命……東國五侯……蔑曆于保'語句的組織確是類似的，但'囗衛'既是人名而非職名，即不能據以推定這銘的'保'是職名而非人名，也不能把'保'作為太保奭來解釋。既不能定'保'為職名，自也不能因器銘無稱職不稱名者，即援《趙孟疥壺》不著作器者名之例而定本卣為沒有在銘中署名的太保奭下屬所作。黃盛璋先生以為這器為太保奭所作，但郭沫若先生所舉'銘文無僅自稱職而不稱名之例'，既破其說，郭先生推定這器為未在器上著名的太保奭下屬所作，其根據的不牢靠，又如前述；實則作這文父癸宗寶尊彝的人，正是前述的周公子保……也就是魯公伯禽。"接着蔣氏提出"'文父癸'是保的諸父而不是生父"。再駁論黃氏之說。他說，當時"周公尚未死，固然他的兒子不應給他作祭器；但銘文所說的'文父癸'本沒有說他是保的生父周公旦。至於'癸宗'的宗，義為宗廟，並不是人名的一部分。'癸'應和上面的'文父'字聯結成名，'文父癸'的稱號和《君夫簋》所稱的'文父丁'，《辨簋》所稱的'文父己'一樣的。'癸宗'二字，非但不是周公之名，而且也不是人名，更不能因'癸宗'二字的不是周公之名而證明保的不是周公之子。這裏的'文父癸'實在是保的諸父而並不是保的生父周公旦。周初繼統之制，雖已舍弟傳子，但對商

---

① 黃盛璋：《保卣銘的時代與史實》，《考古學報》1957年第3期，第57—58頁。
② 郭沫若：《文史論集》，人民出版社1961年，第321頁。

代諸父稱父的習慣則仍見於器銘,所以《班簋銘》既稱'毛伯',又稱'毛父'。郭沫若先生也以臣辰各器銘既著'父癸',又著'父己',證實殷代諸父稱父之習還殘存於周初。""《逸周書·世俘解》記武王勝殷告廟的情況是'王烈祖自太王、太伯、王季、虞公、文王、邑考以列升,維告殷罪。'又可見周初祀典,確是兄弟並祭,非僅祭本生,而伯邑考則又早在初克殷時已預於祭祀之列了。所以'文父癸'究為何名,是文王的第幾個兒子,現雖無資料可考,但他是保的諸父,在周公未死之時,即為'文父癸'的宗廟作彝器,卻是可能的,和事實沒有矛盾的。這文父癸的宗廟,很可能即周公經營洛邑時所新建,所以這裏頭的祭器,雖為保所作,但不出土於魯而仍出土於洛陽。"①

稚雛按:銘文中的保應該是召保奭。成王初年,作"保"而與殷東國發生關係的只有召公一人。《史記·周本紀》說:"召公為保,周公為師,東伐淮夷、殘奄,遷其君薄姑。"但作器者卻不是"保",從銘文中"蔑歷于保"一句看,作器者當為保所蔑歷之人(詳後注〔三〕),作器而不署名,這在金文中很少見,因此"蔑歷于保"一句大概是承上而省略了主語(即作器者名),所以作器者應如平心或白川靜所說為"五侯"或"五侯延"(詳後注〔二〕)。在"王令保及殷東國"的時候,五侯因"兄六品"而受到保的蔑歷與易賓,因此為"文父癸宗"作寶尊彝。

因為作器者與殷文化有密切的關係,所以銘文的文辭與書體,器形和花紋都與殷器相似;又因為鑄器的年代在成王初年,所以在記年的時候,不得不指明是"遘于四方迨王大祀祓于周"那一年的"二月既望"。至於器出洛陽,這大概和"成周既成,遷殷頑民"(《尚書·多士序》)有關,所遷者當不止殷之遺民,還有東方的一些諸侯,他們被遷到成周,所作的彝器自然也就隨之而到洛陽來了。

器形:卣蓋、器口和圈足上各飾一道夔雷紋,上下夾以小圓圈紋,腹素。這些都是晚殷銅器的風格。

---

① 蔣大沂:《保卣銘考釋》,《中華文史論叢》第五輯,第118—122頁。

釋文：

乙卯，王令保及殷東國[一]。五侯延兄六品[二]，蔑曆于保[三]，易賓[四]。用乍文父癸宗寶障彝[五]。遘于四方迨王大祀，祓于周[六]，才二月既望。

蓋銘、器銘行款略異。

保卣蓋銘摹本

保卣蓋銘拓片

保卣器銘拓片

匯釋：

[一] 陳夢家說："'王令'以下只有所命之國名而無所命之事，當與康侯

簋、麥尊同為命為侯。此處的'王令'應視作封侯，且與銘末所述二月既望王大會四方祭祀于周有關。"① 稚雛按：令，金文可用為"命令"，如令彝："王令周公子明保尹三事四方"；也有"賜給"的意思，如獻彝："楷伯令厥臣獻金車"。本銘的令字應作"命令"解，不是封侯。

及，陳夢家看作並列連詞，謂"銘曰：'王令保及殷東國五侯'應指武王時王令武庚及齊、魯、燕、管、蔡等五國。"

郭沫若曰："'及'同逮，即逮捕之意。此為本義，後假為暨與之及，而本義遂失。然考殷周古文，如甲骨文與西周彝銘，暨與義之聯詞均用眔，無用及者。及用為聯詞乃後起事。"②

黃盛璋謂："郭說至允，本銘之'及'顯為從手持人，實與'隻'（即'獲'）從手持鳥同意，執鳥為'隻'，執人為'及'，從字形上不難看出'及'本意必含有追捕。"③

白川靜認為"及""彶"沒有用作逮執之義，在卜辭中多作"某及某"，是"其有軍事意圖的用語"。他引了四條卜辭：

1. 戊申，匚弗及方（《乙》三四五）
2. 貞斟及戔（《乙》二二六六）
3. 庚戌……允其……省于……囗及……五月（《前》五·二七·二）
4. 癸丑卜，㪔貞，舌方弗𢦏。癸丑卜，㪔貞，𢀖及舌方（《前》七·二·一）

從第四條卜辭中可看出不是卜問"逮捕拘執"，凡卜辭中用"及"的，都沒有大規模征伐的意義。第三條卜辭殘缺不全，但"及"與"省"對舉，是巡視已戡定的地域；及有追蹤偵察之意，由此可知省、及是指調查討伐後的形勢，或者是偵察敵情。此銘單稱"及"，以卜辭用例來說，是指偵察未討伐之

---

① 陳夢家：《西周銅器斷代》（一），《考古學報》1955年第1期，第157頁。
② 郭沫若：《文史論集》，人民出版社1961年，第320頁。
③ 黃盛璋：《保卣銘的時代與史實》，《考古學報》1957年第3期，第52頁。

地的動靜，假若作為省及之義，則是視察已戡定後的東國，從器銘整體來看，白川以為後說是"最穩妥的解釋"。①

平心先讀及為格，訓擊（《祝冊與作冊》）。後來又說："在甲骨文和金文中，及某方（方即國）之例甚多，及當讀燮。《詩·大明》：'燮伐大商'，《曾伯簠》：'印燮繁湯'。燮與及古音同在緝部，均有征伐之意。"（《保卣銘略釋》）之後，在《新釋》一文中，更是詳盡地論述了"及當訓征伐，在古書和彝銘中與燮、捷、襲三字音訓完全相通，與克、擊、各、格則以雙聲相通"。而"及在古書和地下文獻中直接作征伐解的例子也不在少數"。②

蔣大沂在"保及殷"後斷句。他說："'及'有與聞、參預的意義。""'殷'即殷見，殷同之禮"。為什麼"不說它是'殷商'的'殷'呢？這是由於銘文後面記時的語句中，有'四方會王大祀'的話……這銘前面記'殷'；'殷'是盛極一時的大事，記'殷'即可使人聯想到殷禮的年代，故在後邊記時間的語句中，即記'四方會王大祀'一事，以代表這一年。這正由於'殷'義為'殷見典禮'，和'四方迨王大祀'是一件事情的兩方面，故得前後互文；若然釋'殷'為'殷商'，則這篇器銘中前後呼應的內在聯繫便給硬切斷了。""'王令保及殷'就是王命令保去參預大合內外臣工的殷見典禮。"③

［二］陳夢家、黃盛璋、郭沫若均將"五侯"屬上讀。黃、郭皆以為"五侯"即殷東方的薄姑、徐、奄、熊、盈。引《逸周書·作雒解》，"周公立，相天子。三叔及殷東徐、奄及熊盈以叛。周公、召公內弭父兄，外撫諸侯。"《史記·周本紀》："召公為保，周公為師，東伐淮夷，殘奄，遷其薄姑。"《漢書·地理志》："殷末有薄姑氏，皆為諸侯，國其地。至周成王時，薄姑與四國共作亂，成王滅之，以封師尚父，是為太公。"《左傳》僖公四年："昔召康

---

① 白川靜：《金文通釋》四，日本白鶴美術館，第180—181頁。
② 平心：《保卣銘新釋》，《中華文史論叢》第九輯，第57頁。
③ 蔣大沂：《保卣銘考釋》，《中華文史論叢》第五輯，第96—99頁。

公命我先君太公曰，五侯九伯，汝實征之，以夾輔周室。"為證。

蔣大沂曰："'東國五侯'是齊地的蒲姑氏等五侯"，"這五侯，據《漢書·地理志》文只有'蒲姑氏'一名可知，而《漢書》之文實在又是根據《左傳》昭公二十年晏平仲所說齊國的故實；至於其餘四侯則就現在所有的資料言尚無可考。黃盛璋先生據《逸周書·作雒解》補餘四國為徐、奄、熊、盈；但《作雒解》明說'凡征熊盈族十有七國'，故熊、盈的是否即五國之二，連黃先生自己也尚未敢必，而據《史記·漢興以來諸侯年表》'太公封於齊，兼五侯地'的話看來，則蒲姑和其他四國都是齊地，又可證明徐、奄、熊、盈實在都不能列入'五侯'之中的。"①

白川靜將"五侯"屬下讀，他以為五侯與虎侯、宜侯、井侯、楚侯、獻侯、匽侯、噩侯、九侯等相同，五為地名，或即小臣謎簋"白懋父承王命，易自達征自五齵貝"的五或五齵。平心也說："五侯也不能解為五個諸侯，五為國名。《小臣謎簋》云：'白懋父承王令，易師率征自五齵貝'，是說懋父奉王命，以征自五齵之貝賞賜將帥。殷器《般甗銘》云：'王徂（迍）尸（夷）方無敄，咸。'是說殷王征伐東夷無敄成功。無與五、敄與齵各為同部通假字。毫無疑問，五侯即五齵或無敄之侯，猶卜辭中周侯即周國之侯，金文中豐伯即豐國之伯。"②

五侯下四字，陳夢家、郭沫若等均自為一句。陳說："'延兄六品'之延，應依郭沫若《小盂鼎》考釋所說，'即《詩》《書》中所習見之虛詞誕'。其字若在動詞之前，義近於乃。《令殷》'公尹白丁父兄于戍'，兄字與此器之兄同形，義為貺……品可以指玉、田、臣、區（即所毆獲之俘虜）。此殷所貺的六品，很可能指臣隸，猶《左傳》定四分魯公以'殷民六族'。"③

郭沫若曰："延即語詞誕，猶遂也。兄讀為荒，亡也。《書·微子》'天毒

---

① 蔣大沂：《保卣銘考釋》，《中華文史論叢》第五輯，第101—102頁。
② 平心：《保卣銘略釋》，《中華文史論叢》第四輯，第32頁。
③ 陳夢家：《西周銅器斷代》（一），《考古學報》1955年第1期，第158頁。

降災荒殷邦'，《史記·宋微子世家》作'亡殷國'。六品即六國。依金文例，玉可言品，《穆公鼎》'錫玉五品'，是也。氏族可言品，《周公設》'錫臣三品：州人、槑人、𩁹人'，是也。土田亦可言品。《作冊友史鼎》'省北田四品'，是也。此則國亦言品。'征兄六品'者，遂亡六國也。六國即殷、徐、奄、熊、盈、薄姑。"①

白川靜則謂征乃五侯之名，連上讀"五侯征兄六品"為一句，引子征尊（《三代》十一·一九）征角（《三代》十六·四六·七）征鼎（《三代》四·二一·一），認為"征"出自殷代多子中的一家，是商滅國後仍有相當勢力的殷的大族。②

平心說："征即古之降字，征兄（祝）六品，即賜巫祝六宗，與《周官》'大祝掌六祝之辭'的傳說相合。"（《祝冊與作冊》）又說"征音義與造、詔、祝、奏相通，聲轉為胙、作、初，有賜、命、降、祝諸義。《周公簋》'拜稽首魯天子㣇厥瀕福'，㣇即造，亦即征，謂稽首叩謝天子賞其大臣（瀕讀賓，與主對稱）之福胙。兄讀貺，指賞賜之物，征兄六品，即王賞賜物品六種。《虘父鼎》云：'征令曰：有女多兄'，征令與《易·師》云'王三錫命'之賜命同意，有讀賄或賅，多兄讀多貺，謂賜爾物品多種，與《保卣》'征兄（貺）六品'之文正可互證。"③

蔣大沂曰："'征'為《說文·辵部》徙字的或體，故依楊樹達先生說，釋為'徙'的重文，但不從其讀為侍，讀為止的說法。按《說文·辵部》'徙，迻（移）也'；《爾雅·釋詁》'遷，徙也'；這裏的'征'正應訓為'移徙''遷徙'之義。""'兄'讀為'貺'，義為貺賜。""'六品'即六個氏族"，"所以'征兄六品'義即'徙貺六族'。族人的賜貺，必須移徙，故此云'徙貺'。"④

---

① 郭沫若：《文史論集》，人民出版社1961年，第320—321頁。
② 白川靜：《金文通釋》四，日本白鶴美術館，第181—189頁。
③ 平心：《保卣銘略釋》，《中華文史論叢》第四輯，第32頁。
④ 蔣大沂：《保卣銘考釋》，《中華文史論叢》第五輯，第102—103頁。

［三］蔑曆二字，金文中所見近四十例，自清代以來，考釋者各異其説（參看附錄二），蔑或作䁾，曆或作曆、曆、曆、曆等形，二字可分用，可合用，也有只用一"蔑"字的（參看附錄一）。常見的用法是"其蔑某曆"，或"某蔑曆"，後者當爲被動用法。師遽方彝説"王在周康寢，鄉醴，師遽蔑曆，各。"與《左傳》僖公二十八年："晉侯朝王，王享醴，命晉侯宥。"文例相同，各即宥，師遽顯然是受命者，"師遽蔑曆"即師遽被蔑歷之意。

"蔑歷于保"與鳳羌鐘"賞于韓宗，令于晉公，昭于天子"，龍□母鼎："龍□母商易貝于后"（《商周金文録遺》七七）文例相同，由於介詞"于"引進了行爲的主動者，被動的意義就更加明顯了。所以保不是被蔑歷者，陳夢家説"蔑曆于保的主詞應爲王，謂王蔑曆保"① 是不正確的。

至於蔑歷的含義，蔑當讀爲伐，是夸美的意思，歷指經歷。這種解釋，唐蘭、黃公渚、徐中舒、陳小松、劉師培、嚴一萍等，均有所述，詳本文附録二。

［四］陳夢家曰："所謂賓之賓貢：《周禮·大宰》'二曰嬪貢'，注云'嬪貢皮帛之屬'；《楚語》下曰'公貨足以賓獻'，注云'賓，饗贈也，獻，貢也。'晚周《儀禮》嘗記儐使之制；《覲禮》曰'侯氏用束帛乘馬儐使者，使者再拜受'，'侯氏再拜稽首，賓之束帛乘馬'；《聘禮》曰'賓用束錦儐勞者，勞者再拜稽首受'。凡此侯氏儐天子使者以束帛、乘馬，和金文所賓多爲布帛、乘馬，極相符合。

此器的'易賓'，當指王錫保以侯伯賓貢之物。金文'易''賓'雖皆爲贈賞物品，但在用法上有別：'易'爲自上賞賜於下，'賓'爲侯伯奉敬於天子的使者。"②

郭沫若曰："'易賓'，賓有贈義，《睘卣》'王姜令作册睘安夷伯，夷伯賓睘貝布。'是也；又有贈品義，《仲幾父殷》'仲幾父史幾使于諸侯諸監，用畢

---

① 陳夢家：《西周銅器斷代》（一），《考古學報》1955年第1期，第158頁。
② 陳夢家：《西周銅器斷代》（一），《考古學報》1955年第1期，第158頁。

賓作丁寶毁'，是也。此為贈品義，'易賓'謂大保予某以賞賜。"①

蔣大沂曰："'賓'指服從來會的諸侯"，"《爾雅·釋詁》'賓，服也'。《書·堯典》'寅賓日出'，馬融注賓字云，'從也'。《禮記·郊特牲》'賓入大門而奏《肆夏》'，《注》'賓，朝聘者。'《周禮·秋官》'大行人掌大賓之禮'，《注》'大賓要服以內諸侯'。這裏的'賓'正應釋為服從而來朝會的諸侯。'易'為'錫'的本字，言'錫賓'猶言賞賜服從而來朝會的諸侯；此諸侯正是保及其他一起來殷見的諸侯，也正是下面所說四方來會王大祀的諸侯。"②

稚雛按："易賓"指作器者被錫賓，賓乃賞賜之物。

[五] 文父癸，有文德的父癸。宗指宗室。"尊"（或作隬）象雙手奉"酉"（酒器）以進，令簋："作冊夨令隬宜于王姜"，是"尊"有進奉之義，進奉於死人則為祭祀，故尊又引申為祭器之名。"尊彝"常連用，泛指祭器。

[六] 陳夢家說："所謂'遘于'者遘于某種祭祀。此毁所記為遘于四方會王大祀於周。依殷制，月名通常在'遘于'之前，此則在後。《康誥》之首有'四方民大和會……見士于周'，與此毁之句相近。'祐'字從示友聲，疑當作'祐'。'祐于周'當指西土之周。"③

郭沫若曰："'遘于四方，迨王大祀祐于周'，迨同會，祐當是祐之古文。據此，可知彝器之用，不僅供祭於祖廟，幷可指赴四方盟會及助享祀於天子。"④

蔣大沂曰："考'遘于'無'持赴'義；'迨'為會的古文，但既在'四方'下逗斷，則也不能更以之上屬'四方'而釋之為'四方盟會'。增益'持赴''盟會'字以釋銘語，遂使此器既用於宗廟，亦用於旅行，疑未能得銘語的真義。""《爾雅·釋詁》，'遘，遇也。'遘和遇同義，惟這不是空間上的相

---

① 郭沫若：《文史論集》，人民出版社，1961年，第321頁。
② 蔣大沂：《保卣銘考釋》，《中華文史論叢》第五輯，第115—116頁。
③ 陳夢家：《西周銅器斷代》（一），《考古學報》1955年第1期，第159頁。
④ 郭沫若：《文史論集》，人民出版社1961年，第322頁。

遇而為時間上的相遇。'四方'此指四方諸國。言'遘于四方迨王大祀'猶言'相遇於四方諸國會王大祀之時',也猶言'時值四方會王大祀之年'。"① 又說,祓字郭"釋為'祐'的古文,這是完全對的。《說文·示部》'祐,助也。'殷見典禮的四方諸侯會王大祀,主祀者是王,四方諸侯是助王進行祀禮的,這裏說'祐',正所以說明會王大祀的四方諸侯,在殷見典禮中是處於助祭的地位"。"'于周'的周應當是指成周而非宗周"。②

稚雛按:二祀切其卣銘云:"遘于妣丙肜日大乙奭"。䢔簋:"遘于妣戊武乙奭"。遘有迂的意思,"遘于四方會王大祀祐于周"是說恰逢四方會王大祀祐于周之年。

參考文獻:

1. 陳夢家:《西周銅器斷代》(一),第二器,《考古學報》第九冊,1955年,第157頁。
2. 于省吾:《商周金文錄遺》,二七六(卣)、二〇四(尊)。
3. 平心:《祝冊與作冊》,《學術月刊》1957年第2期,第63—65頁。
4. 黃盛璋:《保卣銘的時代與史實》,《考古學報》1957年第3期,第51—59頁。
5. 郭沫若:《保卣銘釋文》,《考古學報》1958年第1期;《文史論集》第320頁再錄。
6. 平心:《保卣銘略釋》,《中華文史論叢》第四輯,第32頁。
7. 蔣大沂:《保卣銘考釋》,《中華文史論叢》第五輯,第93—138頁。
8. 平心:《保卣銘新釋》,《中華文史論叢》1979年第一輯(總第九輯),第49—79頁。

---

① 蔣大沂:《保卣銘考釋》,《中華文史論叢》第五輯,第124頁。
② 蔣大沂:《保卣銘考釋》,《中華文史論叢》第五輯,第126頁。

9. 上海博物館編：《上海博物館藏青銅器》三六。

10. 河出書房：《定本書道全集》一·一一六。

11. 白川靜：《金文通釋》四·十六，《白鶴美術館誌》第四輯，第173頁。

附錄一：金文中有關"蔑曆"的文例

1. ▣卣："子光，商▣貝二朋。子曰，貝，唯蔑曆女。"（《三代》十三·四二·二）

2. 乃子克鼎："奴辛白穙乃子克曆，室絲五十孚。"（《錄遺》八八）

3. 敔簋："王在周，各于大室，王穙敔曆，錫玄衣赤衮。"（《三代》八·四四·一）

4. 敔簋："敔告禽臧百，訊卌，王蔑敔曆，使尹氏受賚敔圭瑀□貝五十朋，錫田于敍五十田，于早五十田。"（《嘯堂》五五）

5. 各簋："王穙各舂，錫牛三。"（《三代》八·五一·二）

6. 庚嬴鼎："王客□宮衣事，丁子，王蔑庚嬴麻，錫▣韍，貝十朋。"（《西清古鑒》三·三九）

7. 庚嬴卣："王各于庚嬴宮，王穙庚嬴曆，錫貝十朋，又丹一麻。"（《三代》十三·四五）

8. 段簋："王鼎畢登，戊辰曾，王穙段曆，念畢仲孫子，令龔妡遣大則于段。"（《三代》八·五四）

9. 大簋："王在奠，穙大曆，錫夠羴剅。"（《三代》八·四四·二）

10. 免卣："王蔑免曆，令史懋錫免載市，同黃、作嗣工。"（《三代》十三·四三·二）

11. 彔簋："白雍父來自鈇，蔑彔曆，錫赤金。"（《三代》八·三五·二）

12. 彔戜卣："戲淮尸敢伐內國，女其以成周師氏戍于▣𠂤，白雍父蔑彔曆，錫貝十朋。"（《三代》十三·四三·一）

13. 遇甗："師雝父戍在古𠂤，遇從，師雝父肩使禹事于鈇侯，侯蔑遇曆，錫遇金。"（《三代》五・十二・二）

14. 寏鼎："師雝父𥍛道至于鈇，寏從，其父蔑寏曆，錫金。"（《三代》四・一三・三）

15. 競簋："白犀父蔑叴史競曆，賞金。"（《三代》八・三六・一）

16. 尹姞鬲："穆公作尹姞宗室于繇林……君蔑尹姞曆，錫玉五品，馬四匹。"（《錄遺》九七）

17. 沙其鐘："天子肩使沙其身邦君大正，用天子寵蔑沙其曆。"（《錄遺》三）

18. 禹簋："龏生穫禹曆"（《三代》六・四八・三）

19. 寓鼎："□□蔑寓曆"（《三代》三・五一・二）

20. 公姞鬲："天君蔑公姞曆，吏易公姞魚三百。"（《劫掠》R.四〇〇）

21. 嗣鼎："潢公蔑嗣曆"（《三代》三・四七・三）

22. 鯀簋："公令鯀伐于□：白。（□白）穫鯀曆，賓□□貝十朋。"（拓本）

23. 長囟盉："穆王蔑長囟以逮即井白，井白氏𠃭不姦，長囟蔑曆。"（《錄遺》二九三）

24. 小臣謎簋："𢻰東尸大反，白懋父以殷八𠂤征東尸……小臣謎蔑曆眔錫貝。"（《三代》九・十一）

25. 嬴氏鼎："王各于宮室，嬴氏蔑曆，錫貝。"（拓本）

26. 臤尊："臤從師雝父戍于𢆶𠂤之年，臤穫曆，仲競父錫赤金。"（《三代》十一・三六・三）

27. 稱卣："稱從師雝父戍于古𠂤，蔑曆，錫貝卅孚。"（《嘯堂》三八頁）

28. 競卣："隹白犀父以成𠂤即東，命戍南尸……白犀父皇競，各于官，競蔑曆，賞競章。"（《三代》十三・四四・二）

29. 師遽方彝："王在周康寢，鄉醴，師遽蔑曆，肅。王乎宰利錫師遽珪一，環章四。"（《三代》十一・三七・二）

30. 𣄰尊："公姞命𣄰嗣田，畢𣄰蔑曆，錫馬錫裳。"（《三代》十一・三五・

二）

31. 趞尊："王乎內史冊命趞，更乃祖考服，錫趞戠衣、載巿、冋黃、旂。趞拜諂首，揚王休對，趞蔑曆。"（《三代》十一·三八·一）

32. 師艅簋："王乎作冊內史冊令師艅，飆嗣□□，錫赤巿、朱黃、旂……艅其蔑曆，日錫魯休。"（《三代》九·一九·一）

33. 屯鼎："屯蔑曆于█衛"（《三代》三·二七·一）

34. 保卣："王令保及殷東國，五侯延兄六品，蔑曆于保，錫賓。"（《錄遺》二七六）

35. 緐簋："王使燊穰曆，令戈邦，乎錫緐旂。"（《三代》八·四九）

36. 師望鼎："望肇帥井皇考，虔夙夜出內王命。不敢不㝃不妻，王用弗望聖人之後，多蔑曆錫休。"（《三代》四·三五·一）

37. 免盤："王在周，令作冊內史錫免鹵百█，免穰靜女王休。"（《三代》十四·一二·一，誤作盂。）

38. 師虣鼎："虣穰曆"（《文物》1975 年第 8 期 61 頁圖 3）

39. 牆盤："史牆夙夜不㝃，其日蔑曆。"（《文物》1978 年第 3 期第 14 頁）

附錄二：各家對蔑曆的解釋

阮元：《積古齋鐘鼎彝器款識》卷五、三頁："古器銘每言蔑歷，按其文皆勉力之義，是蔑歷即《爾雅》所謂蠠沒，後轉為密勿。又轉為黽勉，《小雅·十月之交》云：'黽勉從事'，《漢書·劉向傳》作'密勿從事'是也。"吳大澂《說文古籀補》附錄十三頁，非其說曰："按古器文蔑歷二字有不連屬者，畢仲孫子敦'王蔑段曆'，伯雕父敦'蔑彔曆'，若訓為黽勉，義不可通矣。"

吳東發：《商周文拾遺》中，二二頁："蔑通作茂，蔑亦有昧音，大也。歷，行也。事，功也，言大其功也。淮父鼎亦云：'蔑歷錫貝'。"

吳雲：《兩罍軒彝器圖釋》六·四："按《說文》禾部有穊，禾也。甘部有曆，和也。从甘从麻，麻，調也，甘亦聲，讀若函。按《周禮》'凡會膳食之宜，牛宜稌，羊宜黍，豕宜稷，犬宜粱，鴈宜麥，魚宜苽。'鄭注：'會，成也,謂其為味相成也。'古文義簡,言穖則凡黍、稷、麥、粱皆該之矣。曆則調和膳食之宜也。"又引吳讓之說:"言蔑曆者,王之膳羞得其和,言穖某某曆者,並係臣下和王膳羞以進者之名也。"

徐同柏:《從古堂款識學》六·十一:"穖,古文蔑,讀若懋,脈通曆,試也,謂所試之事也。王蔑敃曆即東晉,古文尚書予懋乃德之意。"又六·二四:"穖,古文蔑,脈通曆,蔑曆猶云揚曆,蓋懋德懋功之意。"又同書十五·二〇:"蔑脈古器銘屢見,蓋書舜典明試之謂。《說文》:'蔑,勞目無精也','莫,火不明也,讀與蔑同。'又春秋時鄭嬖蔑字然明,知蔑乃明之反訓,《文選》魏都賦劉注:'曆,試也。'銘云:'蔑彔曆錫赤金',蓋彔有功而伯淮父以赤金錫之也。"

孫詒讓:《古籀拾遺》中一四:"案阮說(指前引《積古齋》文)似是也,實非也。凡古書雙聲疊韻連語之字,並以兩字聯屬為文,不以它字參廁其間,如云黽勉,不云黽其勉,云蠠沒,不云蠠某沒,云密勿,不云密某勿也。金刻蔑曆兩字連文者固多,然間有作蔑某曆者……並以作器者之名著於蔑曆兩字間,若釋為黽勉,則敃敢乃云王黽勉,畢仲孫子敦亦云王黽段勉,其不辭甚矣。竊謂此二字當各有本義,不必以連語釋之。蔑,勞也。曆即歷之藉字,歷行也。凡云某蔑曆者,猶言某勞於行也。云王蔑某曆者,猶言王勞某之行也。各如字釋之,則古今所謂蔑曆,蔑某曆者,不至鉏鋙而不合矣。"

劉心源:《古文審》一:"考《說文》蔑,勞目無精也,曆,過也。今參諸器,其文意似謂視其所經歷有功行賞,故下文有錫予之事,是蔑叚為脈也。"又《奇觚室吉金文述》三·二八:"蔑曆者言分其甘也。蔑某曆者言分某以甘也。"

許瀚(《攈古錄金文》三之一·六三頁引)說:"瀚案:諸器銘篆皆作曆,其下體从甘,雖筆畫或小異,要非从日从止也。《說文》甘部有曆字,和也,从甘从脈,脈,調也,甘亦聲,讀若函……則非歷字。……蔑有美義,曆訓和。敃敦銘云:王蔑敃曆事,言王美敃和事也,諸言蔑曆者皆言美和也。"

何子毅(《攈古錄金文》三之二·一六引)說:"蔑,無也,曆數也,言無盡也。"

翁大年（《攗古錄金文》三之二·一六引）說："蔑曆二字，鐘鼎屢見，子毅作無算解，似不若從舊訓䖝沒為長。然䖝沒之訓，亦未甚確，緣他器二字有不連用者，知其非駢字也。《尚書》異文有'優賢揚歷'之語，歷訓歷試，亦當訓功績，歷字與从日之字古人恆通用，義當相近，《洛誥》'我乃是不蘉'，蘉，勉也。此蔑字義當相近，然則蔑曆者，謂懋勉其功績耳。"

鄭業斆：《獨笑齋金石文考》一·四·《蔑曆辨》："考《爾雅·釋詁》云：'艾、歷、覛、胥、相也。'《娛親雅言》云：'上文艾歷也，又云歷傅也，此與上文遞承而下，取轉相訓也。'相乃輔相之相，又《方言》亦訓歷為相，與《爾雅》同，是歷有相助之義。然則敔敦乃因其告捷而勞其相助征淮之功也，封敢乃以王事之義，勞其相助而命以邦也。師艅敢乃言艅其勤勞輔相，日錫魯休也……《說文》詮曆義為調和，而調和之義，與相助之義，亦殊相近，蓋既曰相助，則凡所營為，必力與調和，務協其宜，可悟《爾雅》歷字當本从甘。"

劉師培：《左盦集》四·一二·《古器銘蔑歷釋》："今按蔑歷之歷，即今文盤庚'優賢揚歷'之歷也。漢咸陽令唐扶頌曰：'優賢颺歷'，《三國志·管寧傳》曰：'優賢揚歷'，裴注云：'謂揚其所歷試'，《文選》魏都賦曰：'優賢著於揚歷'，劉賢林注曰：'歷，試也'，則歷即所行之事矣。蔑與懋茂義同，懋茂與勉勖敏勵諸字互相通轉……蓋蔑即嘉勞之義，與卯殷'余懋囗先人官'之懋略符。蔑歷者，猶言嘉勞所歷試也。故古器言蔑歷者，必繼言錫物。""是蓋勞功而後行賞也。"

郭沫若：《金文叢考》三三六頁《小臣謎簋考釋》："蔑曆二字，蓋自商代以來之古語，統觀二十六例之銘文，其明記軍事者凡九例，且多係功成受賞，又競殷與競卣，敔殷二與敔殷一，均係一人之器，師遽方彝與師望鼎，係官為師，乃師氏之屬，有關軍事之例，為數已半，是則蔑曆二字蓋帶軍事性質……由有軍事性質以推之，余疑曆當即讀為函甲之函，蔑若懱則當讀為免。免函猶言解甲，引申之則免除征役。"

又《兩周金文辭大系考釋》二四頁："'蔑曆'字彝銘習見，有二字連用者，有以人名或代名詞介於二字間者（詳見《金文叢考》二三七頁以下，新版三三三頁）蔑字或作穰，曆字或作晳。凡有此二字之銘文多紀軍事，且多功成受賞之語。本銘即其一例（按：指小臣謎簋）。字均見於《說文》，蔑即蔑，因形近稍譌，穰即穰，从米與从禾同意。蔑注云：'勞目無精也，人勞則蔑然也。'穰云：'末也。'曆在甘部，無異狀，注云：'和也，从甘从厤。厤，調也，甘亦聲，讀若函。'此字舊多釋為曆（歷），形聲俱乖異，非是。然諸義均不適。由有軍事性質推之，余讀蔑為免，讀曆為函，免函猶言解甲也。引伸之為免除兵役。"新版《大系》加眉批曰："蔑曆字始見於殷彝。自西周中葉以後即絕跡，計凡二十余例。釋者頗多，但尚無定論。余此釋為免函，亦有未安。此銘蔑曆與錫貝均係被動，即被蔑曆與被錫貝。"

又《長囟盉釋文》注："蔑曆二字，彝銘習見，義終不明。"①

又《保卣銘釋文》："蔑曆連文，金文習見，將近三十例。或聯用，或分用而以人名或代名詞介於其間。每與軍旅有關，含嘉勉旌伐之意，釋者雖不乏人，訖難令人首肯。二字多變體，以曆字為最古。曆或變坴為林或秫，或易甘為口或田，亦有省厂作者。曆字見《說文》，許慎謂曆从甘聲，讀若函，說者多以為非，謂當从厤聲。然細審此銘，其字从厂从坴（古野字），與殷器《小臣俞卣》'貝唯蔑汝曆'同，可知殷末周初之文如是作，當是字之正體，則字並不从厤。从厤者乃後來之變體，不能據變體以釋初文，則主厤聲之說不攻自破。字既从厂从坴，甘當是聲，當是壓之古文，示懸崖壓於野上。甘或作田者，示懸崖壓於野之上。甘或作口者乃省文，甘字本从口。通觀銘文各例，此字殆假為厭。蔑曆者即不厭或無斁。蔑某曆者不厭某也。蔑曆於某者不見厭於某也。"②

戴君仁：《蔑曆解》："蔑曆猶言無過。《小爾雅·廣詁》：'蔑，無也。'《說文》：'歷，過也。'歷本為經歷之歷，引伸為過失者，亦猶過本為度越之

---

① 郭沫若：《長囟盉釋文》，《文物參考資料》1955 年第 2 期，第 128 頁。
② 郭沫若：《保卣銘釋文》，《文史論集》人民出版社 1961 年，第 321 頁。

過，引伸為過失矣。依此，則銘辭中'某蔑曆'者猶言某無過；蔑某曆者猶言謂某無過也。"①

陳小松：《釋古銘辭蔑曆為敘勳之專用辭》，"竊以為蔑字應讀如伐，《說文》以為从苜从戌，朱駿聲《說文通訓定聲》謂，許說此字誤，當云从苜伐聲。按朱說極確，今檢金文及甲骨文字形，有从女者為人之變，从号者為戈之變，但多从伐而無从戌之作，可證朱說之精。《史記·高祖功臣侯年表》：'明其等曰伐，積日曰閱。'字亦作閥，《說文》新附：'閥，自序也。'《小爾雅·廣詁》：'伐，美也。'《左傳》莊二十八傳：'且旌君伐'。成十六年傳：'驟稱其伐'，《晉語》'軍伐有賞'，注：'功也。'左襄十二傳：'小人伐其技以馮君子'，注：'自稱其能為伐'。伐可施之於稱人，亦可施之敘己。曆即歷字，亦即厤字，《說文》'厤，治也。'《東京賦》'歷世彌光'，注：'經也'，即劉（師培）說所謂即所行之事，可訓為經歷，亦可訓為治績，蔑曆連用，施之於稱人，則為敘功，施之於敘己，則為敘績，其間字用者，則為敘某之功績，若美某之功歷也。"②

聞一多：《樸堂雜識·蔑曆》："凡紀冊命之名多言蔑曆，意者冊命皆行於祖廟，而人臣入祖廟，當祓除不潔，故必先釁之也。""案《說文》'衊，污血也。'《漢書·梁平王襄傳》'汙衊宗室'，注'衊謂塗染也'，《說文》'䘓，羊凝血也。'重文作䘖，《廣雅·釋器》'䘓，血也。'《北戶錄》引《證俗音》'南方謂凝牛羊鹿血為䘓'，蔑衊一字，曆䘓同音，蔑曆即衊䘓，以血釁之之謂也。"③

黃公渚：《周秦金石文選評註》一二六頁彔卣考釋："金文恆言蔑曆，或言蔑某曆，此銘蔑彔曆亦其一也。句法奇古，未經人道，自來釋彝器銘辭者皆不得其解，余謂蔑乃伐之叚，曆，閱也，所積之功也。伐猶誇也，伐彔曆者，

---

① 戴君仁：《蔑曆解》，《輔仁學誌》九·二。
② 陳小松：《釋古銘辭蔑曆為敘勳之專用辭》，《中和月刊》三卷十二期。
③ 聞一多：《樸堂雜識·蔑曆》，《聞一多全集》第二冊《古典新義》。

誇張彔所積之功也。與《論語》'願無伐善',《左傳》'小人伐其技'句法同。"

劉節:《古代成語分析舉例》:"案蔑曆,……引申作動詞用,就是說免去勞苦的曆程,可以安享榮樂。所以古器說蔑某人曆之後,都有所賞賜。"①

陳仁濤:《金匱論古初集》九五頁師望鼎:"蔑可訓不(《左襄二十一年》:'死吾父而專於國,有死而已,吾蔑從之矣。'《國語·晉語》:'死吾君而殺其孤,吾有死而已,吾蔑從之矣。')曆可訓次(《廣韻·二十三錫》曆下云:'次也'。《禮記》月令:'王命宰曆鄉大夫至於庶民土田之數',注:'曆猶次也'。)次即《左傳》襄二十三年'恪居官次'之次,所謂蔑曆,猶言不次。不次者,不向官次之謂也。……某蔑某曆者,即某不某次之意,某不某次者,即某不間某之官次而須賜之謂也。"

李亞農:《長囟盉銘釋文註解》:"蔑曆經常連文,但亦可分開來用……甚至可以乾脆地去掉曆字,而只用一個蔑字……這就說明了曆不一定是實字,而可能是可有可無的虛詞。""蔑曆二字的意義等於一個蔑字,同為勉勵,則曆字必為可有可無的虛詞無疑。但經傳中絕無這一虛字,則曆字亦必為借字無疑。《說文》云:'曆,和也。甘亦聲,讀若函。'音義均無足取。我們知道金文猒字從甘作猒,音於鹽切,則從甘得聲之曆字,亦可音於鹽切。……以聲類求之,則曆當為焉的借字。更正確地說焉是曆的後起字,焉行而曆廢。現存經籍中的焉字,如《牧誓》'乃止齊焉',《金滕》'周公立焉'等焉字,當是後儒所改。故'王蔑敢曆'即'王勉敢焉'。'侯蔑遘曆'即'侯勉遘焉'。'小臣謎蔑曆'即'小臣謎勉焉'。"②

岑仲勉:《從漢語拼音文字聯繫到周金銘的熟語·二·蔑曆》:"蔑曆在金文怎麼通用,有人疑心在書本里為甚絕不一見,我以為它的等詞是有的,惟因寄聲之故,字面就不同了。《舜典》:'明試以功,車服以庸';《孔傳》:'明

---

① 劉節:《古代成語分析舉例》,《嶺南學報》十卷一期第96頁;《古史考存》373頁。
② 李亞農:《長囟盉銘釋文講解》,《考古學報》第九冊,第179—180頁。

試其言以要其功，功成則賜車服以表顯其能用。'連前文'敷奏以言'三句滾在一起講是不對的；參前頭所引徐同柏之說，明試（切韻 miwang si）無疑是蔑曆音轉，跟古伊蘭文 marzdi（ka）較接近，《舜典》猶之說，有功的嘉獎，有勛庸的賜以車服，這是周族的獎賞制度。由於方音殊異，《益稷謨》又做'明庶以功'，《左傳》二七年傳及王符《潛夫論》引文同。庶，《切韻》siwo 可與 zdiazi'o 相比。"①

于省吾：《雙劍誃吉金文選》上二·一四師望鼎銘注："按蔑係勉勵之意，兔盉：'兔穖靜女王休'，靜其女之名，言兔以王之所休錫者勉勵其靜女也。曆即歷，《尚書》：'優賢揚歷'，歷謂經歷試驗之意。太史公謂以言曰勞，用力曰功，明其等曰伐，積日曰閱。蔑謂勉勵，曆謂勞績，庚嬴卣：'王穖庚嬴曆'，言王勉勵庚嬴之勞績，……此例甚多，且凡言某蔑某曆，皆有所驅使，皆有所錫予，尤可為酬庸之證。凡自言蔑曆者，亦係勉勵勤勞之意，師艅殷'艅其蔑曆'，言艅其勉勵勤勞，下接以日錫魯休，詞義甚顯，此銘云多蔑曆錫休，言多勉其勞績而錫之以休美也。"

又《釋"蔑曆"》："按拙著《釋蔑曆》，總括大義來說是：古讀厲翼如邁歷，所以厲翼即蔑歷的轉語，并引《逸周書》'王乃厲翼於尹氏八士'與金文言某蔑曆於某的文法結構完全相同為證，邁與蔑都可以讀作勉，古字每有施受之別，固而上對下言為獎勵；下對上言為勉勵。《爾雅》《方言》訓歷為相，係輔助之義。上對下言某蔑某曆是獎勵某的輔佐；下對上言某蔑歷是某勉勵輔佐。"②

趙光賢：《釋"蔑歷"》："蔑字在古文獻中有各種訓解，如訓無，訓无等，但皆與金文不合。舊說讀若昆，訓勉，其義雖可通，字則非是。試以古文獻與金文對讀，觀其會通，我以為此'蔑'字應為'美'之借字。《說文》云：

---

① 岑仲勉：《從漢語拼音文字聯繫到周金銘的熟語·二·蔑曆》，《中山大學學報》1956年第4期，《兩周文史論叢》第206頁。
② 于省吾：《釋"蔑曆"》，《東北人民大學人文科學學報》1956年第2期；《讀趙光賢先生"釋蔑歷"》，《歷史研究》1957年第4期。

'美與善同意，通作媺。'古音，蔑昧在沒部，美、微、眉、尾、覹在脂部，二部音近字通，此字在古文獻中有形容詞、名詞、動詞各種用法。""美字由贊美之意引申為嘉獎，勉勵之義。""美與勉聲近義通。古音'美'與'覹'同，《詩·文王》：'覹覹文王'，傳箋皆訓覹為勉……'美'音對轉為'黽'，讀若泯，亦訓為勉。《詩·谷風》：'黽勉同心'，可見黽勉二字為同義語……由此可得一結論：'蔑'是'美'之借字，在金文中作動詞用，有贊美、嘉勉、勉力諸義。""'歷'字雖與古文獻中的歷字寫法不完全相同，應是一字，它既非'曆數'之曆，亦非讀若函聲之'曆'，更不是'焉'字，仍是作'勞績'或'事業'解的古文獻中的'歷'字。""金文'某蔑某歷'即某人贊美或嘉獎某人的勞績之意；'某蔑歷'，即某人以其勞績事業自勉之意；'某蔑'即某人勉勵之意。"①

張筱衡：《井伯盃考釋》："蔑滅疊韻通用。《周易》剝卦：'初六，剝牀以足，蔑貞兇。'蔑字，《釋文》說荀本作滅，更足為二字通用的確證。""又考蔑字，《說文》從戍，器文從伐，當以器文為正。朱駿聲說蔑字說解當云：'從苜，伐聲'，甚是。我以為想要消滅某國，必先攻伐，則蔑字實為滅字的正字，而所從的伐字，便是聲兼義，說解也當說'從苜，伐亦聲'。許氏'勞目無精'之義，有薎字足以該之。""曆既音厤，厤戾雙聲，是金文蔑曆的曆字，就是傳記罪戾的戾字。……曆戾雙聲，春秋以後，又轉用戾為曆。則蔑曆或是後世所說免罪和宥過的意思。"②

嚴一萍：《蔑曆古義》上："金文之蔑曆即《尚書·盤庚》之揚歷，亦即後世之伐閱若閥閱。""《說文》十二上：'閥閱，自序也。'蓋漢以後言閥閱，猶今人之言履歷，已轉為名辭矣。《文選·魏都賦》曰：'優賢著於揚歷'，左太沖必知揚歷即為閥閱。故加著於二字於其間。……《史記·司馬相如傳》曰：'蔑蒙踴躍'，《集解》引《漢書音義》曰：'蔑蒙，飛揚也。'"《索隱》

---

① 趙光賢：《釋"蔑歷"》，《歷史研究》1956年第11期，第81頁。
② 張筱衡：《井伯盃考釋》，《人文雜誌》1957年創刊號，第27—28頁。

作"薆蒙"。張揖曰："薆蒙，飛揚也。""是蔑本作薆，薆有揚義，蓋足證《般庚》之揚歷必為金文之薆歷矣。"①

蔣大沂《保卣銘考釋》："'蔑'和'伐'為一字有'自明功善'和'明人功善'二義。"解釋說："朱駿聲以'伐'為'蔑'的音符，雖非確論，但正可見'蔑'和'伐'聲音的相通。'蔑'是明紐字，'伐'是奉紐字，同為唇聲。'蔑'是屑韻字，'伐'是月韻字，同在段玉裁《六書音韻表·十五部》，也同在王念孫晚年所定韻目的《月部》，所以從'蔑''伐'的聲韻兩方面來看，二字實在應該是一語之歧。再從'蔑''伐'的字形來看，兩字都為人旁植戈形，……二字唯一的不同點，是'伐'的人旁作亻，是常見的人形；而'蔑'的人旁則目巨眉張作，是象一個努目揚眉的人形而已。所以就形體言，二字也正是一個字的分化。""由人旁植戈構成字所代表的意義，第一是'打擊''征伐'等作為動詞用的意義。""施行'打擊''征伐'等動作所獲得的結果是有了功勞，故又轉變為'功勞'等作為名詞用的意義。""功勞是光榮的，很容易掛在口頭自我宣傳，故又孳生'自明其功'作為動詞用的意義。""人旁植戈形的'蔑'字，人形作努目揚眉狀，正肖'人自明其功'時，眉目飛揚的狀態，所以'蔑'的字形，應該是由伐的字形所分化，專用來代表'自明其功'的意義的。""將自明其功善的範圍更擴大一點，則明他人的功善也謂之伐。""'曆'即歷史的歷本字"，"實從口，從厤，厤亦聲；義為時間方面的經歷。""曆傳乎口，故從厤，从口。""'蔑曆'義為自明歷來的功善。""'蔑……曆'義為明他人歷來的功善。"②

徐中舒：《西周牆盤銘文箋釋》："蔑歷，金文屢見，蔑歷即閱歷也。此數千年相沿之成語，過去學者迄未得出適當的解答，則求之過深，反而失於眉睫。蔑與伐同，《左傳》襄公十九年：'夫銘，天子令（命）德，諸侯言時計功，大夫稱伐。'此言古代作銘通例，只天子命之以德，不計功伐，諸侯言時

---

① 嚴一萍：《蔑曆古義》上，《中國文字》第十冊，第6—13頁。
② 蔣大沂：《保卣銘考釋》，《中華文史論叢》第五輯，第103—112頁。

计功，大夫稱伐，則互文見意，計功即稱伐也。《漢書·車千秋傳》：千秋'無他材能學術，又無伐閱功勞'；李注：'伐積功也，閱經歷也。'蔑伐古入聲月韻，閱祭韻，月祭古去入合韻，故蔑伐又作閱。蔑歷，閱歷，只是古今語的不同。《左傳》桓公六年：'大閱，簡單馬也。'《周禮·小宰》：'聽師田以簡稽'，鄭司農注：'簡閱也，稽計也，合也，合計其士之卒伍，閱其兵器，為之要簿也。'孫詒讓釋云：'凡士卒姓名、部分、兵器種物，凡數皆著於簿書，謂之簡稽。'據此，知蔑、伐、閱皆有簡閱合計之義，蔑歷即簡閱其所經歷之功伐也。"①

平心：《保卣銘新釋》："蔑曆也是金文習見之詞，各家考釋紛互，迄無定說。我舊從王筠說，讀曆為歷，釋蔑曆為錫釐賜恩，義雖無誤，而曆字讀音不合。1958 年讀郭沫若先生之文，始悟曆仍當讀甘聲，不當如王筠說。在《沈子簋銘考釋》一文中遂有改釋，但當時舉證尚欠完備。今按曆即饜的初文，《沈子簋銘》作厭，皆由飲食饜足引申為厚澤好賜之義。""蔑為動詞，本從伐聲，伐與發通，訓畀、惠。《爾雅·釋詁》：'畀，予也'，《廣雅·釋言》：'惠，賜也。'畀、惠、發與蔑雙聲疊韻，故蔑有賜義。《辛伯鼎銘》：'克蔑乙子絲五十乎'，即賜絲五十乎。《免盤銘》：'免穄靜女王休'，謂免以王之賞賜轉贈予靜女，與《效卣》'公易厥涉子效王休貝'文例正同，……合觀曆字訓解，可知蔑曆即錫休賜恩。《梁其鐘銘》："用天子寵蔑梁其曆"，寵有榮施之義，可見寵蔑梁其曆即光賜（貺錫）梁其恩澤。《師望鼎銘》：'多蔑曆易休'，與《天保》'俾爾多益'。《大克鼎銘》'多錫室休'，《辛鼎銘》'多友（二字重文，友讀賄）釐辛'義近。蔑曆與錫休并舉，實互文見義。""古文施受同辭……上引《師望鼎》及《師遽彝》《取尊》《趩尊》《次尊》《競卣》《小臣謎簋》《師毀簋》《秡卣》等器銘之'蔑曆'，皆為受動式，意即被錫於厚恩。"②

---

① 徐中舒：《西周牆盤銘文箋釋》，《考古學報》1978 年第 2 期，第 146 頁。
② 平心：《保卣銘新釋》，《中華文史論叢》1979 年第 1 輯，第 74 頁。

唐蘭:《略論西周微史家族窖藏銅器群的重要意義——陝西扶風新出牆盤銘文解釋》,引牆盤銘文"其日蔑曆(歷)",今譯為"每天努力做事"。①

又《蔑曆新詁》:"蔑字在甲骨文里作□,又作□,从矍。又作□或□,不从戈而从□。不管从戈或从□,都象斫人之脛。""伐和蔑都是圖畫文字,其不同之處,在於伐為斬首……而蔑為刖足之刑。""正由於伐是斬首,在戰功中殺敵是很重要,所以伐有夸大功勞的意思。而蔑只是對眼失明的人傷斷其足脛,在戰功中是微不足道,為人輕蔑的。""但蔑和伐的意義,究竟是相近的。《國語·周語》說'而蔑殺其民人',蔑殺連用,和《孟子·滕文公》引《泰誓》的'殺伐用張',殺伐連用,顯然是同一詞例。由此可見,蔑字雖然不象朱駿聲等說的从伐聲,它們之間的關係是十分密切的,在字音上,蔑古讀為末,和伐都是祭部入聲,又都是唇音。所以蔑與从蔑聲的字和末與从末聲的字常常相通。……末字通旆……而旆字與从伐聲的字相通。""在字義上,蔑和伐在周代古書里常通用。"

"曆字從阮元以來都讀為歷,是對的……金文的曆是《說文》所無的。曆或作厤,从甘(□)和从口(□)是經常通用的。口是盛物之器,不是口舌的口,有時其中加一點就是甘字。""金文有厤字,又有歷字,見禹鼎,而甲骨文只作秝,金文有曆字,而甲骨文只作□,金文常見的曆,友簋只作□;這說明在較早的時代裏,這些字都還只从秝。《說文》'秝,稀疏適也。从二禾,讀若歷。'在圖畫文字裏,畫的兩個禾是代表很多禾的意思。歷字在秝下畫止,止是足趾,就是人的腳經過許多禾,所以秝(歷)訓經過,曆字代表許多禾在田中,所以卜辭又作□,……《說文》'稀疏適'的解釋,用在曆字才是合適的。因為他沒有收曆字,所以在秝下說'讀若歷'。種禾要稀疏調適,也就是很均勻。禾在田中歷歷可數,古詩說'眾星何歷歷',就是疏而勻的意思。曆或□則象許多禾在器中的意思。《爾雅·釋詁》'歷,秝、算、數也。'禾在器

---

① 唐蘭:《略論西周微史家族窖藏銅器群的重要意義——陝西扶風新出牆盤銘文解釋》,《文物》1978年第3期,第19頁。

中，可以計算，那末，暦應該是歷數之歷的本字。……秝字从禾，可見古人以禾來記數，所以暦應是記數的意思。厤、秝和暦都還是用圖畫來表達的意符文字，在當時的習慣裏都讀秝音。"隨後，"發展為从厤聲的歷、曆、曆、曆等，就是純粹的形聲字。因此，金文曆字的秝，有時訛作林，有的甚至从埜了。""曆字讀為歷，是經歷的意思，清代學者大都舉《尚書·盤庚》的今文'優賢揚歷'為證，訓為厤行，厤試和功績，大體上是對的。"

"根據上面這些分析，我們可以對商周銅器銘文中的這一慣語作出解答。正如孫詒讓所說的，'各如其字釋之，則古金所謂蔑曆蔑某曆者，不致鉏鋙而不合矣。'蔑讀為伐，曆讀如歷，蔑曆是伐其經歷，蔑×曆，是伐×的經歷。……人的經歷，不一定都是有功績的。尤其在奴隸制社會裏，只要他出身於某一高貴的奴隸主貴族家族的經歷，就是可以稱美或夸美的。段簋說：'王蔑段曆念畢中孫子'；師望鼎說：'王用弗諲（忘）聖人之後，多蔑曆錫休'，都是明顯的例子。"

"總起來說，蔑曆一語的曆是家庭出身和本身經歷，當然包括功績在內的。就是伐是美的意思，上面以下面的歷來稱美，本人則以此來夸美。曆有些象現在的履歷。儘管時代不同，內容不同，但這種形式是不難瞭解的。"[1]

（原載《古文字研究》第 5 輯，中華書局 1981 年）

---

[1] 唐蘭：《蔑曆新詁》，《文物》1979 年第 5 期，第 36—42 頁。

郊竝果戈銘釋

《文物》1963年第9期62頁報導了上海博物館收藏的一柄銅戈，這是一件頗為奇特的戈，從形制和內上的巴族圖形文字看，它應該是巴蜀的遺物，可是援上的六字銘文卻有著明顯的楚文字風格（圖1）。沈之瑜先生曾著《𩰫竝果戈跋》一文考釋這件銅器，指出"銘文書體類似楚國文字"，這是非常正確的。在沈先生文章的啟發下，我釋讀了戈援上的銘文，並根據銘文的含義，對銅戈的製作與流傳提出一些推測性的意見。下面談談個人學習的一些體會，以就正於沈先生與讀者。

銘文第一字从邑从次，當隸定作郊。金文中从次的字與从希的字寫法有明顯的不同：

次	![]郊 郊竝果戈 ![]湌 鄂君啟舟節 ![]朕 楚王酓忎鼎 ![]朕 但勻 ![]次 王子嬰次盧 ![]次 其次勾鑃
希	![]縣 天亡簋 ![]都 鄂君啟車節 ![]縣 兩簋 ![]䜌 召尊 ![]縣 召卣 ![]䜱 䜱侯鼎

楚王酓忎鼎，但勻的朕，過去有人把它釋作燕，朱德熙、李學勤、張振林等同志改釋作朕，是正確的。這個字右上部所从之次，與本銘从邑之次相同。再拿鄂君啟舟車二節湌、都二字與本銘首字比較，顯然這個字應該是郊而不

是都。

邟从邑，次聲，肯定是一個地名。春秋戰國時期，在楚國境內，稱"邟"的地方，可能與鄂君啟舟節中提到的"濟"有關，如果邟邑是因濟水而得名的話，那麼"邟"的地望就應該在現在湖南省境內的資水流域一帶了。

竝果是人名。之下一字，雖然與《說文》裏的敢字有些相象，但和銅器銘文中敢字的形體卻有相當大的距離（參看《金文編》四·一九所收各例）。更重要的是，"□□□之敢戈"這種文例，在金文中，就我所見，尚無其他的例證。而且，"敢戈"是什麼意思呢？"敢戈者，明戈之用義而自勉也。"這種說法很牽強，所以之下一字釋作敢字，尚難令人首肯。

我以為這個字應釋作訧，即造字，理由如下：

首先，從字形看，金文中的造字，往往將"告"中間的一直筆屈其首作 𠂤，《金文編》二·二一"造"下引銅器十五件，其中告字屈首的，就有十例，其他還有一些《金文編》未著錄，或著錄而未收此字的銅器，如：

　　□子之䧹戈（《三代吉金文存》二十、十一、二，下稱《三代》）
　　宋公䍙之䀛戈（平凡社《書道全集》一零三）
　　□□之告戈（《商周金文錄遺》五六八，下稱《錄遺》）
　　闔丘為䧹造戈（《三代》十九、三八、三，《金文編》著錄此器，未收造字）
　　御侯之䆠戈（《三代》十九、四八、一，《金文編》著錄，未收䆠字）

等，其所从之告皆屈首，楚國文字寫"告"字時往往將豎筆的屈頭改成一小撇，這種寫法亦見《錄遺》五六六著錄的"邦之新郜（造）"戈，其中新郜的"郜"即如此作（圖2）。過去大家把這個郜字釋作"都"，但"新都"一詞在這裏很難講得通，裘錫圭同志根據隨縣擂鼓墩竹簡改釋作"郜（造）"（見《文物》一九七九年第七期二十六頁），是正確的。兩柄銅戈，造字的告旁寫法相同，正好可以互證。

其次，從文例來看，金文中"□□□之□戈"這種格式，戈上一字，往往是說明該戈為誰所造，屬於某人所用，或者是指在某種特殊場合下才使用的限定詞。具體用字，就管見所及，約有如下十種：

一、造戈　說明該戈為誰所造。這種例子很多，略如上述，不再一一具引。

二、用戈　說明戈是某人所使用的。如

王子孜之用戈（《文物》1962年第4—5期5頁）

攻敔王夫差自作其用戈（《考古》1965年第9期467頁）

蔡侯龖之用戈（《壽縣蔡侯墓出土遺物》圖版四一）

蔡加子之用戈（《巖窟吉金圖錄》下四二）

蔡公子加之用（《上海博物館藏青銅器》八七"用"後省戈字）

蔡公子果之用（《三代》十九、四六、二，省戈字）

郘王之子□之元用戈（《錄遺》五七零）

子賏之用戈（《錄遺》五六七）

楚王孫漁之用（《文物》1963年第3期47頁，省戈字）

曾侯乙之用戈（《文物》1979年第7期圖版玖：四）

曾侯郕之用戈（未著錄）

曾侯戾之用戟（未著錄）

右買之用戈（《三代》二十、十二）

滕司徒□用戈（《錄遺》五七七）

三、徒戈　指徒卒、徒兵（猶今之步兵）所用之戈。如

虢大子元徒戈（《上村嶺虢國墓地》28頁圖二三：1、2）

㔾斤徒戈（《三代》二十、七、一）

陳子羍徒戈（《三代》十九、四一、一）

陳子山徒戈（《三代》二十、十二、二）

元阿左造徒戟（《文物》1979年第4期25頁）

曾侯乙之走戈（未著錄，走當與徒意同。）

四、車戈　指兵車或其他車上所用之戈。如

☐山彊氏車戈（《攈古錄金文》二之一、十八）

陳☐車戈（《巖窟吉金圖錄》下，圖五二）

五、田戈　當指田獵所用之戈。如

雔之田戈（《錄遺》五六五）

犢共畋之戈（《考古》一九六二年第一期十九頁圖一三：4之器形乃卜字形戟，自銘作戈。）

六、行戈　大概是出行所用之戈，如

蔡侯龖之行戈（《三代》十九、四五、二）

曾侯邲之行戟（未著錄）

曾侯𡘋之行戟（未著錄）

七、寢戈　可能是指宮寢護衛專用之戈。如

曾侯乙之寢戈（《文物》1979年第7期9頁圖九）

皿自寢戈（《三代》十九、三五、二）

八、秉戈　指儀仗護衛所持之戈。如

楚公豪秉戈（《文物》1959年第12期60頁）

九、䎒戈　䎒即散字。《方言》三："散，殺也，東齊曰散。"這是山東一帶的方言。

羊㠱親皓䎒戈（《三代》十九、四五、一）

陳□䎒戈（《三代》十九、三四、二）

陳璽䎒戔《三代》十九、三四、一）

鹽澳□䎒戈（《三代》十九、四十、一）

陳御寇䎒戔（《貞松堂集古遺文》十一、二七、三）

陳䎒戈（《三代》十九、三十、二）

十、牧戈　牧與誅意同。从攴，殺戮的意思更明顯了。

弔孫牧戈（《三代》十九、三七、一）

在這種"□□□之□戈"類型的銘文和其他戈銘中，皆未見有"敢戈"之稱。

再從文義來看,"敢戈"不詞,而"郯竝果之造戈"則文從義順。所以這個字不管是從字形來分析,從文例、文義各方面來看,都以釋造為優。

弄清了銘文的含義,就可以解釋為什麼戈的形制和內上的圖形文字與巴族遺物相同而銘文書體卻有楚文字風格的這一現象了。我以為竝果可能是身居楚地的巴人貴族,所以他鑄造的戈就兼二者而有之了。戈銘不應該是楚人得到後加刻,因為如果是加刻的話,竝果就不能自稱某某"造戈"了。

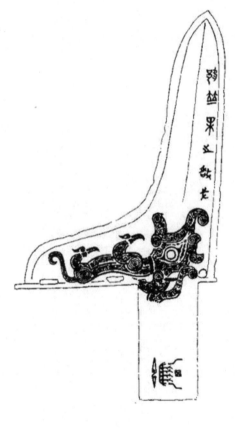

圖 1

圖 2

(原載《古文字研究》第 7 輯,中華書局 1982 年)

長甶盉銘文匯釋

　　長甶盉與長甶簋（6字）、長甶盤（存1字）、䊊罍（10字）、伯䚘父卣（18字）、乍寶鼎（3字）、寶甗（2字）、囗辛觚（3字）、伯䚘爵（2字）諸器同出於陝西省長安縣斗門鎮普渡村。郭沫若曰："盉是周穆王時器，殊可貴。穆乃生號，非死謚，此生稱'穆王'，與遹殷同。"① 唐蘭說："金文遹簋和長甶盉都有穆王，是穆王生前的稱號，但'穆'字下都有重文（原注：長甶盉見《五省出土重要文物展覽圖錄》圖版二十八，銘文第三行穆字下的重文最清晰。）容庚在《金文編》裏釋為穆穆王，但從來金文家對這個現象沒有作解釋。現在知道，周朝人在生前就分出昭穆的輩次，那麼，穆王的輩份是穆，因而叫做穆王，也叫做穆穆王。由此可見，康王以後第一代稱昭，第二代稱穆，是按輩份來作王號的，這跟後來的秦始皇，子孫稱二世三世是差不多的。"② 又說："長氏就是後來的張姓。由字在卜辭裏和其他銘刻裏都和囟字一樣，讀如人頭頂上顖門的'顖'。"③

　　按：是器現藏陝西省博物館，三足分襠，蓋與鋬有鍊相連，蓋、器口各飾一道竊曲紋，腹飾二道三角弦紋。它是西周穆王時代的一件標準器。

---

① 郭沫若：《長甶盉銘釋文》，《文物參考資料》1955年第2期，第128頁。
② 唐蘭：《西周銅器斷代中的'康宮'問題》，《考古學報》1962年第1期，第26—27頁。
③ 唐蘭：《陝西江蘇熱河安徽山西五省出土重要文物展覽圖錄·序言》，文物出版社1958年，第3頁。

釋文：

隹三月初吉丁亥，穆王
才下淢应。①穆王卿豊②，即
井白大祝射③，穆王蔑長
由吕遼④即井〓白〓，（井白）氏彝不
姦⑤，長由蔑曆⑥，敢對覭天
子不不⑦休，用肇作障彝。

匯釋：

①才讀作在。下淢是地名，陳直曰："《史記·秦本紀》景公十八年，晉兵追秦兵至棫林而返，杜預注棫林為秦地。《三輔黃圖》秦昭王起棫陽宮在雍縣，下淢疑即棫林之棫。"① 張筱衡曰："《毛詩》皇矣篇說'柞棫斯拔'。則說明現在的岐山、寶雞、鳳翔一帶多棫。因為地多棫，所以取棫以為名；因為地臨汧、渭，所以寫棫或作淢；因為地在原的下層，所以又說為'下淢'。然則器文的下淢，在周的井邑，在現在寶雞東北的周原南麓。"又說："棫在周崗之南，汧、渭之北，山南水北曰陽，所以秦昭王在這個地方起宮名為棫陽，漢文帝後二年曾遊此宮，可知棫為歷代勝地。"②

应，吳式芬等舊釋作居（見《攈古錄金文》卷三之一、三一頁夌鼎），郭沫若同。陳夢家曰："此字在西周初期金文中數見，中期亦有，其前總是一地名。字或从宀或从厂从广，立聲。卜辭明日次日作'羽日'，或以'立'為聲符，小盂鼎則从日从羽从立。《說文》'昱，明日也，从日立聲。'《爾雅·釋言》'翌，明也'。卜辭之'羽日''翌日'，《尚書》大誥、召誥、顧命作翼日，可證'立''異'同音，故《廣韻》職部昱、翊、廙、翼等字俱作與職

---

① 陳直：《考古論叢·長由盉釋文並說明》，《西北大學學報》（人文科學版）1957年第1期，第66頁。
② 張筱衡：《"井伯盉"考釋》，《人文雜誌》1957年創刊號，第24頁（按：25頁）。

切，是金文之応即《說文》之'廎，行屋也'，亦見殷周之際金文后且丁尊（《三代》一三·三八·五—六）'辛亥王才廎降令曰'。"① 唐蘭曰："'下淢応'是下淢地方的行朝（臨時朝廷），'応'就是'位'，凡朝廷裏，不論君臣，都有固定的位，王到一個地方，需要舉行典禮，就得建立臨時的位。"② 孫常敘則釋作次。③

按：釋居、釋次皆與字形不類，陳、唐二說則皆可通。

②卿豊即饗醴，是周代燕饗的一種典禮。《左傳》莊公十八年："虢公、晉侯朝王，王饗醴。"又僖公二十五年："晉侯朝王，王饗醴。"《詩·小雅·吉日》毛傳："饗醴，天子之飲也。"

③即，就也。井白即邢伯，亦見師虎簋、七年趞曹鼎、利鼎、走簋、永盂、師奎父鼎、師毛父簋、豆閉簋等器。按：上述諸器多屬共王，故長甶盉當為穆王晚期時器。張筱衡曰："井，本商代舊邑，周初滅之，以封其大夫為畿內諸侯。其地在今寶雞縣東北周原之東區，汧、渭之北，鳳翔之南。"又說："井伯，就是《穆傳》：'使井利受之'，《拾遺錄》：'穆王期井伯而陸傳'的井利和井伯，也就是《紀年》：'穆王十二年毛公班、共公利、逢公固帥師從王伐犬戎。'的共公利。徐箋疑共公當作井公很是。"、"篆書井字與隸書共字，形極相似。"④ 錄以存參。

大祝是官名，《周禮·春官》下："大祝，掌六祝之辭。"射指射禮。

④㠯即以字。以下一字，郭沫若隸定作述，注曰："述字亦不知何義，從辵木聲為字書所無。"⑤ 李亞農曰："述字器銘原文作㣫。郭先生隸化為述，也

---

① 陳夢家：《西周銅器斷代》第 70 器，《考古學報》1956 年第 3 期，第 123 頁。
② 唐蘭：《陝西江蘇熱河安徽山西五省出土重要文物展覽圖錄·序言》，文物出版社 1958 年，第 3 頁。
③ 孫常敘：《天亡殷問字疑年》，《吉林師大學報》（社會科學版）1963 年第 1 期，第 39 頁。
④ 張筱衡：《"井伯盉"考釋》，《人文雜誌》1957 年創刊號，第 26 頁。
⑤ 郭沫若：《長甶盉銘釋文》，《文物參考資料》1955 年第 2 期，第 128 頁。

是對的。因為从止或从𤴔的甲金文字均可隸化為止，為辵，為足，為走等等。……假使我們把𤴔隸化為止，而將此字寫成址，我們就有可能來認識它了。《類編》收有楷字的古文作楋，以甲骨文執字的繁文作𤴔，集（𠍽）字的繁文作𤴔例之，則址就是楋。《禮記·儒行》：'今世行之，後世以為楷。'陸德明云：'楷，苦駭反，法式也。'"翻譯此句為："穆王鼓勵長由依照規矩去跟邢伯比射。"① 于省吾、陳夢家、陳直、唐蘭等均釋作"逨"，于說此句的意思是"穆王獎勵長由，與長由來就井白"。② 陳夢家也說："'以來（銘从辵）即井伯者'，王與作器者同來於井白之所。"③ 李平心說："《長由盉銘》：'穆王蔑長由目逨即井白'，逨从朩聲，不當釋逨，此讀市，市即黻。即訓予，謂穆王命長由以黻賜予邢伯。"④

按：交鼎銘文說："交從𠬝，𤴔即王，易貝，用作寶彝。"（《三代》三·二三·六）文例與此略同。𠬝下一字很清晰，決不可隸定作"逨"。其實我們仔細觀察長由盉銘，這個字也不从木，容希白師三版《金文編》三〇五頁曾收錄此字，摹寫得很正確，其字作𤴔，不从木。所以隸定作"逨"以及由此而釋作楷，都是不正確的。金文中自有楷字，其形作楋或楋，《金文編》三二〇至三二一頁共收九例，由於中山王銅器的出土，這個字已被人們釋讀出來了。至於釋市，那當然是不對的。金文中有許多市字，不管從字形、文例哪方面看，它們都沒有關係。

釋逨與字形最接近，但是亦有區別。有文例考察可確定為來字的，一般都寫作𣎴或𣎴，《金文編》引三體石經僖公來古文作𣎴，來字的上面都是一橫筆，而本銘則作𣎴，形體不盡相同。再從文例看，"穆王蔑長由以𤴔即井白"如果是"王與作器者同來於井白之所"，那麼穆王為什麼要"蔑長由"，即先勉勵長由一番呢？再從交鼎銘文看，"從𠬝"即從王𠬝，"從𠬝"的人一定不止交

---

① 李亞農：《"長由盉銘釋文"注解》，《考古學報》第9冊1955年，第177、181頁。
② 于省吾：《釋"蔑曆"》，東北人民大學《人文科學學報》1956年第2期，第233頁。
③ 陳夢家：《西周銅器斷代》第70器，《考古學報》1956年第3期，第121頁。
④ 李平心：《〈保卣銘〉新釋》，《中華文史論叢》1979年第1輯，第74頁。

一人，僅僅因"從畐"而賜貝，因而隆重地鑄作寶器，未免小題大作，所以"吕徣即井白"，"徣即王"決不是普通的"來就"的意思，而是另有含義。

寶雞市博物館新徵集的何尊，銘文中有"昔才爾考公氏克徣玟王"一句，克下一字與本銘徣字全同。張政烺《何尊銘文解釋補遺》說："銘文第四行'昔在爾考公氏克徣先王'和《乖伯簋》'乃祖克𢼸先王'語意相同，郭沫若同志說'𢼸假為弼'① 是正確的。這裏𢼸从辵，𢼸聲，亦假為弼。"② 按：乖伯簋"乃且克𢼸先王"之𢼸，銘作𢼸，其為𢼸字無疑。由文例比較可知，何尊銘文之徣，必為逑字，其字當如張先生所說"亦假為弼"。

根據何尊銘，可知本銘當釋作"穆王蔑長由以逑（弼）即井白"，意思是，穆王勉勵長由以輔弼者的身份去邢伯那裏，協助邢伯舉行射禮。文尊的"逑即王"也是輔助王的意思，所以纔被賜貝，因而鑄作寶器以為紀念，如果釋作來，這兩篇銘文就很費解了。而釋作𢼸，假為弼，則形義皆順。

⑤氏彶不姦，李亞農曰："氏應讀為祗，《爾雅·釋詁》'敬也'。""彶即古引字，螾字後來書作蚓，是其證也。《說文》云：'引，開弓也。'讀姦作奸。翻譯這句話的意思為'邢伯祗敬開弓而不違犯禮節。'"③ 于省吾曰："'井白氏（寔）彶（寅）不姦'，這是說，'井白招待王和長由寅敬誠懇'。（彶讀寅，不姦是誠篤的意思，《逸周書》常訓遂偽曰姦，《廣雅·釋言》，'姦，偽也。'）"④ 陳夢家曰："'氏寅不姦'指井伯的誠敬不偽：《爾雅·釋詁》：'祗，敬也'，金文省示；《說文》'寅，居敬也'，金文从弓；《廣雅·釋言》'姦，偽也'《逸周書·寶典》'不誠之行故曰姦'。是氏寅是誠明，不姦也是不偽、不不誠。"⑤ 陳直曰："銘文彶字當即演字，謂操演練習之義，演

---

① 郭沫若：《兩周金文辭大系·考釋》，科學出版社1957年，第148頁下。
② 張政烺：《何尊銘文解釋補遺》，《文物》1976年第1期，第66頁。
③ 李亞農：《"長由盉銘釋文"注解》，《考古學報》第九冊1955年，第181頁。
④ 于省吾：《釋"蔑曆"》，東北人民大學《人文科學學報》1956年第2期，第236頁。
⑤ 陳夢家：《西周銅器斷代》第70器，《考古學報》1956年第3期，第124頁。

字从弓者，……表示為弓矢之演習。"① 唐蘭釋作彌，無說。

按：此字右邊與無叀簋"壬寅"之寅形同，當以釋寅為是。

⑥長甶蔑曆，是長甶被蔑曆的意思。有關蔑曆的文例及解釋，可參看《保卣銘文滙釋》注（三）及附錄（見《古文字研究》第 5 輯 191 頁），此不贅述。

⑦不杯，郭沫若以為即丕丕，義同丕顯。②

參考文獻

［1］郭沫若：《長甶盉銘釋文》，《文物參考資料》1955 年第 2 期。

［2］李長慶：《陝西長安斗門鎮發現周代文物簡報》，《文物參考資料》1955 年第 2 期。

［3］何漢南：《長安斗門鎮西周墓清理工作結束》，《文物參考資料》1955 年第 2 期。

［4］李亞農：《"長甶盉銘釋文"註解》，《考古學報》1955 年第 1 期。

［5］于省吾：《釋"蔑曆"》，東北人民大學《人文科學學報》1956 年第 2 期。

［6］陳夢家：《西周銅器斷代》第 70 器，《考古學報》1956 年第 3 期。

［7］陳直：《考古論叢·長甶盉釋文並說明》，《西北大學學報》（人文科學版）1957 年第 1 期。

［8］陝西省文物管理委員會：《長安普渡村西周墓的發掘》，《考古學報》1957 年第 1 期。

［9］張筱衡：《"井伯盉"考釋》，《人文雜誌》1957 年創刊號。

［10］于省吾：《商周金文錄遺》，中華書局 2009 年。

---

① 陳直：《考古論叢·長甶盉釋文並說明》，《西北大學學報》（人文科學版）1957 年第 1 期，第 66 頁。
② 郭沫若：《長甶盉銘釋文》，《文物參考資料》1955 年第 2 期，第 128 頁。

[11] 五省出土重要文物展覽籌委會:《五省出土重要文物展覽圖錄》,文物出版社 1958 年。

[12] 唐蘭:《陝西江蘇熱河安徽山西五省出土重要文物展覽圖錄·序言》,文物出版社 1958 年。

[13] 陝西省博物館:《青銅器圖釋》,文物出版社 1960 年。

附錄:

長甶墓出土有銘銅器另有:

①長甶簋,蓋器對銘各六字:"長甶乍寶隣殷"。

②長甶盤,殘存一"甶"字。

③蘇罍,銘十四字:"蘇作且己隣彝,其子₌孫₌永寶。戈。"

④伯𩵋父卣,銘十八字:"白𩵋父曰休,父易余馬,對揚父休,用乍寶尊彝。"

⑤鼎,銘三字:"乍寶鼎"。

⑥瓿,銘二字:"寶獻"。

⑦觚,銘三字:"囗辛✚"。

⑧白𩵋爵,銘二字,"白𩵋"。

長甶盉器形

長囟盉銘摹本

（原載《古文字研究》第 13 輯，中華書局 1986 年）

驫羌鐘銘文彙釋

1931年初，驫氏編鐘出土於河南洛陽城東約三十五里許，離金村不遠的太倉古墓。見於著錄的共有十四鐘，銘四字"驫氏編鐘"者九，六十一字者五。出土後，銘長短者各一器，為當時任開封聖公會主教的加拿大人懷履光所得，今藏加拿大溫達略古物館，其餘十二鐘，歸劉氏善齋，後來劉體智又賣給了日本住友氏。

根據當時到過金村的懷履光的記述（見《韓君墓發現略記》、《洛陽故城古墓考》），金村共發現八座單墓道的"甲"字形大墓，編號為Ⅰ～Ⅷ。驫氏編鐘出土於Ⅷ號墓。關於這批古墓的國別和性質，曾有秦墓（梅原末治）、韓墓（懷履光等）、東周墓（唐蘭、陳夢家）諸說。最近李學勤先生著文說："漢代洛陽在戰國時是周王所居成周。秦墓說不合於墓的時代，韓墓說則不合於歷史地理。東周君的始封在周顯王二年（公元前367年），其都邑，《世本》說在洛陽，《史記·周本紀》說在洛陽東面的鞏，清代學者多以為《史記》可信。不過，洛陽在東周境內，東周君葬於洛陽不是不可能的。"李先生根據"金村所出的文物，有一些顯然是周王室所有的器物"等判斷，"金村墓葬羣不是秦墓、韓墓，也不是東周君墓，而是周朝的墓葬，可能包括周王及附葬臣屬。"其時代有的遲到戰國晚期。

至於出驫氏編鐘的Ⅷ號墓，李先生說："不少學者認為作鐘的驫羌是韓的家臣，這種看法是有問題的。韓氏的陪臣身份微末，不可能像鐘銘所說的那樣得到天子、晉公的表彰；同時韓以晉為宗主，也不會用周的紀年（本白川靜說）。銘文說'驫羌作戎厥辟'，意思是作器者輔佐他的君主，君主當指周王，而不是韓景子。驫羌是周威烈王的臣屬，由於襄助周王命三晉伐齊，受到褒賞。墓Ⅶ很可能是他的墓葬。"（《東周與秦代文明》27—29頁）

李先生的意見是很有啟發性的。但是，如果驫羌不是韓的家臣，而是"襄助周王命三晉伐齊"的王室大臣，那他為什麼要稱韓氏為"宗"而又"賞于韓宗"呢？確實韓氏的陪臣身份微末，正如童書業氏所指出的那樣："家臣可以直達天子，此種事實在春秋時殊為罕見。"（張維華《齊長城考》所附書簡）但在周威烈王二十二年（前404年）的時候，韓、趙、魏已經強大，次年即受命為諸侯，這時的天子與晉公，尤其是晉公，僅具名份上的作用，所以韓氏家臣才能因戰功赫赫而直達天子。銘文用周王的紀年，也和這種形勢有關。至於銘文的通讀，如果在"驫羌乍戎厥辟"後斷句，那麼，征秦迮齊、入長城、會平陰等一系列的戰功都與驫羌無關了，驫羌鑄器銘功的意義又何在呢？

總之，由銘稱"韓宗"，可知驫羌應為韓氏家臣，這套編鐘自然是驫羌鑄造的，但不等於出鐘之墓必為驫羌墓，器物易主，入墓隨葬，不是沒有先例，有的器甚至還括剷或剜去了作器者的名字哩。

由於銘首有"唯廿有再祀"的紀年，關於此器的年代，曾有如下幾說：

1. 周靈王二十二年（公元前550年）說。

劉節、唐蘭、徐中舒、高本漢、楊樹達、董作賓皆主張此說。吳其昌因誤讀"再"為"商"，謂商即參，參商之義皆為三，故說此年為靈王二十三年，論據與劉、唐等基本相同。

考諸史實，靈王十三年（魯襄公十四年）晉悼公為盟主伐秦，《左傳》："夏，諸侯之大夫從晉侯伐秦，以報櫟之役也。"《春秋經》："夏，四月，叔孫豹會晉荀偃、齊人、宋人、衛北宮括、鄭公孫蠆、曹人、莒人、邾人、滕人、薛人、杞人、小邾人伐秦。"

靈王十七年（魯襄公十八年），晉會十一國諸侯伐齊。《春秋經》："冬十月，公（魯襄公）會晉侯、宋公、衛侯、鄭伯、曹伯、莒子、邾子、滕子、薛伯、杞伯、小邾子同圍齊。"《左傳》："晉侯伐齊……冬十月，會於魯濟，尋溴梁之言，同伐齊，齊侯禦諸平陰……丙寅晦，齊師夜遁，……十一月丁卯朔，入平陰。"

靈王二十二年（魯襄公二十三年），齊伐晉，《左傳》："齊侯遂伐晉，取朝歌，……以報平陰之役，乃還。"

按：靈王說的主要問題是：

（1）靈王十三年、十七年雖有晉伐秦、伐齊之記載，但與鐘銘紀年不合。

（2）假若說鐘銘所記的戰爭發生在靈王二十二年，這一年據《左傳》記載，是齊伐晉，與鐘銘"迮齊"恰恰相反，如果以二十二年為鑄鐘之年，則正如容希白師所說："事隔十年或五年而鑄鐘，未免強為牽合。且二十一年齊將伐晉，二十二年晉敗於齊，以此時銘勳於鐘，必有以知其不然也。"（《善齋彝器圖錄》）

（3）童書業指出，春秋時大夫稱主。春秋以至東周以前的彝器，"辟"均稱諸侯以上的君主。"時至戰國，三家代行晉君之權，如《史記·晉世家》所謂'幽公之時，晉畏反朝韓、趙、魏之君。'似在此時代，始得有'厥辟韓宗'之語也。"（《書簡》）

（4）張維華說："余讀《左氏》《國語》，所言築城之事多矣，而無長城之稱。《竹書》載齊魏築長城事，然均戰國時事。《史記》世家述春秋戰國時事，亦數見'長城'之記載，然推其年代，未有在獲麟以前者。古書雖多亡闕，然如此通常之名詞，如此重要之事跡，當不至略無記載。且楚之方城，其險非遠過於列國之長城也，然數見於《左傳》《國語》，何長城一名獨不可尋？因是驫氏編鐘製作之年代，其言在戰國初年者，因覺證據尚未充備，而言在春秋之中葉者，亦有問題可疑。"（《齊長城考》）

2. 周安王二十二年（公元前380年）說。

郭沫若據《史記·六國年表》，是年三晉欄內均書"伐齊至桑丘"，於齊欄內書"伐燕取桑丘"。又據《史記·田敬仲完世家》記載，桓公五年，秦魏攻韓，韓求救於齊，齊陰許之，而乘機襲燕國，取桑丘。郭氏曰："據此可知安王二十二年，秦魏攻韓之事，實牽動全局，韓受秦魏之攻，必曾往救於齊、楚、趙諸國，待得楚、趙之救，乃獲卻秦師而與魏人為和。齊人乘諸國之構兵而襲燕，燕人受齊之襲必曾往救於韓、趙、魏，趙、魏懼齊之逼而韓尤怨其詐，故三晉連兵往攻齊，而事之本末實以韓為中心，本銘言'垰辟旟宗敲率征秦越齊'，與《史記》所言正相契合。"

溫廷敬從銘文的內容、桑丘的地望等反駁郭氏，其說基本上是正確的（詳下），唐蘭先生也說："安王之時，三家者久已受命為諸侯矣。而鐘銘尚未稱韓宗，此足證其必在未侯以前者。郭氏於此殆未注意，因謂韓宗為韓君，不知公若侯固未有稱以宗者也。"（《智君子鑑考》）

3. 周威烈王二十二年（公元前404年）說。

溫廷敬曰："此當屬諸威烈王二十二年。《水經注》二十六東汶水注引《竹書紀年》云：'晉烈公十二年，王命韓景子、趙烈子、翟員伐齊，入長城。'烈公十二年必為十六年之誤（六字失去下二點，後人遂誤為二字耳），烈公十六年當威烈王二十二年。以此銘證之而益信。何以言之？銘稱韓宗，卿大夫乃稱宗或主，若在安王二十二年，韓為諸侯久矣，當稱韓侯，安得稱宗？其證一也。桑丘之役，乃齊伐燕取桑丘，韓、趙、魏伐齊救燕至桑丘。《史記正義》引《括地志》云：'桑丘故城在易州遂城縣界'……三晉救燕至桑丘，道必不出長城平陰，……而威烈王時之伐齊，則明為入長城，其證二也。戰國諸侯用兵，其告天子者實少，而此則奉王命以出師，故戰勝昭告於天子，且當韓、趙、魏三家雖擁地自專，其名義猶為晉卿，故不得不貌受錫命於晉公。桑丘之役同列諸侯，豈有征伐輒稟命於晉之理？其證三也。威烈王二十三年，命韓、趙、魏為諸侯，正在斯役之次年，陰雖受賄，名則為賞功之典，其證四也。"（《驫羌鐘銘釋》）容先生評溫氏之說曰："其言似較安王之說為有據，惟十二年與十六年不合，而征秦之事無着落，且僅見於《水經注》所引《竹書紀年》，未免畧嫌孤證耳。"（《善齋彝器圖錄》）

唐蘭先生初本主張靈王說（《驫羌鐘考釋》），後改同溫氏之說，他在《智君子鑑考》一文中，有一段很精彩的論述，可補溫氏之缺。他說："依余近來之意見，溫氏所定之威烈王二十二年，確即作鐘之年，勝於靈王、安王之說，唯輕改《竹書》之文，是其疏失，尚須加以修正耳。蓋《史記·六國表》與

《竹書》本多齟齬，溫氏引《竹書》而以《六國表》之晉烈公紀年推之，自不能合，因而竄改其年數，則不能使人無疑矣。余考《水經·瓠子河注》引《竹書》'晉烈公十一年，田悼子卒，田布殺其大夫公孫孫，公孫會以廩邱叛於趙。田布圍廩邱，翟角、趙孔屑、韓師救廩邱，及田布戰於龍澤，田師敗逋。'《史記·田敬仲世家》索隱則引《紀年》：'宣公五十一年，公孫會以廩邱叛於趙。'此二書所引本是一事，惟《水經注》依《紀年》用晉烈公之年，而《索隱》則以《田齊世家》之故，改用齊宣公之年耳。然正因此參差，吾人可藉以窺見《紀年》之舊，其烈公之年，當與《六國表》不同。齊宣公之五十一年，威烈王之二十一年也，在《六國表》是為晉烈公十五年，於《竹書》為十一年，然則《竹書》所記烈公十二年伐齊入長城之事，正當於威烈王之二十二年，與鐘銘所記符合。當是時，晉衰，反朝韓、趙、魏之君，故韓氏得稱為辟。然猶未立為諸侯，故僅曰韓宗。且既以王命伐齊，則又無怪於以家臣而'昭於天子'矣。《紀年》本晉史，多得其實，此其一證也。按烈公十一年翟角、趙孔屑、韓師救廩邱，翟角與翟員疑是一人，角員字形相近，是亦三家之師同出者。救廩邱者以齊人來圍之故，則十二年王命伐齊之役，殆即前事之報復耳，更明年（西元前403年）而三家被命為諸侯。三家之立，雖為大夫強威過其主之必然結果，然亦不能突然產生，其被命者，殆旌其伐齊之功歟？然則伐齊之役，在當時所繫甚鉅，故驫氏伐其勳而銘鐘也。"陳夢家《六國紀年》通過金文、《紀年》互校，也以為晉烈公十二年當周威烈王二十二年，引證的材料與唐氏相同。

4. 晉烈公二十二年（公元前398年）說。

白川靜在唐、陳之後提出新說，他根據列國器紀年多用其宗主國紀年的原則，認為"廿又再祀"當為晉國年號。又說銘文中的"達征秦"與《史記·六國表》秦簡公二年（公元前413年）"與晉戰，敗鄭下"相當，"迋齊"、"入長城"是指《竹書紀年》晉烈公十二年所記之事，而鑄鐘於晉烈公二十二年。把"征秦"、"迋齊"與鑄鐘之年分別隸屬於不同的年代，這和前面提到的靈王說犯了同樣的毛病，是不可取的。

綜觀各家之說，驫氏編鐘應作於周威烈王二十二年。溫氏之說經唐蘭先生補充，年代差異的疑點已經消除，只有"征秦"一事未見於當時的歷史記載，這有三種可能：

（1）溫廷敬曰："征秦必為是年以前事，此並言之。"他舉出了《史記·六國年表》周威烈王十三年，《史記·魏世家》文侯十七年都有同秦作戰的記載。

（2）吳其昌曰："此秦非陝西之秦，乃山東齊魯之交之秦也。齊魯之交亦有'秦'地，故《左傳》魯大夫莊公九年有'秦子'，襄公十年有'秦堇父'、'秦丕茲'，昭公二十五年有'秦遄'，又孔子弟子有'秦商'，皆以齊魯之交秦地之人也。《春秋經》莊公三十一年'築臺于秦'，杜注：'東平范縣西北有秦亭'，是其地也。故東逾齊而即征秦也。"

（3）陳連慶謂"征秦"是謂"秦魏爭奪河西"。他說："本銘'征秦'的記事，放在'逾齊'之前，既然'逾齊之役'是韓、趙、魏共同對齊，那麼'征秦之役'也必然是三晉共同對秦。所以《秦本紀》所說的'三國攻奪我先君河西地'，殆無一字虛設。……'征秦'就是爭奪河西地，'逾齊'就是入長城，擄齊侯。這些事情，是三晉的集體行動。驫羌其人的'光輝戰績'，實際上是魏文侯霸業的一部分。"（《新釋》81頁）

究竟何是何非，還有待深入地進行研究。

從器的形制和花紋看，長方形的紐，螺形的枚和細緻的版印花紋，這些都是戰國時期流行的風尚。銘文在前後兩面鉦上，各四行，共六十一字。

〔釋文〕

唯廿又再祀(1)，驫羌(2)乍
戎(3)毕辟旗宗(4)，敲(5)逾征
秦，逾(6)齊入張城(7)。先(8)會
于平陰(9)，武侄寺力(10)，鑫
敓楚京(11)。賞于旗宗，令

于晉公，卲于天子(12)，用
明則(13)之于銘。武文咸
剌(14)，永枼毋忘(15)。

〔彙釋〕

（1）又字銘文作"寸"，字在此當為又。覃，原銘作𠔼，劉節曰："从二，从商省。"吳其昌謂即"商"之變文。徐中舒曰："當即二字繁文"，吳闓生說同。唐蘭曰："當是从二从丙，再之變體也。"按：唐說是也。陳璋壺："墮旻覃立事歲"，陳喜壺："墮喜覃立事歲"，叔夷鎛："敢覃拜頜首"，覃、覃均再字。"廿又再祀"即周威烈王二十二年。

（2）驫，《說文》所無。劉節曰："驫即驫之繁文"。彝器另有驫銅鼎、驫銅簋，《說文》："驫，眾馬也，从三馬。"驫當為氏，同出之鐘銘有作"驫氏之鐘"者可證。《水經》卷九沁水"又東過陭氏縣東"，注："沁水又南歷陭氏關，又南與驫驫水合，水出東北巨駿山。"或即驫氏所居之地。

（3）乍即作字。作下一字，銘作𢦏，劉節釋戎，唐蘭釋伐，徐中舒釋𢦏（謂即匕首之匕），郭沫若遵劉釋而謂："戎假為鏞，《爾雅·釋樂》：'大鐘曰庸'。"溫廷敬曰："作，起也。戎，兵也。即古稱興師，後世稱起兵之義。"容先生曰："作，佐也。《書·說命》下：'昔先正保衛作我先王'。"楊樹達曰："近人釋此銘者多以'驫羌作戎'四字為句，下文'征秦迮齊'云云之事，皆以屬之韓宗敢。果爾，則驫羌作鐘全敘其君之功績，而己無與焉，殊非事理所宜有。且驫羌若果無功績，下文'賞于韓宗'之語何所根據乎？足知其說之誤矣。余謂'驫羌作戎𢻫辟韓宗敢'九字為一句。乍當讀為佐，謂驫羌佐戎事於其君之韓宗敢，而有征秦迮齊入長城會平陰諸役之功也。"（《積微居金文說》）最近，朱德熙先生提出新說，認為乍下一字當釋作戌（戰國時期的"弋"字常與"戈"字混淆），讀作代。他說："銘文應在'遂'字下讀斷，'遂'字則是'帥'的假借字。在'驫羌作代厥辟韓宗敢帥'裏，'帥'是'作'的賓語，'代厥辟韓宗敢'是'帥'的修飾語。銘文'作''代'二字用法與《尚書·多方》'乃惟成湯克以爾多方簡代夏作民主'一句裏的'作''代'相同，只是句法結構不一樣。銘文這句話的意思是說：驫羌被任命為代其君韓宗敽出征伐齊的帥。"（《斷句問題》57頁）按：從字形看，當以釋戎為是。"驫羌乍戎厥辟韓宗"為一句，敽字當屬下讀，詳注（5）。

（4）𠬝同厥，辟，君也。𩂩，唐蘭引馬衡據古璽韓字多如此作，謂當釋㚔，讀作韓。徐中舒亦釋作㚔，謂"即韓之本字"，因為驫羌是韓氏家臣，以韓為宗主，故稱韓宗。

（5）敽，劉節曰："敽即《說文》敽字，古文从攴、从支、从又皆可通。敽者，編鐘之原始語義也。字當讀如鬲。古者鐘鼓皆從量出，……故鍾、鐘經典皆相通。……《說文》曰'江淮之間謂釜曰敽'，左昭三年《傳》：'釜則十鍾'。"唐蘭曰："敽讀若擊，樂器名。《皋陶謨》：'戛擊鳴球。'戛擊，《明堂位》做揩擊，《長揚賦》作拮隔，《荀子》、《大戴禮》、《史記》作膈，本皆當作敽，象以攴擊鬲，與鼓、磬、敂等字同，後世鐘之所托始者。"解釋這一句為驫羌"伐其君韓宗之功而作鐘也。"（《驫羌鐘考釋》）吳闓生曰："敽从攴，可擊者也……古樂器可擊者名鬲也。"（《吉金文錄》）郭沫若、徐中舒、陳夢家、楊樹達皆以敽為人名。郭氏認為，以《史記》考之，當是韓文侯，亦即《紀年》之韓列侯取，"取為敽之壞字"。陳夢家曰："《韓世家·索隱》云：'《紀年》及《世本》皆作景子虔'……鐘銘曰'厥辟韓宗敽'即景子虔也。其字从鬲从攴，即獻字之省，陳侯午敦獻从鼎从犬，亦省虎頭。金文假獻為甗，甗者上為甑下為鬲，而鬲實為主體。古音獻、虔音近，故知銅器之韓宗即《紀年》之景子矣。"（《六國紀年》）朱德熙認為："此說甚確。因為：①字形上有根據。'虐'字作為偏旁時可以省去虎頭，除陳侯午敦'獻'字外，䵼甗（據古錄金文一之二81）'獻'字（借為'甗'）作'獻'，也是很好的例證。②字音密切吻合。'獻'和'虔'都是古元部字，聲母同屬見系。③揆之史實，也若合符契。……"（《斷句問題》56頁）白川靜修正陳說，雖讀作獻，但解作"獻器"。（《金文通釋》）溫廷敬則引《說文》徹，古文作𢿙，說敽為徹之省，謂："徹率即通率，猶言統率也。"

按：各家大多將敨屬上讀，或說為器名，或謂人名。只有溫廷敬屬下讀。竊意以為當屬下讀。如果把"敨"字說作韓景子之名，家臣直呼其宗主之名而銘於鐘，似有悖於情理。（白川靜亦有此說。）再說，虞字作偏旁時雖可省去虎頭，但从攴與从犬怎麼相通呢？從整篇銘文看，鐘銘以戎（句中）、宗、城等字叶韻，每句約四、五字，讀起來音韻鏗鏘，朗朗上口。如果不顧韻讀，強為之說，不但字形不易說通，讀起來也顯得佶屈聱牙了。

（6）逨即迮字。叔夷鏄："用伐鑄其寶鏄"。姑氏簋："姑氏自伐為寶尊殷"。楚王酓肯鼎："楚王酓肯复鑄鉈鼎。"伐、复皆乍之異文。《說文》："迮，迫也。"

（7）劉節引商承祚曰："㔷埊即長城"。又說："長城即齊之方城。《管子・輕重丁》曰：'長城之陽，魯也；長城之陰，齊也。'《泰山記》曰：'泰山西北有長城，緣河經泰山千餘里至琅琊。'《水經・東汶水注》曰：'泰山即東小泰山也。上有長城，西接岱山，東連琅琊巨海，千有餘里。'"（《㔷氏編鐘考》）古璽姓氏有"㔷孫"，唐蘭謂即"長孫"。有行氣十二棱玉管銘："明則㔷"，長亦从立。中山王䁖鼎銘："㔷為人宗"、"事少如㔷"，㔷則讀作"長者"之長。

㔷氏編鐘十二器歸劉氏善齋後，最先得到拓本的是商承祚先生，吳其昌《㔷羌鐘補考》一文卷首記其事曰："中華民國二十年秋夜，倭寇屠遼之前夕，余與秀水唐立庵（蘭）、永嘉劉子植（節）同詣番禺商錫永（承祚）飲，宵清籟寂，鐙影幢然，相與縱談金文。錫永出所新得廬江劉氏所藏㔷羌十二編鐘墨本見示，研揅討論，各有所獲，錫永執筆略識綱紀，因相約各為考釋一篇。……越三月，劉、唐、商三君之文，均已完成，出以示予，咸精詳淵博，不復可加。……昨又與安慶徐中舒晤談，知仲舒亦有考釋，已付殺青。第未見稿，互語莘較，多相暗合，為之慰愧交集。……"按：劉、唐、吳、徐之文，刊行已數十年，獨商文未之見，傳世之論，僅長城一詞耳。

（8）各家多將先字屬後讀，楊樹達曰："'入長城先'四字為一句，言㔷羌帥師征秦迫齊，入長城時為先鋒也。近人皆以先字屬下會于平陰為一句，非是。文不記後事，何為忽言先乎？且會謂會師，會師必同時之事，不能有先後之分，會師而云先，文不可通矣。"日人林巳奈夫遵其說。按：先會之意，當如于省吾先生所說，"言分攻並進，故曰先會于平陰也。"（《雙劍誃吉金文選》）

（9）平陉即平陰，古璽陰作陉、陉。劉節曰："此平陰實今之山東泰安府平陰縣。"平陰在齊長城的西頭。

（10）劉節曰："侄即驕吾……羣驕即武侄。孔武有力，故曰'武侄恃力'。"吳其昌曰："武侄者，人名也。"寺同之，"武侄寺力"即"武侄之力"。郭沫若曰："武謂武卒。"侄，郭氏先以為"乃到之異"，讀為擣。後改說為"侄與挃通"，引《淮南子·兵略訓》高誘注："挃，擣也。"仍釋為擣。又說寺為"郆"之省，引《左傳》襄公十八年杜預注："平陰西有郆山"，以為即此處。因釋此句為"驕羌以偏師力，擣郆山"。唐蘭曰："侄……當與《說文》之塈字義同，'塈，怠戾也。'或作怪，《廣雅·釋詁》'很也'，皆勇很之意也。寺，是也。力，勤也。武侄寺力猶《詩·烝民》云'威儀是力'矣。"徐中舒曰："侄與致同，至也。武致，武之至也。武之至曰武致，猶文之致曰文致，工之至曰工致，堅之致曰堅致，……皆成語也。"吳闓生曰："侄驚同字，寺即峙。"于省吾曰："武侄猶言武驚……武驚恃力，言恃其武勇之力也。"容先生曰："侄假為窒，《論語·陽貨》：'惡果敢而窒者'。"按：于說較佳。

（11）嘉，劉節曰："即嘉之繁文"。《說文》："嘉，疾言也。"是嘉有迅速之義。敚，《說文》："強取也。《周書》曰：'敚攘矯虔。'"按：今《尚書·呂刑》敚作奪，乃假借字。楚京，劉節引繆鉞曰："楚京即楚邱，《爾雅·釋地》：'邱之高大者曰京'。"郭沫若以為楚、京乃二地，楚是楚邱，京即景山。吳其昌、楊樹達則說楚京為楚之京都。吳闓生則以為："楚京，楚國高原之地。"按：楚京，地名，其地當屬齊國。

（12）三個"于"字均為表示被動的介詞。令即命，命于晉公者，受賜命于晉公也。命有賜義，康鼎："命汝幽黃鋚革"，獻簋："朕辟天子穆伯令厥臣獻金車”。白川靜則解作“命服”。䀉，一器作卲，即經典之昭。

（13）則字金文多作“鼎刂”，从刀从鼎，會意，謂刻銘於鼎也。郭沫若曰：“讀若載。”意近。

（14）咸字各器泐，惟加拿大溫達略古物館所藏一具，存上半，據補。咸，同也。剌同烈。“武文”，唐、劉二氏以為是指晉的先祖，郭氏則以為此乃“作器者自為懿美之辭”。似以郭說較佳。

（15）枼通世，《說文》：“三十年為一世”。獻簋：“十枼不諲”，世字與本銘同。陳侯午錞：“永壴毋忘”，陳侯因資錞：“壴萬子孫”，世字皆从立。

〔參考文獻〕

1．劉節：《驫氏編鐘考》，國立北平圖書館館刊 5 卷 6 號 35 頁（1931），《古史考存》86 頁再錄。

2．吳其昌：《驫羌鐘補考》，國立北平圖書館館刊 5 卷 6 號 43 頁（1931）。

3．羅振玉：《貞松堂集古遺文・補遺》上 1（1931）。

4．唐蘭：《屭羌鐘考醳》，國立北平圖書館館刊 6 卷 1 號 83 頁（1932）。

5．劉節：《跋屭羌鐘考釋》，國立北平圖書館館刊 6 卷 1 號 89 頁（1932）。

6．徐中舒：《屭氏編鐘圖釋》（北京 1932）。

7．郭沫若：《屭芍鐘銘考釋》，《金文叢考》4. 240 頁（1932）；1958 年改編本 362 頁再錄。

8．顧子剛：《韓君墓發現畧記》，國立北平圖書館館刊 7 卷 1 號 145 頁（1933）。

9．劉節：《答懷主教書——論屭氏鐘出土處沿革》，國立北平圖書館館刊 7 卷 1 號 151 頁（1933）。

10．郭沫若：《嗣子壺》，《古代銘刻彙考》2 冊 29 頁（1933）；改編本《金文叢考》再錄。

11．吳闓生：《吉金文錄》卷 2，12 頁（1933）。

12．于省吾：《雙劍誃吉金文選》上 1，12 頁（1933）。

13. 羅振玉:《貞松堂集古遺文·續編》上1—8頁（1934）。

14. 劉體智:《善齋吉金錄》卷1,24—35頁（1934）。

15. 懷履光:《洛陽故城古墓考》（W. C. White, Tombs of Old Lo-yang）（1934）

16. 郭沫若:《驫氏鐘補遺》,《古代銘刻彙考·續編》31頁（1934）;1958年改編本《金文叢考》418頁再錄。

17. 又:《兩周金文辭大系圖錄考釋》錄編277—278頁,考釋234頁（1958年重印本）。

18. 劉體智:《小校經閣金文拓本》卷1.53—56頁（1935）。

19. 溫廷敬:《驫羌鐘銘釋》,中山大學史學專刊1卷1期195頁（1935）。

20. 高本漢:《驫羌鐘之年代》,考古社刊4期281頁（劉叔揚譯1936, B. Karlgren, On the date of the Piao-bells, BMFEA. No. 6. 1934 Stockholm）

21. 容庚:《善齋彝器圖錄》1—4（1936）

22. 徐乃昌：《安徽通志金石古物考稿》卷1.1—2頁；卷18.1—2頁（1936）。

23. 梅原末治:《洛陽金村古墓聚英》（1936）。

24. 黃濬:《尊古齋所見吉金圖初集》卷1.3頁（1936）。

25. 張維華：《齊長城考》,禹貢半月刊7卷1、2、3期合刊121頁（1937）。

26. 童書業:《書簡》（附於上文之末）。

27. 羅振玉:《三代吉金文存》1,32—34頁（1937）。

28. 唐蘭:《智君子鑑考》,輔仁學誌7卷1、2期合刊101頁（1938）。

29. 容庚:《商周彝器通考》上冊500頁（19）,（18）;附圖961、960（1941）。

30. 唐蘭：《洛陽金村古墓為東周墓非韓墓考》,大公報文史週刊2期（1946.10.23）。

31. 楊寬：《驫羌鐘的製作年代》,（上海）中央日報文物週刊4期

（1946.10）。

32. 唐蘭：《關於洛陽金村古墓答楊寬先生》，大公報文史週刊 9 期（1946.12.11）。

33. 陳夢家：《六國紀年》48，68 頁（1955）。

34. 董作賓：《沁陽玉簡》，大陸雜誌 10 卷 4 期（1955）。

35. 容庚、張維持：《殷周青銅器通論》75 頁（3），附圖 297；99 頁插圖 24（1958）。

36. 楊樹達：《積微居金文說》161 頁（1959）。

37. 白川靜：《驫羌鐘銘文考釋》上、下，立命館文學 164.1—28 頁；165.25—48 頁（1959）。

38. 梅原末治：《日本蒐儲支那古銅精華》5.423—428（1959~1962）。

39. 平凡社：《書道全集》110（1965）。

40. 林巳奈夫：《中國青銅時代的武器》585—594 頁（1972）。

41. 白川靜：《金文通釋》204，白鶴美術館誌 36 輯 141 頁（1971.12）。

42. 巴納、張光裕：《中日歐美澳紐所見所拓所摹金文彙編》3 冊 180—182 頁（1978，附有巴納摹本）。

43. 陳連慶：《驫羌鐘銘"征秦迮齊"新釋》，吉林師大學報 1979 年 3 期 76 頁。

44. 劉翔、劉蜀永：《驫羌鐘銘——我國目前最早和唯一記載長城歷史的金文》，考古與文物 1982 年 2 期 50 頁。

45. 李學勤：《東周與秦代文明》27 頁（北京，文物出版社 1984.6）。

46. 朱德熙：《關於驫羌鐘銘文的斷句問題》，中國語言學報第 2 期 55 頁（1985.5）。

鼍羌鐘銘文摹本

（集五鐘之銘文而成）

（原載《古文字研究》第 19 輯，中華書局 1992 年）

毛公鼎銘今譯

道光末年，毛公鼎出土於陝西岐山。鮑康《觀古閣續續稿》謂："咸豐二年，估人蘇億年載以入都，時陳介祺供職詞垣，以重資購藏，秘不示人。"按：咸豐二年乃公元1852年，是年五月十一日，陳氏曾手題毛公鼎釋文一紙（《文物》1964年4期58頁），後記中有"審釋並記"之語，是得鼎之時當在此年。陳氏曾孫陳育丞《簠齋軼事》云："（鼎）歸簠齋後，深有'懷璧'之懼，秘不示人，僅倩陳畯為拓十餘紙，除自考釋外，並分寄吳式芬、徐同柏兩人，請其考釋，……簠齋自撰之《周毛公厝鼎考釋》亦徵引兩家之說融會而貫通之，藏稿於家，雖至交如吳大澂亦未曾一告。""終簠齋之世，無人得見此器。"（《文物》1994年4期）所以吳大澂說："拓本至不易得，尤為可寶。"（《愙齋集古錄》4·11）陳氏死後，其子以萬金質於端方，宣統元年（1909）《陶齋吉金續錄》尚未收入，知此鼎歸於端方當在1909年以後。李棪曰："宣統年間，端方從陳氏後人購得之，歿後，存物多散，端夫人曾致函廉泉，托售此鼎，索價三萬金，迄未成議。端夫人尋謝世，家人將此鼎抵押於天津道勝銀行，又歷數年，適逢葉恭綽丈五十壽辰，交通部津浦鐵路同人集資三萬元，贖出之為葉氏壽……抗戰末期，此鼎歸賈人陳詠仁，勝利後，詠仁獻之政府，撥交中央博物院收藏。"（《金文選讀》第一輯序論51頁）譚旦冏《毛公鼎之經歷》（董作賓《毛公鼎》附錄一）也有類似記載。

毛公鼎銘四百九十七字，是傳世銅器中字數最多的一件，由於銘長字多，歷來的金文研究家都很重視這件銅器。吳大澂曰："自宋以來，金石家所收古器，無此典重命辭，齊鐘、曶鼎、頌敦、虢盤，均不足與相埒。"（《愙齋集古錄》）孫詒讓也以"西周遺文，淵懿純雅，蓋文侯之命之亞"相許（《古籀拾遺》附）。

箸文考釋者，有徐同柏、方濬益、吳式芬、孫詒讓、吳大澂、劉心源、王國維、商承祚、吳寶煒、林泰輔、郭沫若、容庚、吳闓生、于省吾、陶北溟、楊樹達諸家。綜觀各家之說，當以王、郭二氏所得獨多，郭氏在時代的斷定和銘文通讀上，創見尤多。而容庚先生爰綜眾說，別為《集釋》，詳出土之時地，評諸書之得失，引經籍以比勘，譯彝銘為今語，自是集大成之作，惜稿未刊行。至於他人，王國維曰："明經（徐同柏）首釋是器，有鑿空之功，閣學（吳式芬）矜慎，比部（孫詒讓）閎通，中丞（吳大澂）於古文字尤有懸解，於是此器文字，可讀者十八九。"（《毛公鼎考釋序》）郭沫若曰："《王釋》後出，自能綜集眾美而緯以新知，……王於劉摅之不論，緣劉所得本自有限，其說解每病支離，且時不免抄襲也。然於此器亦間有一、二字釋得其當者。"（《毛公鼎之年代》）容先生曰："方濬益得潘祖蔭覆刻本，命其子臻傑為釋文，自為考證，無甚新得，書未印行，世人鮮得寓目。"（《毛公鼎集釋》稿本）吳寶煒之書印行於1930年，徵引僅吳大澂一家之說，所附釋正十二字義，實如容師所說："十九訛舛，其荒陋視劉氏殆有過之。"（《集釋》稿本）日人林泰輔《毛公鼎銘考》，大多沿襲徐、孫、二吳（式芬、大澂）成業，間下新義，亦多未安。陶北溟之文刊行於1939年，詮釋取前人之說甚多，然皆未言明；近人新作，似未曾一瞥，釋文斷句不妥、釋字未安之處亦頗多。其他各家，大抵皆綜合前人之說而各抒己見，亦間有所獲。

由於此鼎未記年月，所以器屬何王，考釋者頗多推測，綜合起來，有如下幾種：

1. 徐同柏首倡成王說。他以為銘文中的毛公厝即《逸周書·克殷解》、《史記·周本紀》"毛叔鄭奉明水"的毛叔鄭，以晉文侯名仇字義和推之，鄭為毛公之名而厝乃其字。吳大澂曰："是鼎言文武言先王，知為成王冊命之辭，《詩·伐木》傳：'天子謂同姓諸侯、諸侯謂同姓大夫曰父。'左氏《傳》：'魯、衛、毛聃，文之昭也，'，毛公為武王之弟，故成王稱父。"（《愙齋集古錄》）吳寶煒、林泰輔從其說，吳其昌亦祖之甚堅。方濬益曰："詳繹全文，凡載王曰者五，大抵追述先王始封毛公及毛公為政事恐懼交儆之意，反覆詳盡，溢於言辭，猶有成康遺烈。"（《綴遺齋彝器款識考釋》稿本）則統言成康而已。

2. 孫詒讓因"銘文不著年月，以文義推之，疑昭王、穆王時器。"（《籀高述林》卷七）

3. 日人新城新藏因"銘文無曆日之記載，其製作年代不能有明確之推算"，故"注意銘文中有爰、歲二字，由此欲論斷此銘文當是春秋或春秋以後之物。"他說："銘文之文字分明乃步與戌合成之歲字……乃'由戌月至戌月一歲為一年之意'，字當作於春秋中葉，殆亦無可疑。……爰或作鍰，亦或作鋝，其為貨幣之單位行於何時，有小島氏之研究，……准其所言，其事似必在春秋中葉以後。"（轉引郭沫若《毛公鼎之年代》）

4. 郭沫若反駁上述各家之說後，獨申其宣、平時代之說，最後的取決則為宣王。其論證於《毛公鼎之年代》一文中述之甚詳，而後在《兩周金文辭大系考釋》中撮述為如下五點：①器之花紋形制與訇攸从鼎如出一範，知相去必不遠；②文之佈置氣調與《文侯之命》絕類，不得在恭懿以前；③文之時代背景離周初已遠，稱文武之臣為"先正"，當四方大亂之際（"䎽：四方，大縱不靜"），且新有亡國之禍（"乃唯是喪我國"），用知不屬於宣必屬於平；④器出關中，不得在宣幽以後，與平不合；⑤時王英邁，振作有為，大有撥亂反正之志，與宣王中興氣象相符。因此"斷定此器必屬於宣世。"

5. 唐蘭在肯定"郭先生提出'器之花紋、形制與訇攸从鼎如出一範'確是推翻成王說最有力的證據"以後，接著說："但訇攸从鼎是厲王時代的銅器，所以說毛公鼎是宣王時不如說是厲王時更為適當。"因為，①"宣王接位於共和之後，離開厲王奔彘已經十四年，那時天下並沒有大亂，說這番話（按指鼎銘"䎽：四方，大縱不靜"等語）是沒有理由的。"②"從歷史事實來說，四方大亂，王國將亡，是夷王末年和厲王初年的情況，'時王英邁，振作有為，大有撥亂反正之志'也應該是厲王而不是宣王。"③"從文字書法來看，毛公鼎也比宣王時的召伯虎簋、兮伯吉父簋（按：即兮甲盤，簋乃盤之誤）、虢季子白盤等可以作為時代標準的銘文，顯然要早得多。"（《青銅器圖釋》敘言）

李棪曰："茲以二十年前岐山出土禹鼎有'嗚呼哀哉，天降大喪於四國'之語，而師訇簋與此毛公鼎，亦有'哀哉今日天疾畏降喪'及'䚷：四方大從不靜'、'迺唯是喪我國'之辭，語意相類，疑屬同時。按師訇簋紀'元年三月'，意者時王初立，值四方亂作，瀕於喪國之象，惟厲王足以當之；而宣王即位於共和之後，離厲王奔彘，已歷十四年，郭說'中興氣象'，與鼎銘事實，尚有可商之處。惟郭氏謂此鼎之花紋形制與䚷攸从鼎如出一範，乃所著《兩周金文辭大系》，則列䚷攸比鼎於厲王之世，前後矛盾。故予改訂各說，以此鼎屬之厲王。"（《金文選讀·第一輯·序論》36 頁）

6. 日人白川靜以為，銘文"旻天疾威……雖我邦小大猷，毋折緘"，是指厲王奔彘，太子攝位，共和之時，他說："文以小大猷命之，此任執政之事。則毛公、師詢前後各執政者也。而當此時，召伯宰琱生之屬，亦預政焉。是共和之時參政之人多矣，非一師和父而已也。"（《集刊》三六本上冊 155—156 頁）

綜觀上述各說，定毛公鼎為西周初年成、康、昭、穆時器，顯然是不正確的，以為春秋時器，也不可信，新城新藏所說的歲爰二字，甲骨文中已有"歲"字，多用為祭名，間亦有用為年歲字者。金文如舀鼎、甫人盨皆西周時物，銘文中的歲都用為年歲字。爰字乃孚之誤。禽簋記王伐楚侯，周公、禽（伯禽）皆見於銘文中，當為成王時器，亦有"易金百孚"之語。由此可知，二字均不當造於春秋以後。從毛公鼎的器形和花紋看，蹄足素腹，口飾一道粗疏之雙環紋，這顯然是西周晚期流行的形制，但到底器屬厲王呢，還是宣王、共和？從上面的論述看，器屬厲王時代，似較可信。

釋文

王若曰："父厝！丕顯文武，皇天引①厭厥德，配我有周。膺受大命，率懷不廷方②，亡不閈于文武耿光③。唯天咠集厥命④，亦唯先正襄辥厥辟，奡堇大命⑤。緯皇天亡䛬⑥，臨保我有周，不巩⑦先王配命。㽯天疾畏⑧，司余小子弗彶，邦咠害吉⑨？䚋䚋四方，大從不靜，烏虖！趩余小子圂湛于囏⑩，永巩先王⑪。"

王曰："父厝！今余唯肇巠先王命，命女辥我邦我家內外，憃于小大政，嚲朕立，虩許上下若否，雩四方死毋童⑫，余一人才立，引唯乃智。余非庸又

---

① 引字舊釋弘，于豪亮據帛書釋作引。
② 率懷不廷方　劉節曰："《大雅·常武》'徐方來庭'毛傳：'來王庭也'。庭同廷，不廷方即不來王庭的方國。《左傳》隱公十年：'鄭莊公以王命討不庭，不貪其土，以勞王爵，正之體也。'討不庭即討不來王庭的方國。"（《古代成語分析舉例》見《古史考存》358頁）
③ 亡不閈于文武耿光　按：閈字各家考釋頗有分歧。《說文》："閈，門也，从門干聲，汝南平輿里門曰閈。"《廣韻》："閈，里也居也，垣也。"于省吾曰："此言域也，限也，言無不限於文武光明普及之內。"（《雙劍誃吉金文選》）于說較優。
④ 咠，从由日聲，郭沫若於本銘二咠字均讀為將。
⑤ 奡堇（勤）大命　奡（𤔔）字，王國維謂"象兩手奉爵形"（《毛公鼎銘考釋》），甚是。楊樹達釋昏、假為熏。郭沫若初釋勞、後據師克盨銘改釋作奉，于省吾以為乃爵之繁文（《文物》1962年11期56頁）。按：字確如王氏所說像兩手奉爵形，考其義，則以郭說"即古奉字"為優。師克盨銘𤔔字所从之曰，不是"凡"字，此當如于氏所說是奡上覆巾之冪。雙手奉爵（有冪或無冪）其義為"奉"是可以說得通的。如果一定要說是爵的繁文，"爵勤大命"頗費解。
⑥ 緯，經典作肆，故也。亡䛬即無斁。
⑦ 孫詒讓讀作"丕鞏"。
⑧ 即"憝天疾威"，經典亦作"旻天疾威"。
⑨ 司通嗣，彶同及，害通曷。
⑩ 趩即蹶之省，讀為恐懼之懼。郭沫若曰："圂湛乃聯綿字，猶言陷溺也。"
⑪ 巩，徐同柏讀為恐，吳闓生曰："永為先王之恐憂也。"
⑫ 毋童，舊多讀作毋動。

辭，女毋敢妄寧，虔夙夕惠我一人，雝我邦小大猷，毋折緘①，告余先王若德。用印邵皇天，䵼圝大命②，康能四國，俗我弗作先王憂。"

王曰："父𧛤！雩之，庶出入事于外，尃命尃政，埶小大楚賦③，無唯正辭，引其唯王智，迺唯是喪我國。厤自今，出入尃命于外，厥非先告父𧛤，父𧛤舍命，毋又敢叀尃命于外。"

王曰："父𧛤！今余唯䵼先王命，命女亟一方，弘我邦我家。毋雖于政，勿離律庶民，貯，毋敢龏櫜，龏櫜迺歔鰥寡，善效乃友正④，毋敢洶于酉，女毋敢豕，在乃服，圝夙夕敬念王畏不賜。女毋弗帥用先王作明井，俗女弗以乃辟圅于艱。"

王曰："父𧛤！已曰及茲卿事寮，大史寮，于父即尹。命女𤔲嗣公族，雩參有嗣、小子、師氏、虎臣、雩朕褻事。以乃族干吾王身。取賸卅寽，易女秬鬯一卣。䵼圭瓛寶⑤。朱黻恩黃、玉環、玉琮、金車、𦅅緢較、朱䩐回䩊、虎

---

① 于省吾曰："《家語》'賢君忠士折口'，注：'折口，杜口。'毋折緘謂毋閉口不言也。"
② 楊樹達謂，此"猶《書·盤庚篇》之言'恪謹天命'"。
③ 容庚先生曰："《漢書·司馬相如傳》注，'蓺讀與藝同，字亦作槸。'是蓺槸可通假。"《廣雅·釋詁》："槸，法也。"本銘之埶，義為制定。楚賦，孫詒讓讀作胥賦。按：《周禮·地官》序官胥，鄭注："胥及肆長，市中給繇役者。"
④ 《說文》"教，上所施下所效也。"引古文作敩。按：爻、交意同聲近，是教、效古本一字，後以教專指上所施，而效則用為下所效。本銘之效，義當如教。王國維曰："效，教也。"
⑤ 䵼圭瓛寶：䵼字王國維、郭沫若均讀為祼（王說見《觀堂集林》別集，釋宥）。按《說文》："祼，灌祭也。"《考工記》玉人："祼圭尺有二寸，有瓚，以祀廟。"鄭注："祼謂始獻酌奠也，瓚如盤，其柄用圭，有流前注。"據此，可知圭瓚是相互配合祭祀之物，史獸鼎"尹賞史獸䵼"，末字羅振玉釋勞，吳闓生、劉體智從之；柯昌濟、楊樹達釋昏；陳夢家釋瓛皆有可商。字乃圭瓚之瓚的象形字，上象其流，中為其柄，下則如盤、从又持之也。本銘之䵼，鄂侯馭方鼎之䵼，所从之䵼、䵼，皆䵼之異而其形略訛者，字从⺁（冂），从䵼，示人以雙手奉圭瓚，其義當如祼。瓛郭沫若釋瓶，讀作瓛，《說文》："瓛，桓圭，公所執。"

宦熏裏、右厄①、畫轉、畫鞃、金甬、錯衡、金踵、金豪、囗囗、金簟弼②、魚葡、馬四匹、攸勒、金巤、金雁、朱旂二鈴。易女茲芥，用歲用征。"

毛公䍃對揚天子皇休，用作障鼎，子=孫=永寶用。

今譯

王這樣說："父䍃！偉大而顯赫的文王、武王，皇天很滿意他們的德行，因此才配給我們周邦。身受重大的使命，統率懷柔不來朝見的方國，這些國家無不在文、武的光輝普照之下。由於上天將他的使命都集中在文王武王身上，也由於從前的大臣能輔助他們的君主，為這個重大的使命而辛勤地工作，因此皇天才不厭棄，照顧和保佑我們的邦國，因而大大地鞏固了先王所享有的天命。上天的威力是可怕的，繼承先王大業的我這個小子，如果不能像先王那樣，邦國怎麼會好呢？紛亂的四方，動蕩而不安寧。哎呀！真害怕我這個小子陷溺在艱難之中，永遠使先王擔憂。"

王說："父䍃！如今我效法先王，命令你輔治我的邦國。我的家族，裏裏外外，管理好一切小大的政事，保衛我的王位，肩負起全國上下的順逆，使四方永遠不會暴動。我一人身居王位，深靠你的聰明才智。我不是昏庸的人，你不要荒廢安逸，要朝夕虔誠順著我一人，和協國家的小大計謀，告訴我先王的美德，不要閉口不言。這樣才能體念天心，敬重天命，安撫四國，使先王不致為我憂慮。"

王說："父䍃！從前的百官出使於外，傳播命令，頒佈政見，法定各種繇役賦稅，不管正確與否，一切皆唯王意是從，這樣只有使我們亡國。從今以後，凡傳佈王命到外面去，一定要先告知父䍃，父䍃同意後由他簽發命令才去

---

① 右厄之厄即軛，車衡上叉馬頸者。錄伯㦰簋作金厄，前人於此右字皆無說。按：右與佑通，導也，軛叉馬頸，為車之前導，故稱右軛。

② 金簟弼：簟弼，舊多以為即《詩·大雅·韓奕》之簟笰，鄭箋："簟笰，漆簟以為車蔽，今之藩也。"唐蘭先生以為乃銅弓柲是在弛弓時縛在弓裏以防弓體損傷的器物。（《弓形器銅弓柲用途考》載《考古》1973年第3期178頁）

執行，否則不得擅自傳達。"

王說："父厝！如今我重申先王之命，命令你管理一方，發揚光大我的邦國和家族。對於政事，你不要懈怠，也不要壅塞民意，有累庶民。徵收賦稅，不得私充囊橐，這樣做是對鰥寡的侮辱。要好好地教導你的僚屬，不要酗酒。你要忠於職守，不要墮落，早晚都要敬念王的權威不可改變。你不要不遵循先王制定的英明制度，想你不會使你的君主陷於困難之中。"

王說："父厝！已告訴那些卿士、太史和他們的僚屬，你就是他們的官長。命令你管理公族，三有司、小子、師氏、虎臣與我身邊侍禦的臣工，用你的族人來保衛我的安全。取瓚三十鋝給你，還賜給你祭祀用的盛有香酒的卣和瓚圭寶物，朱色的祭服，配有青蔥的大帶，還有玉環和玉琮，賜給你金車一輛，飾有紋繢的覆較，朱革做的靷和鞃，淺絳色裏子的虎皮輿蓋，還有車軶、畫轉、畫鞗、金甬、錯衡、金踵、金枑、□□，金色的弓柲、魚皮做的箭葡等。賜給你馬四匹，附有鑾頭、金嚼、金膺等馬飾，另外還有上懸二鈴的朱色旂幟。賞給你這些賜品，用於歲祭，用於征行。"

毛公厝為了答謝稱揚天子隆重的恩賜，因此鑄鼎作為紀念，子子孫孫永遠寶用。

參考文獻：

[1] 徐同柏：《從古堂款識學》卷16，第8頁。

[2] 吳式芬：《攈古錄金文》卷三之一，第51頁。

[3] 陳介祺：《毛公鼎釋文》，《文物》1964年4期第58頁；《毛公厝鼎釋文》手稿，現藏文物博物館。

[4] 方濬益：《綴遺齋彝器款識考釋》稿本。

[5] 孫詒讓：《古籀餘論》附，《籀高述林》卷七（癸卯重訂本）。

[6] 吳大澂：《愙齋集古錄》卷4，第2頁，又原稿見《愙齋集古錄釋文賸稿》上，第20頁。

[7] 劉心源：《奇觚室吉金文述》卷2，第41頁。

［8］王國維：《毛公鼎考釋》，《廣倉學宭叢書》第一集；
《毛公鼎跋》，《觀堂集林》別集卷2。

［9］鄭業斆：《獨笑齋金石文考第一集》卷3，第2頁。

［10］商承祚：《毛公𧊒鼎銘釋》，中山大學1927油印本《古器物銘釋》。

［11］吳寶煒：《毛公鼎文正注》。

［12］［日］林泰輔：《毛公鼎銘考》明朝譯，中山大學語言歷史研究所週刊10集116期。

［13］郭沫若：《毛公鼎之年代》，《東方雜誌》28卷13號，《追記三則》，同上16號；《金文叢考》255頁再錄；《沫若文集》卷14，第634頁三錄。

［14］容庚：《毛公鼎集釋》稿本。

［15］吳其昌：《金文厤朔疏證》卷1，第32頁；《駁郭鼎堂先生毛公鼎之年代》，《東方雜誌》卷30，第23號，《金文厤朔疏證》卷8附再錄。

［16］吳闓生：《吉金文錄》卷1，第1頁。

［17］于省吾：《雙劍誃吉金文選》上2，第7頁。

［18］張之綱：《毛公鼎斠釋》。

［19］郭沫若：《兩周金文辭大系圖錄考釋》圖23、錄131、考釋135。

［20］溫廷敬：《毛公鼎之年代》，中山大學《史學專刊》卷1，第3期。

［21］陶北溟：《舊雲盦金文釋略、毛公鼎》，《古學叢刊》2期藝編第1頁。

［22］董作賓：《毛公鼎——考年注釋》。

［23］楊樹達：《積微居金文說》第29頁。

［24］唐蘭：《毛公鼎"朱韍、蔥衡、玉環、玉瑹"新解——駁漢人"蔥珩佩玉"說》，《光明日報》1961年5月9日。

（原載《容庚先生百年誕辰紀念文集》，廣東人民出版社1998年）

盂鼎銘文今譯

清代道光初年，傳出土於陝西岐山。或稱大盂鼎，廿三祀盂鼎等名。段紹嘉、何漢南《郿縣出土青銅器之研究》云："大盂鼎據文獻記載為岐山禮村出土。按周雨蕉宰岐山兼綰郿篆時，大小盂鼎出岐、郿交界處，後人因郿縣東李村位於岐郿縣界毗連地區，誤為岐山出土。按岐山之禮村本是李村，在岐山下，與郿縣之李村相去數十里，舊傳大小盂鼎出土之李村，實即郿縣禮村，非岐山禮村也。"① 可作參考。先後經邑紳郭氏、周廣盛、袁小午、左宗棠、潘祖蔭等收藏。1949年後，潘氏後人潘達于捐獻給政府，陳列於上海博物館，現藏北京中國歷史博物館。

鼎重153.5公斤，形制厚重雄偉，口下和足部均飾獸面紋，為西周前期的重器。郭沫若據另一小字盂鼎言"用牲禘周王、□王、成王"定本器為西周康王時器，是十分正確的，根據銘文可知，盂鼎鑄造於周康王廿三年。

銘文19行291字，鑄於鼎腹內壁，煌煌巨製，記康王命盂的內容甚詳，提供了研究周代社會多方面的資料，有很高的史料價值。加上書法凝重宏偉，故出土後一直受到許多金文研究家、歷史考古學家、書法家的高度重視。

筆者若干年前，曾作《盂鼎銘文集釋》一文，當時將所能搜集到的材料，加以排列整理，對諸家之說雖有所選擇，但自覺無甚新得，未敢問世。而今重讀是銘，受時賢啟發，因刪繁就簡，成《盂鼎銘文今譯》一文，以就正於讀者。

---

① 段紹嘉、何漢南：《郿縣出土青銅器之研究》，《人文雜誌》1957年第1期，第7頁。

[釋文]

隹（惟）九月，王才（在）宗周令（命）盂。王若曰："盂！不（丕）顯玟王，受天有大令（命），在珷王嗣玟乍（作）邦，闢厥匿，匍（敷）有四方，畯正厥（厥）民。①"在雩（于）卸（御）事，殷酉（酒）無敢酖，有髭（祡）蒸（烝）祀，② 無敢醻，古（故）天異（翼）臨，子，瀍保先王，□有四方。我聞（聞）殷述（墜）令（命），隹（惟）殷邊厌（侯）田（甸）雩（與）殷正百辟率肄于酉（酒），古（故）喪自（師）。已！女妹辰又（有）大服，余隹（惟）即朕小學（教）女（汝），③ 勿龥④余乃辟一人。今我隹（惟）即井（型）𪊨（稟）于玟王正德，若玟王令二三正。今余隹（惟）令（命）女（汝）盂𩁹（紹）榮（榮）芍（敬）雝（雝）德巠（經），⑤ 敏朝夕入讕（諫），亯（享）奔走，畏天畏（威）"。王曰："而令（命）女（汝）盂井（型）乃嗣且（祖）南公"。王曰："盂！廼𩁹（紹）夾⑥死嗣戎，敏諫罰訟，夙夕𩁹（紹）我一人䀃（烝）四方。雩我其遹省先王

---

① 畯即畯字。田畯，管理耕作努力的田官。正，治也。
② 裘錫圭釋髭（《考古》1978年第5期，頁45），甚是。曹錦炎亦釋作𧆞《商周金文選》頁14）。各家對此字隸定雖有不同，但皆讀作祡。
③ 各家大多以"女"字屬下讀，謂"小學"為王之貴冑小學。按：師嫠簋銘云："王曰：師嫠！才先王小學女，（女）敏可吏。"（《三代吉金文存》頁35）女字下有重文，故知當如是讀。楊樹達曰："學字當讀如教"。又說："在先王小教女者，《周禮·地官·師氏》云：以三德教國子，凡國之貴遊子弟學焉。"（《積微居金文說》頁91）高明亦謂"按學字古作斅，與教字相通。"（《中國古文字學通論》頁447）小，稍微。
④ 郭沫若《大系考釋》釋剋。陳夢家《斷代》釋勉。唐蘭《分代史徵》釋像，疑讀作偽。高明《通論》釋𪔳，讀作比。曹錦炎《商周金文選》釋兔。按：字當隸定作龥。中山王方壺銘云："曾亡龥夫之救"，"龥"夫即一夫，讀作匹夫。本銘"勿龥"即勿比。《論語·為政》："君子周而不比，小人比而不周。"比，勾結壞人，結黨營私之意。
⑤ 德經亦作經德，陳曼簠："肇勤經德"，《酒誥》："經德秉哲"。以德為經之意。
⑥ 紹夾亦作夾紹。禹鼎："夾紹先王"，師詢簋"用夾紹厥辟"。有輔佐之意。

受民受彊（疆）土。易（錫）女（汝）鬯一卣，禮服冖（冕）、衣、巿（韍）、舄、車、馬。易（錫）乃且（祖）南公旂，用獸（狩）。易（錫）女（汝）邦嗣（司）四白（伯），人鬲自馭（馭）至于庶人六百又五十又九夫，易（錫）尸（夷）嗣（司）王臣十又三白（伯），人鬲千又五十夫。㞢寰𩁹自氒（厥）土。"① 王曰："盂！若芍（敬）乃正，勿灋（廢）朕令。"盂用對王休，用乍（作）且（祖）南公寶鼎，隹（惟）王廿又三祀。

[今譯]

惟九月，王在宗周命盂。王這樣說："盂！偉大的顯赫的文王，從上天得到了大命。到了武王，繼承文王建立邦國，闢除其姦惡，廣有四方。統治了那裏的人民。至於管理政事，都不敢沉湎於酒，有祭祀時，也不敢喝到迷亂，所以上天監護其子，大力保護先王，廣有四方。我們聽說殷朝喪失天命，是因為殷邊界的諸侯與朝內的百官都經常酗酒，所以喪失了民眾。唉！你年幼時即承襲要職，我曾就近稍稍教導你，不要勾結壞人，對付你的君主——我一人。如今我們就要效法文王的正德，像文王那樣命令幾位執政。現在我命令你——盂繼續榮，恭敬和睦，以德作為衡量事物的準則，敏於早晚接納進諫，為祭享而奔走，畏懼上天的威嚴。"王說："啊！命令你——盂效法你的祖父南公。"王說："盂！你協助管理軍務，敏捷地整飭罰和爭訟，早晚輔佐我一人統治四方。我們將像先王那樣，領受上天賜給的人民和疆土。賜給你鬯酒一卣，頭巾、上衣、蔽膝、鞋子和車馬。賜給你的祖父南公的旂，用於狩獵。賜給你邦國有司四伯，人鬲自馭者至於庶人六百五十九名。賜給你已為王臣的夷族有司十三伯，人鬲一千零五十名，……"王說："盂！你要敬重你的職事，不要廢棄我的命令。"盂為了答謝王的休美，因此作祖父南公的寶鼎。在王廿又三年。

---

① "自厥土"上三字未詳。

［著錄和考釋］

1. 吳大澂：《恆軒所見所藏吉金錄》，光緒十一年自刻本，第9頁。

2. 徐同柏：《從古堂款識學》卷16，光緒三十二年蒙學報館影石校本，第31頁。

3. 吳式芬：《攈古錄金文》卷三之三，吳氏家刻本，第31頁。

4. 吳大澂：《愙齋集古錄》卷4，涵芬樓影印本，1930年，第12頁。

5. 方濬益：《綴遺齋彝器款識考釋》卷3，商務印書館石印本，1935年，第22頁。

6. 劉心源：《奇觚室吉金文述》卷2，光緒二十八年自寫刻本，第35頁。

7. 孫詒讓：《古籀餘論》卷3，燕京大學哈佛燕京學社石印本，1929年，第46頁。

8. 鄒　安：《周金文存》卷2，1916年，第10頁。

9. 柯昌濟：《韡華閣集古錄跋尾》乙中，餘園叢刻鉛字本，1935年，第57頁。

10. 王國維：《盂鼎銘考釋》，《國學月報》8、9、10期合刊，1927年10月。

11. 商承祚：《盂鼎銘考釋》，《古器物銘釋》，1927年，中山大學油印本。

12. 鄭業斅：《獨笑齋金石文考》卷3，燕京大學考古學社，1935年，第6頁。

13. 羅振玉：《盂鼎跋》，《遼居乙稿》，1931年，第22頁。

14. 郭沫若：《兩周金文辭大系》，科學出版社，1957年，第32頁。

15. 吳闓生：《吉金文錄》卷1，中華書局，1933年，第5頁。

16. 于省吾：《雙劍誃吉金文選》卷上2，1934年石印本，第2頁。

17. 劉體智：《小校經閣金文拓本》卷3，第41頁。

18. 朱　英：《釋妹辰》，《考古》社刊，1935年第3期，第107頁。

19. 吳其昌：《金文麻朔疏證》卷1，《武漢大學叢書》，1934年，第32頁。

20. 黃公渚：《周秦金石文選評注》第29頁。

21．郭沫若：《兩周金文辭大系圖錄考釋》，科學出版社，1958年（重印八冊合併本）圖編5，錄編18，（考釋）第33頁。

22．羅振玉：《三代吉金文存》卷4，1937年，第42—43頁。

23．容　庚：《商周彝器通考》，哈佛燕京學社，1941年，第294頁。圖45。

24．楊樹達：《積微居金文說》，科學出版社1959年，第58—62頁。

25．陳夢家：《西周銅器斷代》（三），《考古學報》1956年第1期，第93頁。

26．朱人瑞：《大盂鼎銘文"妹辰"的涵義及其源流演變》，《學術月刊》，1957年8期，第60頁，上海人民出版社。

27．平　心：《大盂鼎銘"女妹辰又大服"解》，《中華文史論叢》第五輯，第194頁。

28．上海博物館：《盂鼎　克鼎》29，上海人民美術出版社1964年。

29．高鴻縉：《大盂鼎考釋》，載《南大中文學報》1期（1962年12月）

30．上海博物館：《上海博物館藏青銅器》29，上海人民美術出版社1964年。

31．李　棪：《金文選讀》47。

32．唐　蘭：《西周青銅器銘文分代史徵》，中華書局1986年，第169頁。

33．高　明：《中國古文字學通論》，文物出版社1987年，第444頁。

34．洪家義：《金文選注繹》，江蘇教育出版社1988年，第74頁。

35．劉翔、陳抗、陳初生、董琨：《商周古文字讀本》，語文出版社1989年，第77頁。

36．曹錦炎：《商周金文選》，西泠印社1990年，第14—15頁。

37．上海博物館：《商周青銅器銘文選》62，上海人民美術出版社1964年。

38．［日］白川靜：《金文通釋》，《白鶴美術館誌》第12輯，第647頁。

39．［日］白川靜：《金文集》183、184，二玄社1964年。

40. ［日］河出書房：《定本書道全集》199。
41. ［日］平凡社：《書道全集》54、55，1965 年。
42. ［日］松丸道雄等：《中國書法選（1） 甲骨文·金文》第 47 器。

盂鼎器形

（原載香港中文大學《第三屆國際中國古文字學研討會論文集》，1997 年）

牆盤銘文今譯

1976年12月，周原考古隊在陝西扶風縣法門公社莊白大隊發掘了一座西周青銅器窖藏，共出土青銅器103件，其中74件有銘文，牆盤就是這批青銅器中銘文字數最多的一件。

牆盤銘文附在器腹底部，分兩段鑄造，18行，284字。銘文前段歷數文、武、成、康、昭、穆各王的功績，後段則是牆的歷代祖先如何臣事先王的記載。這篇銘文提供了研究西周歷史的極其珍貴的資料。

由於這座窖藏中包含了史牆一家幾代先後製作的器物，根據牆盤銘文提供的線索，將這些銅器系聯排列起來，就能為西周銅器斷代確立一個難得的標尺，這在青銅器研究和西周考古上都有重要的意義。

牆盤的斷代，有共王、穆王二說，本文採用共王說，因為銘文中提到的"天子"，顯然不是穆王而是共王。

牆盤銘文文字清晰，有好些字很難認，經過許多學者的研究，大致可以屬讀，今爰綜眾說，別作今譯，以饗讀者。

釋文

曰古文王，初敽龢于政，上帝降懿德大屏（屏），匍（敷）有上下，迨（合）受萬邦。 圉武王，遹征四方，達（撻）殷畯（畯）民，永不鞏狄虘，光伐尸（夷）童。害（憲）聖成王，左右䠛䠛剛鯀，用肇（肇）徹（徹）周邦。淵（淵）𢿛（哲）康王，分尹䆘（億）彊（疆）。弘（宏）魯邵（昭）王，廣敝楚荊（荊），隹（唯）寏南行。𦘒（祇）覭穆王，井（型）帥宇誨，蘥（緟）盌（寧）天子，（天子）圙（恪）屓（纘），文武長剌（烈），天子覍（眉）無匂，𡨄祁上下，亟獄（熙）逭慕。昊𥿈亡（無）罘（斁），上帝司夒尤保，受（授）天子貆（綰）令，厚福、豐年，方繺（蠻）亡（無）不㼚見。青（靜）幽高且（祖），才（在）敊霝（靈）處，雩武王既伐殷，敊史剌（烈）且（祖），洒來見武王，（武王）則令周公舍㝢（寓），于周卑（俾）處。甬（通）重（惠）乙且（祖），遘（弼）匹厈（厥）辟，遠猷匐（腹）心，子䆣咨（粦）明。亞且（祖）且（祖）辛，𡩽毓子孫，纂（繁）猶（髮）多整（釐），柰（齊）角𤐓（熾）光，義（宜）其竃（禋）祀。害屖文考，乙公遽逑，旱（得）屯（純）無諫，農啬（穡）戉㬱隹（唯）辟。孝各（友）史牆，夙夜不豖（墜），其日蔑曆，牆弗敢䢦（沮），對𢼸（揚）天子不（丕）顯休令（命），用乍（作）寶尊彝。剌（烈）且（祖）文考，弋竃受（授）牆爾瀰福褱（懷），猶录（祿）、黃耆、彌生。龕（堪）事厈（厥）辟，其萬年永寶用。

今譯

古代文王，開始使政事安定和諧，上帝賜給他美德和許多輔佐大臣，上下佑助，萬邦膺服。剛直強圉的武王，征伐四方，撻伐殷商，統治其民。從此不再恐懼狄的侵略，揮師討伐東方的夷人。有法度和聰明的成王，左右群臣團結親附，剛強威武，用以開始治理周邦。淵深明智的康王，董正天下億萬疆土。雄偉強大的昭王，遠征楚荊，為了貫通往南方的道路。恭敬顯赫的穆王，效法遵循先王的教誨，繼續安定天子。天子敬謹地繼承文、武綿長的功業。天子長壽，沒有患害，宣示天下，敬愛和樂而有遠謀。昊天照臨而不厭棄，上帝、后夒、尤保授予天子長命、厚福、豐年，方國蠻夷沒有不來朝見。

寧靜隱逸的高祖，在微國安居，當武王已經滅殷，微國史官列祖乃來見武王，武王命令周公給予居住土地，讓他住在岐周。通達惠愛的乙祖，輔弼其君，長以心腹之臣，勤勉而賢明。亞祖祖辛，甄育子孫，有繁多的福慶，大家齊齊整整，容光煥發，宜其禋祀。強大而平易近人的先父乙公，極其明智，德行純粹，無可指責。農田耕種收穫，管理有序，得到開闢。孝敬父母、友愛兄弟的史牆，從早到晚不敢墜失，經常受到嘉勉，牆不敢敗壞，答揚天子偉大顯赫的美命，因此鑄寶貴的彝器作為紀念。烈祖文考有很好的賜予，使牆領受你們的大福，很多的爵祿，頭髮由白轉黃，精神飽滿。服事君王，能夠勝任，其萬年永遠寶用。

參考文獻：

［1］陝西周原考古隊：《陝西扶風莊白一號西周青銅器窖藏發掘報告》，《文物》1978 年第 3 期，第 1 頁。

［2］唐蘭：《略論西周微史家族窖藏銅器群的重要意義——陝西扶風新出土牆盤銘文解釋》，《文物》1978 年第 3 期，第 19 頁。

［3］裘錫圭：《史牆盤銘解釋》，《文物》1978 年第 3 期，第 25 頁。

［4］李仲操：《史牆盤銘文試釋》，《文物》1978 年第 3 期，第 33 頁。

［5］洪家義：《牆盤銘文考釋》，《南京大學學報》（哲學社會科學）1978 年第 1 期，第 93 頁。

［6］段熙仲：《扶風出土微器牆盤初探》，《南京師院學報》（哲學社會科學）1978 年第 1 期，第 66 頁。

［7］徐中舒：《西周牆盤銘文箋釋》，《考古學報》1978 年第 2 期，第 139 頁。

［8］李學勤：《論史牆盤及其意義》，《考古學報》1978 年第 2 期，第 149 頁。

［9］黃盛璋：《西周微家族窖藏銅器群初步研究》，《社會科學戰線》1978 年第 3 期，第 194 頁。

［10］杜廼松：《史牆盤銘文幾個字詞的解釋》，《文物》1978 年第 7 期，第 67 頁。

［11］單周堯：《牆盤󰀀字試釋》，《文物》1979 年第 11 期，第 70 頁。

［12］陳世輝：《牆盤銘文解說》，《考古》1980 年第 5 期，第 433 頁。

［13］于省吾：《牆盤銘文十二解》，《古文字研究》第 5 輯，第 1 頁，中華書局 1981 年。

［14］趙誠：《牆盤銘文補釋》，《古文字研究》第 5 輯，第 7 頁。

［15］伍士謙：《微氏家族銅器群年代初探》，《古文字研究》第 5 輯，第 97 頁。

［16］于豪亮：《牆盤銘文考釋》，《古文字研究》第 7 輯，第 87 頁，中華書局 1982 年。

［17］連劭名：《史牆盤銘文研究》，《古文字研究》第 8 輯，第 31 頁，中華書局 1983 年。

［18］徐中舒主編：《殷周金文集錄》，第 195 頁，四川人民出版社 1984 年。

［19］唐蘭：《西周青銅器銘文分代史徵》，第 448 頁，中華書局 1986 年。

［20］高明：《中國古文字學通論》，第 445 頁，文物出版社 1987 年。

［21］馬承源主編：《商周青銅器銘文選》，第 225 器，文物出版社 1988 年。

［22］洪家義：《金文選注譯》，第 301 頁，江蘇教育出版社 1988 年。

［23］曹錦炎：《商周金文選》，第 93 器，西泠印社 1990 年。

牆盤器形

（原載《古文字研究》第 24 輯，中華書局 2002 年）

𠭯其三卣應先辨眞僞

𠭯其三卣傳1931年前後出土於河南安陽。李棪曰："一九三八年七月，予在北平度假，與徐鴻寶丈森玉、黃質丈賓虹、容庚教授希白、于省吾教授思泊，在黃濬百川之尊古齋茗談，時《鄴中片羽二集》方成書，群譽其鑒別之精，印刷之善。主人黃氏以二祀正月丙辰𠭯其卣拓本分贈，在座諸公，除予末學外，皆一時俊彥，而于教授更素以辨僞著稱，然對此新出之器，亦以為足資考證。于氏旋於一九四三年撰《釋䢉》一文中，引用四祀四月乙巳卣銘文之䢉字，可見其對𠭯其制器之重視矣。黃百川自言三器均出土安陽，疑是盜掘之物，黃氏所得只一器，故翌年編《鄴中片羽三集》之時，不收其他兩器云。"①

而後，李泰棻《癡庵藏金》、容庚《商周彝器通考》、于省吾《雙劍誃殷契駢枝三編》、董作賓《殷曆譜後記》、丁山《𠭯其卣三器銘文考釋》等書文均引述或考釋三卣之銘。大約是1947年，葉慈發表《一首殷商有年代可考的彝銘》（英文本）一文，② 在其《致 Asia Major 總編輯函》中，引傅樂煥轉述張政烺函謂："曩在重慶見董彥堂所引郭沫若拓片，已疑其非眞，及讀《鄴中片羽三集》及《癡庵藏金》，更覺二祀卣之為僞作，予嘗詢問估人，因知二祀卣與四祀卣運至北京時，本屬零片，銘文系由修補匠所後加，二祀卣為刀刻，他卣則加裝一塊新鑄成之圓形青銅在器之底，至於新加之片，借圈足之高度以

---

① 李棪：《晚殷𠭯其卣三器考釋》，《壽羅香林教授論文集》，香港大學中文系1970年，第53—75頁。
② 《Asia Major》新一卷一期，1947年。

支持之，四祀卣曾經目睹，並已注意到偽做者如何運用其手法。"又說："嘗見卣類達三百至四百之數，其銘文均在器蓋之內底，從無一卣，在器外底附以銘文者。""六祀卣之書體，簡直是周代早期之獨特風格，絕非殷商之器"云云。① 如果傅樂煥轉述張先生的原文不錯的話，應該說張政烺先生的觀點是非常明確的。但我至今仍未讀到張先生論述此卣之專文，反而在李學勤先生的書文中卻見提到卣係偽作或銘眞而器經修整等語。② 記得有一次開古文字學年會，有人曾向張先生請教三卣之事，張先生未作正面回答，謂視原器即知，蓋仍以為偽作也。

1973 年冬，故宮博物院擬重新開放青銅器館，唐蘭、于省吾（時在京）、顧鐵符三先生聯名邀請容庚先生赴京，商討青銅器館陳列方案，余受命陪同先生及師母北上，居故宮博物院招待所約一月餘，時隨侍唐、容二先生左右，恭聆教誨。參觀陳列之卯其三卣時，唐先生笑對容師曰："郭沫若說：'問問容庚，看他能否造得出此卣？'"我當時一頭霧水，瞠目以對，不知所云。而後得讀各家著錄與考釋，始知此卣眞偽之聚訟，早已有之。

按郭氏之設問，可謂深諳中國國情。清人與洋人均有謂毛公鼎為偽作者，長篇大論，洋洋灑灑，其言甚辯。其實像毛公鼎那樣的銘文，別說陳介祺作不出，即便當世名家，袞袞諸公，若無範本也未必作得出來，即使作出來，也一定錯漏百出，眞偽立辨。

余雖從先師研習彝銘，諷誦古籀垂三十餘年，然所見實物甚少，偶有習作，多係紙上談兵，僅作拓本之互勘而已，豈敢妄言辨偽？不過從拓本看，六祀卣文字極順眼，其他二卣，則應排除張政烺先生所提出之疑點。希望能借助先進之科技手段，作一檢測，使討論進一步深入。

（原載《故宮博物院院刊》1998 年第 4 期）

---

① 李棪：《晚殷卯其卣三器考釋》，《壽羅香林教授論文集》，萬有圖書公司 1970 年，第 53—75 頁。
② 李學勤：《評陳夢家殷墟卜辭綜述》，《考古學報》1957 年第 3 期；李學勤：《殷代地理簡論》，科學出版社 1959 年。

中山王譽鼎、壺的年代史實及其意義

河北平山縣戰國時期中山國的墓葬里，出土了許多精美的銅器，其中一鐵足大鼎、一方壺上有長篇銘文。在傳世銅器中，中山之器極為罕見，象這樣有長篇銘文的，更是前所未聞。由於器銘涉及了當時好些重大的歷史事件，提供了許多史書不載的珍貴史料，所以，釋讀並研究這兩篇銘文，對於瞭解那個時代的歷史，尤其是史書上記載不多的戰國時代中山國的歷史，具有重要的意義。

下面，本文根據銘文所提供的史料，對鑄器的年代、中山王的世系、史實和銘文語言文字的特點等作一些初步的探討，以就正於讀者。

一、鑄器的年代和中山王的世系

判斷鑄器的年代是研究這一器物及其有關問題的基礎。

中山王譽鼎、壺銘文一開始就指明了這些器是在中山王譽十四年鑄造的。可是，翻開中山的歷史一查，戰國時代，中山武公初立在公元前四一四年[1]，最後滅國在趙惠文王三年即公元前二九六年[2]。在這一百多年中，中山王譽是哪一代的中山王呢？由於史書缺乏記載，不能確定其世系，也就無法肯定這個

---

[1] 《史記·趙世家》獻侯十年"中山武公初立"。《六國年表》同。
[2] 《史記·趙世家》惠文王三年"滅中山，遷其王於膚施"。

"十四年"究竟是一百多年中的哪一年。所以，要弄清鑄器的年代，還必須通過銘文中所涉及的歷史事件去進一步考察。

鼎銘在引述燕王噲讓國於子之這一歷史事件時說："昔者，燕君子噲……猶迷惑於子之，而亡其邦，為天下戮。"① 我們知道，燕王噲讓國於子之，而後為齊所滅，王噲、太子平及相子之皆死，是在公元前三一四年②，因此，鑄器的年代不能早於這一年。

再進一步考察器銘。

壺銘（十五行）說："燕君子噲，不顧大義……而臣宗易位。"又（二十六行）說："燕故君子噲，新君子之，不用禮義，不顧逆順，故邦亡身死。"

對於燕王噲這種"不顧大義""不用禮義"而"臣宗易位"的做法，中山王䦘曾派相邦賙統率三軍去進行征伐。鼎銘（四十五行）說："今吾老賙親率三軍之眾，以征不義之邦。"這個"不義之邦"明顯是指以燕王噲和子之為首的燕國。根據歷史記載，破燕的主要是齊國，齊宣王利用燕國內亂，秦魏攻韓，楚趙救之而無暇東顧的時機，派匡章統率大軍，一舉攻下了燕國③，在破燕以後，齊國軍隊對燕國人民除了大肆殺掠以外，還"毀其宗廟，遷其重器"④。中山也利用了這一時機，出兵攻燕，在掠地攻城的同時，自然也會搶到一批青銅彝器，所以在戰爭勝利以後，中山王為了紀功慶盛，就命令他的相邦將從燕國搶來的這些良好的青銅，鑄作彝器，並在上面附以長篇銘文，記其

---

① 見鼎銘六至十二行。為了便於閱讀，引文一律用現在通行的字，至於原銘的隸定，可參看附錄的摹本和釋文。
② 《史記·燕世家》集解："徐廣曰：'《年表》云，君噲及太子、相子之皆死。'駰案：'《汲冢紀年》曰：齊人禽子之而醢其身也。'"又《燕世家·索隱》引《紀年》："子之殺公子平"。
③ 見《戰國策·燕策一》、《史記·燕世家》、《戰國策·齊策二》、《孟子·梁惠王下》。稚雛按：《燕策一》"將軍市披及百姓乃反攻太子平"一句，"將軍市披及"五字乃衍文；《燕世家》"儲將謂齊湣王"，齊湣王乃齊宣王之誤；《齊策二》"三十日而舉燕國"，據《孟子》當為"五旬"。當以五旬為是。
④ 《孟子·梁惠王下》。

事以告誡後代。從一般的情理來推測，鑄器慶功應在戰爭勝利後不久，這段時間不應超過一年以上，所以鑄器和破燕的年代基本上應該是一致的，即這批器物應鑄作於公元前314—313年。

確定了鑄器的年代，我們就可以從這一年往上推十四年從而斷定中山王譻元年是公元前327（或前326）年。再根據銘文中提到的"先祖桓王"、"邵考成王"等等，結合文獻記載，從而大致推斷出自中山武公以後到中山王譻這一段時期中山王的世系；而王譻在位的頭十四年中，史書上所提到的中山國的相就極有可能是銘文中的相邦䵽。

現在先考察文獻。根據史書的記載，戰國時代第一代中山君是中山武公，公元前414年初立為中山君，《史記·趙世家》和《六國年表》都記載了這件事。公元前408年，魏文侯派樂羊伐中山，經過三年的戰爭，終於把中山滅掉了①。魏滅中山以後，文侯命太子擊守之，趙倉唐為傅②。三年後，倉唐代表太子擊使魏時說："北蕃中山之君，有北犬晨雁，使倉唐再拜獻之"，當文侯問"擊無恙乎"時，倉唐說："臣聞諸侯不名，君既已賜敝邑，使得小國侯，君問以名，不敢對也。"③ 這完全是代表中山國君出使他國的口吻。後來，文侯召回了太子擊，改封少子摯於中山④，而伐中山的有功之臣樂羊，則封之於靈壽，所以《史記·樂毅傳》說："樂羊死，葬於靈壽，其後子孫因家焉。"《樂毅傳》接着說："中山復國，至趙武靈王時復滅中山。"至於復國的國君是誰，其後世系怎樣？這些史書中就不見記載了。

新出中山王譻鼎、壺銘文正好給我們提供了進一步考察中山復國以後世系的新線索。前面說過，中山王譻元年是公元前327（或326）年，根據鼎、壺

---

① 《戰國策·魏策一》："樂羊為魏將而攻中山"。《中山策》："樂羊為魏將，攻中山……。"《史記·甘茂列傳》甘茂曰："魏文侯令樂羊將而攻中山，三年而拔之。"
② 見《史記·魏世家》。
③ 《韓詩外傳》卷八。
④ 見上注。又《說苑》卷十二："魏文侯封太子擊於中山。三年，"舍人趙倉唐奉使於文侯，文侯"乃出少子摯封中山，而復太子擊。"

銘文可以知道，王䚓的父親是中山成王，那麼，成王在位的最後一年就應該是公元前328（或327）年了。

鼎銘（四十一行）說：'"昔者，吾先祖逗王、邵考成王，身勤社稷行四方，以憂勞邦家。"可見逗王和成王都是有所作為的君主。這裏的逗王，應該是史書上的中山桓公，《世本》說："中山武公居顧，桓公徙靈壽，為趙武靈王所滅。"前面說過，魏滅中山後，靈壽最初封之樂羊，靈壽能成為中山的國都，應是中山復國以後的事，所以徙靈壽的桓公，必然是中山的復國之君，銘文中對於"先祖逗王"的推崇與歌頌，也說明桓公對中山國有莫大的功績，非復國之君莫屬①。

綜上所述，可以看出戰國時代最初的中山君是中山武公，武公為魏所滅，而後，中山桓公復國，徙都靈壽，接著是中山成王和中山王䚓。

自從魏滅中山以後，史書中將近三十年不見有關中山的記載，直到公元前三七七年（趙敬侯十年），關於中山的記載，才又不斷見諸史籍。這說明中山復國當在這以前不久。是年，趙與中山戰於房子，次年，又戰於中人，公元前

---

① 《水經注》卷十一滱水注："桓公不恤國政，周王問太史餘曰：'今之諸侯孰先亡乎？'對曰：'天生民而令有別，所以異禽獸也。今中山淫昏康樂，逞慾無度，其先亡矣。'後二年果滅，魏文侯以封太子擊也。"《太平御覽》卷一百六十一引《十三州志》："中山武公本周之同姓，其後桓公不恤國政，晉太史餘見周王，王問之：'諸侯孰先亡？'對曰：'中山之俗以晝為夜，以臣觀之，中山其其先亡乎？'其後魏樂羊為文侯將，拔中山，封之靈壽。"稚雛按：以桓公為滅國之君，甚不可信。（一）與《世本》所記不合，《世本》明確記載桓公徙靈壽，是為趙所滅，不滅於魏；（二）銘文說桓公"身勤社稷行四方，以憂勞家邦"，與上述二書所記不合；（三）《呂氏春秋·先識覽》說："晉太史屠黍見晉之亂也，見晉公之驕而無德義也，以其圖法歸周。周威公見而問焉，曰：'天下之國孰先亡？'對曰：'晉先亡。'……居三年，晉果亡。威公又見屠黍而問焉，曰：'孰次之？'對曰：'中山次之。'威王問其故，對曰：'天生民而令有別，有別，人之義也，所異於禽獸麋鹿也。君臣上下之所以立也。中山之俗，以晝為夜，以夜繼日，男女切倚，國無休息，康樂歌謠好悲，其主弗知惡，此亡國之風也。臣故曰中山次之。'居二年，中山果亡。"劉向《說苑》也有內容相似的記載。這兩書的年代都比《水經注》早，皆未提到亡國之君是桓公。

369年（趙成侯六年）中山築長城，反映出中山在復國後逐漸強大。到了中山王𰯼即位的第五（或四）年（公元前323年），公孫衍發起了燕、趙、魏、韓、中山五國相王①，雖然齊國反對中山稱王，但是經過張登的多方活動，燕、趙、魏等"俱輔中山而使其王"②，所以中山正式稱王應在此時（公元前323年）。銘文中的趄王和成王，都應該是出於追認，當然也可能當他們在世的時候，中山已私自稱王了，但沒有得到各諸侯國的承認，所以在史書上還是寫作"中山桓公"，並不叫做"趄王"。

中山王𰯼稱王的時候，相中山的是"藍諸君"③，此人曾出使過趙國，"趙劫之求地"，他"攻關而出逃"④，這和銘文中所記載的能"竭志盡忠"、"不二其心"，"親率三軍之衆，以征不義之邦"的相邦朋性格十分相似，在這一特定的歷史事件中，在沒有發現新的材料以前，我們只能相信銘文中的相邦朋，就是史書上相中山的藍諸君了。

二、銘文提供的新史料及其價值

中山是個小國，由於地處燕、趙、齊之間，地理位置頗重要，而且一度稱王，在大國爭霸的戰國時期，周旋於各種勢力之間，攻燕伐趙，扮演了一個不

---

① 《戰國策·中山策》："犀首立五主而中山後持。"稚雛按：犀首即公孫衍。稱王的五國，除《中山策》記載的燕、趙、魏、中山四國外，還有韓國。《史記·楚世家》懷王六年："燕、韓君初稱王。"
② 《戰國策·中山策》。
③ 《戰國策·中山策》："中山與燕、趙為王，齊國閉不通中山之使……出兵以攻中山，藍諸君患之。"鮑彪注：藍諸君，"中山相也"。
④ 《戰國策·燕策二》："望諸相中山也，使趙，趙劫之求地，望諸攻關而出逃。"吳師道認為，望諸"恐即此人"（指《中山策》裏的藍諸君）。稚雛按：樂毅也號"望諸君"，見《史記·樂毅傳》。《索隱》說："《戰國策》望作藍也。"把樂毅與相中山的藍諸君混而為一是不對的。

大不小的角色。可是史書上對中山國的記載卻不多見，只有一些零星的材料，散見於各種典籍之中。中山王譻鼎、壺銘文的發現，不但提供了一些史書不載的新資料，而且使我們有可能把有關中山的零星史料串聯起來，從而對中山國的歷史，獲得進一步的瞭解，這對於戰國史的研究，無疑是很重要的。

通過銘文，我們除了對中山王的世系有了新的認識之外，還可以知道，在中山王譻十四年的時候，中山曾利用齊伐燕的時機，攻打燕國，從燕國奪得了不少的土地和城市①，這在史書上是沒有記載的。銘文還證實了中山被魏滅國以後，確實復國了。根據銘文與典籍印證，復國之君當為桓公，復國後徙都靈壽，最後才為趙所滅。

銘文不僅提供了研究中山歷史的新史料，在意識形態領域裏，它也提供了許多寶貴的資料。中山王譻在表揚相邦賙的時候說："天降休命於朕邦，有厥忠臣賙，克順克卑，亡不率仁"②，"仁"是孔丘提出的一個道德範疇，在銅器銘文中，這個字是第一次出現。所謂"亡不率仁"，就是沒有不遵循"仁"的意思。銘文中接着說："敬順天德，以佐右寡人，使知社稷之任，臣宗之義。"③ 所謂"義"，根據孟軻的解釋就是"人之正路"，人們按照義去做就是"行天下之大道"④，銘文中把義字都寫作"宜"，大概是認為義就是合宜的意思。中山王譻斥責燕國就是"不義之邦"，說燕王噲"不顧大義"，就是指他把王位讓給了子之，改變了宗主與人臣的尊卑關係，因而是不合宜的，所以最後"邦亡身死"。銘文不但提到"禮義"，而且還強調"舉賢使能"，壺銘最後用總結性的口吻說，古代的聖王，務在得賢，得賢就是為了得民，所以予以禮敬則賢人至，愛他們愛得深，賢人就親近你。迮斂適中，庶民就會貼貼服服。結論是"唯德服民，唯義可長"。

從銘文中出現的這些道德觀念看，中山國的統治者當時奉行的思想與儒家

---

① 參看鼎銘四十九至五十行。
② 鼎銘十七至二十行。
③ 鼎銘二十至二十三行。
④ 《孟子·離婁上》、《滕文公下》。

的說教，有一脈相承的關係，而禮賢下士，則是戰國時期普遍的風尚。

此外，銘文中有關吳、越兩國歷史的記載，雖然只有簡單的幾句話，卻極有史料價值。鼎銘（六十七行）說："昔者，吳人幷越，越人……五年覆吳，克幷之至于今。"關鍵是最後一句。它說明，中山王䥗十四年的時候，越國仍然存在。這就是說，越滅國的時間不能早於公元前314（或313）年。

史書對楚滅越的年代，有不同的記載，研究者根據不同的材料得出了不同的結論①。我們在前人研究的基礎上，曾考定楚滅越的年代在楚懷王二十到二十三年（即公元前309—前306）之間②，當時主要是根據文獻資料，現在中山王䥗鼎的出土，進一步證實了這種判斷是正確的。

弄清了楚滅越的年代，對於確定一系列出有越王劍的楚墓年代的上限，有着極其重要的意義。據報導，江陵昭固墓（望山一號）出有越王勾踐劍③，藤店一號墓出有越王州勾劍④，1975年春，我在荊州地區博物館，還看到當地出土的另一柄越王劍⑤，這柄劍與湖南長沙南門外楚墓中出土的越王劍是同一個越王所作的⑥，在長沙還出土過越王矛和越王州勾劍⑦。為什麼許多越王的用器會到楚國來呢？一種可能是贈送。確實，歷史上有過許多贈劍的故事，其中最有名的是吳季扎贈劍給徐君的事，但贈劍要等級相當，如果勾踐贈劍的話，他應當送給楚王，或者是地位相當的人。但歷史上楚、越兩國國君沒有見過

---

① 范祥雍《古本竹書紀年輯校訂補》：公元前345年；陳夢家《六國紀年》：公元前333年；楊寬《戰國史》：公元前306年。
② 《江陵昭固墓若干問題的探討》，載中山大學古文字研究室楚簡整理小組編《戰國楚簡研究》（一），油印本，1975年。又《中山大學學報》（哲學社會科學版）1977年第2期再刊。
③ 湖北省文化局文物工作隊：《湖北江陵三座楚墓出土大批重要文物》，《文物》1966年第5期。
④ 荊州地區博物館：《湖北江陵藤店一號墓發掘簡報》，《文物》1973年第3期。
⑤ 關於這柄越王劍，擬另作專文介紹。
⑥ 商承祚：《長沙古物聞見記》（卷下），金陵大學中國文化研究所1939年，第12—13頁。
⑦ 《古文物展覽圖錄》四十二頁圖七八；《長沙古物聞見記》（卷下）第13—15頁。

面，而昭固墓的規模，據郭德維同志見告，在江陵楚墓中，只能算中等偏下，遠遠夠不上楚王墓的水平。另一種可能是勾踐被吳國打敗以後，他的用劍有可能到吳國，然後轉輾入楚。這僅僅是一種猜測，這樣即使勉強解釋了勾踐這一柄劍，仍然無法解釋勾踐的子孫所作的其他的越王劍為什麼會那麼頻繁地出現在楚墓裏。還有一種可能，就是當我們考察楚、越兩國歷史的時候，發現楚惠王熊章的母親是"越女"，越王劍是否由這條渠道流入楚國的呢？這裏，首先要弄清楚所謂"越女"究竟是什麼樣的人。據《史記·楚世家》記載，楚莊王曾"左抱鄭姬，右抱越女，坐鐘鼓之間"，"日夜為樂"。這裏的鄭姬、越女，實際上屬於侍妾之類，熊章的母親也是"越女"，《史記》集解引服虔曰："昭王之妾。"可見其地位不高，故僅以"越女"呼之。在史籍記載中，如《吳越春秋》卷九雖然也記載過勾踐曾使"越女"教軍士以劍術的故事，但那段記載，神話的色彩很濃，而且這個"越女"也未必就是熊章的母親，所以她與勾踐劍之所以流入楚國沒有必然的聯繫。再說，解釋了一柄勾踐劍，對於其他的越王劍，同樣難於解釋。所以越王劍在楚墓中不斷出現，最大的可能是與楚滅越有關。越滅國以後，歷代越王的用劍落入了楚國的貴族手中，他們死後用以殉葬，只有這種說法，才能較為妥當地解釋這一切。

確定了昭固墓年代的上限，牽涉到信陽長臺關墓。過去學者們對這兩座重要楚墓年代的斷定，主要根據，一是與壽縣蔡侯墓出土的遺物作器型上的比較；二是因為出了勾踐的用劍，因而認為與勾踐在位的年代（公元前496—465年）相同或稍晚[1]。確實，勾踐鑄劍的年代，應在勾踐在位之時，但不能據此就認為出勾踐劍的楚墓，也與勾踐在位的年代相同。必須對墓葬作全面的考察。近年來，已有同志根據器物型式及其組合關係，推定"此墓的大部分隨

---

[1] 林巳奈夫：《中國殷周時代の武器》京都大學人文科學研究所1972年，附論二，第三節（2）；《中華人民共和國出土文物展》（日文）2"望山一號楚墓"。

葬器物應屬戰國中期後半。"① 我們過去定此墓的年代在公元前3世紀頭二十年內②，經過放射性碳素的測定，年代也基本相符③，現在中山王礜鼎的出土，銘文中關於吳、越關係的記載，又為昭固墓年代的斷定，增添了新的佐證。

三、語言文字的特點及其意義

中山王礜鼎、壺銘文，在語言文字上，有許多與傳世青銅器銘文不同的特點，正確地認識這些特點，能幫助我們在讀通銘文時，確切地瞭解銘文的全部含義。

（一）虛詞的使用

通讀器銘，首先引起我們注意的是，在銘文中頻繁地出現了一些銅器銘文中過去沒有見過的虛詞，如"哉"和"焉"。哉字在兩器銘文中都寫作𢆶，从𢆶，才聲，這是一個新出現的字。"焉"的出現，使我們對這個字的構成，有了新的瞭解。過去研究《說文》的人，對於許慎所說的"焉鳥，黃色。出於江淮，象形"。這一段話都不大清楚是怎麼一回事，焉鳥究竟是什麼鳥？焉字象什麼形呢？這些，連許慎自己也解釋不清楚，所以他只好引用"朋"（鳳）、"鳥"、"舄"（鵲）、"燕"四個象形字來說明焉也是象形字。許慎以後，學者們對於焉鳥究竟是什麼鳥，頗多猜測，徐灝《說文解字注箋》引鄭樵說"焉即鳶字"；又引戴侗說"白焉，雉屬，今俗書作鷗"；桂馥《說文解字義證》引"禽經"說："黃鳳謂之焉。"這些說法都缺乏根據，從中山王礜鼎、壺銘

---

① 中山大學中文系古文字研究室楚簡整理小組：《江陵昭固墓若干問題的探討》，載中山大學古文字研究室楚簡整理小組編《戰國楚簡研究》（一），油印本，1975年。又《中山大學學報》（哲學社會科學版）1977年第2期再刊。
② 黃展岳：《關於中國開始冶鐵和使用鐵器的問題》，《文物》1976年第8期第66—67頁。
③ 《考古》1977年第3期。

文焉字寫作䳡來看，奚世榦《說文校案》所說較為合理。奚說："案焉鳥疑即正也。《儀禮・大射儀》鄭玄注：'正亦鳥名，齊魯之間名題肩為正，正、鵠皆鳥之捷黠者。'《小戴禮記・月令篇》'征鳥厲疾'，鄭注：'征鳥，題肩也。'疑《禮》之正即焉之半，實非之盛切之正字，正當讀有乾切，蓋題肩急讀之即為焉也。"後來焉字借用作虛詞，它的形義就連漢代的許慎也都解釋不清楚了。通過中山王銅器的發現，使我們對這個字的形義和構成，有了進一步的瞭解。除此之外，銘文中還頻繁地出現了"於"字，除"嗚呼"寫作"於虖"外，大量地用"於"來代替從商周以來所習用的"于"字。據統計，兩器銘文中，用"於"作為介詞的共有十例，而用"于"的只有三例。這反映了戰國時期于、於混用而"於"有逐步取代"于"的趨勢。

（二）增加偏旁區別詞義

銘文中還有一個值得注意的現象，是用增加偏旁的方法來區別詞義，這反映了文字在記錄語言上逐漸趨於精密。例如鼎銘"亡不率仁"、"亡不順道"、"及三世亡不若"的亡，義與無同，寫法如字；而壺銘"邦亡身死"的亡字，則增加辵旁寫作迡，以示區別。又如"長"當讀作"長久"的長時，壺銘"唯義可長"的"長"增加糸旁寫作縩；當讀作"年長"、"長者"的"長"時，鼎銘"長為人宗"，"事少如長"的"長"，就增加立旁寫作"䛬"了。立和人有關，糸和長短可以引起聯想。

一般說來，用增加形旁區別詞義，這個形符往往和這個字所記錄的詞義有關，可是，銘文中有些字所增加的偏旁，我們卻不容易看出它究竟代表什麼意義。由於這樣的字在器銘中出現的頻率頗高，對銘文的釋讀很有影響，所以有必要深入地作一些探討。例如古和故，西周金文寫法上沒有區別。盂鼎："古天翼臨子"，古當讀作故，但仍然寫作"古"，可是壺銘在書寫古和故這兩個字時，形體卻有明顯的不同，如"古之聖王"，古寫作㕣；"燕故君子噲"、"故邦亡身死"、"故予禮敬"的故則寫作䇂。字從古，說明故是由古引申而來。根據這個道理，兩器銘文中凡七見的䇂字，也應該是由"卜"引申而來的一個虛詞。過去我把"↑"釋作"网",以為甲骨文、金文中的网字多作☒、☒、☒等形,從网的字,好些都省寫作☒、☒,本銘將其中一斜筆改成了直筆,就成為現在的形式了。《說文》网,引或體作罔,謂"罔寧"即"無寧"。在這次討論會上,好些同志指出,這是個"也"字,應屬上讀。按:↑讀作也,是正確的。但從字形來看,↑確是由"它"省變而來。兩周金文它、也二字是沒有區別的,直到小篆才分別寫作它和也,本銘的"㠪",上從↑,與故寫作㠪一樣,表明它是由"它"引申而來,這是它、也二字分化的一種過渡形式。

增加偏旁使文字在記錄語言的時候,更加準確了,這是一方面;另一方面,有些字增加了一些看不出來有什麼意義的偏旁或符號,對這些"附加符號",我們要認真辨認,具體分析,只有這樣,才能把具有某種特定意義的附加符號和起裝飾作用的偏旁區別開來,從而正確地釋讀這些文字。

(三)附加符號和裝飾性筆劃、偏旁的辨別

器銘中最常見的附加符號是在一個字的右下角加兩短橫,表示"重文"或者"合書"。前者如"其﹦隹﹦能﹦之﹦"、"穆﹦濟﹦"等,都是重文符;後者如"夫﹦"(大夫)、"寡﹦"(寡人)則是合書符號。寡人合書這種書寫形式,在銅器銘文中是第一次出現。

除了重文和合書以外,銘文中還有一些字如闢、彝、與、朕、棄等,與通常的寫法比較,字的下部多了兩短橫,我們從字形、字義、文例等各方面分析,看不出這兩短橫有什麼特別的含義。𩲃羌鐘銘"唯廿又再祀"、陳璋壺銘"陳旻再立事歲"的再字,下面也加有兩短橫,而陳喜壺銘"陳喜再立事歲"、叔夷鎛銘"敢再拜稽首"的"再",則於字下加"口"。這說明"="和"口"對於再字沒有什麼特別的含義,所以可以任作。研究金文的人,過去對於𪕭羌鐘銘文中的再字，在字形上頗多猜測①，現在通過中山王銅器的出土，證明了這種加二短橫的做法，只不過是春秋戰國時期某些地區人們的一種書寫習慣罷了，它和本銘"亡"、"古"寫作 、 ，身、夕、又（有）、為、夜、祀、冑等字旁邊加一筆" "一樣，都只能看作是起填空作用的裝飾性的筆劃。

中山王䗦鼎、壺銘文除了加這種裝飾性筆劃外，和陳喜壺、叔夷鎛一樣，也有在字的某一部位加"口"的習慣②，如壺銘"禮義"、"禮敬"的"豊"，"迮斂"的"斂"，都在字的下部增加了"口"。銘文中還把今字寫作含，如"寡人含余方壯"；"含吾老賙親率三軍之眾"；"克并之至于含"。這些"含"字，如果按照含的意義去理解，都不可通，而讀作"今"則文義皆順。當然含從今聲，假借為"今"，也可以說得過去，但甲骨文、金文"今"字頗多，卻不見"含"字，直到《說文》才有含，訓為"嗛也，从口今聲。"可見含是一個後起的字。又鼎銘"念之哉"的念字寫作 ，與金文和小篆的寫法也不相同，可見"口"作為增加的部分，可能性似乎更大一些。至於"寡人今 方壯"的 ，從字形看，當釋作舍，但釋舍在這裏講不通。《說文》余，"从八、舍省聲。"可見余、舍二字古音相同，從上下文看，本銘之舍，當讀作余，因為金文中余、舍二字用法早有區別，所以本銘之舍，就以說作余的假借字為優了。

另一種習慣是增加言旁。例如壺銘（五行）"詆燕之訛"的詆，即經典中習見的厎字，《孟子·離婁上》："舜盡事親之道而瞽瞍厎豫"，《爾雅·釋言》："厎，致也。"銘文厎字增加了言旁；又如鼎銘"作鼎"的作，寫作"詐"，這

---

① 劉節：《𪕭氏編鐘考》（《國立北平圖書館館刊》第 5 卷第 6 號）以為"从二，从商省。"吳其昌《𪕭羌鐘補考》（同上）謂"即商之變文"。徐中舒《𪕭氏編鐘圖釋》（中央研究院歷史語言研究所 1932 年）說："當即二字繁文"。吳闓生《吉金文錄》（卷 2 第 12 頁）說同。唐蘭《𪕭羌鐘考釋》（《國立北平圖書館館刊》第 6 卷第 1 號）說："當是从二从 ，再之變體也。"

② 有些"口"中間還加一短橫，寫作 ，這不是甘字，仍然是口。

在銅器銘文中是沒有先例的。如果說從上下文還能辨別出"詐鼎"就是"作鼎"的話，那麼鼎銘"方讆百里，剌城讆十"的讆，就不容易看出它是個什麼字了。可是當我們掌握了銘文的書寫者喜歡增加言旁的特點以後，先不管下面的"言"，再用會意去理解其餘的部分，我以為這個字很可能就是後來的挮字。《玉篇》："挮，測角切，音齪，同擉。又刺取也。"地方奪得了上百里，城市佔領了成十個，聯繫上下文，豈不是文從字順了嗎？

文字是記錄語言的符號體系，在一些字的某些部位，增加裝飾性的筆劃，從記錄語言的角度來看，是不可取的。至於增加偏旁，則應具體分析，它有使文字在記錄語言上趨於精密的一面，如本節第（二）項所述。但增加一些不代表一定意義的偏旁，那就不但起不到精密記錄語言的作用，反而會造成識讀上的某種混亂了。

（四）大批異體字的出現

銘文用更換形符增加表意偏旁、會意新造等方法，創造了一大批新的異體字。這些字，對照本文附錄的摹本和釋文，大部分一看就可以明白，這裏不再贅述。在此僅對其中不那麼好認的一些新造的指事會意字，作一些簡單的分析。

𠂭　壺銘（三十五行）"明𠂭之於壺"；（五行）"邵𠂭皇工"。

這是一個新造的指事字。《說文》："矢，傾頭也，从大象形。"此亦从大，下加一點指其一側，當讀為側，假作則。"明則之于壺"與驫羌鐘銘"明則之于銘"文例相同。則字金文从鼎从刀，有刻的意思，這是它的本義；壺銘（三十四行）"浞斂中則庶民服"的則用作連詞，從則字的不同用法可以看出，戰國中後期則字用作連詞已相當普遍，以致它的本義反而不為人們所注意了，所以壺銘在用則的本義時，反而用了一個假借字。過去有人將驫羌鐘銘文中的則讀為載①，文義上雖然也能說得過去，但從中山王銅器中則、載二字同時出現於一篇銘文來看，屬羌鐘銘的則，當讀則如字，義為刻，與載的意思還是有一定的差別的。

䇂　壺銘（三十八行）"載之䇂䇂"；（三十一行）"使其老䇂賞仲父"。

《說文》間，引古文作閒，可知䇂即簡字。簡下一字，從竹，從斤破半木，當為策之異體，這個字是用會意的方法新造的。

訛　壺銘（五行）"誳燕之訛，以憼嗣王。"

這個字很容易把它讀作譌。按：《說文》言部有譌無訛，經典中的訛字，如《詩·王風·兔爰》"尚寐無訛"、《小雅·無羊》"或寢或訛"，兩訛字都應該是吪的變體，《說文》引《詩》即作"尚寐無吪"，《毛傳》："吪，動也。"可見訛是一個後起的字。本銘之訛，當讀作吪。

䝁　壺銘（十七行）"臣宗䝁位"。

這是一個新造的會意字，用互相顛倒的兩個易字表示改易。而賞賜的"賜"則從貝，鼎銘（五十三行）"賜之厥命"的賜字即從貝。

總之，由於中山王響鼎、壺銘文文長字多，又可以斷出它們的確切年代，因此銘文在提供許多珍貴歷史資料的同時，它本身也給我們提供了研究當時的語言文字的極其寶貴的第一手材料，這對漢語史和戰國文字的研究，也有重要的意義。

1978 年 3 月於中山大學

---

① 見《兩周金文辭大系考釋》，日本文求堂書店 1936 年，第 238 頁。郭沫若《金文叢考》（1952 年改編本），人民出版社 1954 年，第 362 頁。

附錄

一、鼎銘釋文

1. 隹（惟）十四年，中山
2. 王䕡詐（作）鼎于銘
3. 曰："於（嗚）虖（呼）！語不發（廢）
4. 𢦏（哉），寡人聕（聞）之：'蔞（與）
5. 其汋𦨕（於）人厇（也），寧
6. 汋𦨕（於）淵。'昔者，郾（燕）
7. 君子噲（噲），覦弃夫
8. 䎸（悟），遅（長）為人宗，閈
9. 𦨕（於）天下之勿矣，
10. 猷（猶）𦎧（迷）惑𦨕（於）子之，
11. 而近（亡）其邦，為天
12. 下僇（戮），而皇才（在）𦨕（於）
13. 少（少）君虖（乎）？昔者，虐（吾）
14. 先考成王，叟弃
15. 群臣，寡人㝉埵
16. 未甬（通）智，隹（惟）俌伓
17. 氏（是）从（從）。天降休命
18. 于朕邦，又（有）毕（厥）忠
19. 臣賈，克㸤（順）克卑，
20. 亡不達仁，敬㸤（順）
21. 天悳（德），㠯（以）𦍒（佐）右寡
22. 人，速（使）智（知）社襫（稷）之
23. 賃（任），臣宗之宜（義），夙
24. 夜不解（懈）㠯諀（詳）道。
25. 寡人含（今）舍（余）方壯，

26. 智（知）天若否，侖（論）其
27. 惪（德），眚（省）其行，亡不
28. 巡（順）道，考庀（度）隹（唯）型。
29. 鈨（嗚）虖（呼），新（質）𠦪（哉）！社禝（稷）
30. 其庶虖（乎）！毕（厥）䇞（業）才（在）
31. 祇，寡人䎽（聞）之，事
32. 宰（少）女（如）䛗（長），事愚女（如）
33. 智，此易言而難
34. 行耑（也），非恁與忠，
35. 其=隹=（誰）能=之=，隹（唯）䖒（吾）
36. 老貴是克行之。
37. 鈨（嗚）虖（呼），攸𠦪！天其
38. 又（有）𡐦，于𠦪（哉）毕（厥）邦。
39. 氏（是）㠯（以）寡人䁈貢
40. 之邦而去之遊，
41. 亡䆫煬之息。昔
42. 者，䖒（吾）先祖赶王、
43. 邵考成王，身勤
44. 社禝（稷）行四方，㠯（以）
45. 惪（憂）悆（勞）邦家。含（今）䖒（吾）
46. 老貴𫵠（親）達（率）䏁（三）軍
47. 之眾，㠯（以）征不宜（義）
48. 之邦，鼓𣔻䢅（振）鐸，
49. 閈（闢）啟封疆，方數（拒）
50. 百里，刺（列）城數（拒）十，
51. 克𢾭（敵）大邦。寡人
52. 庸其惪（德），嘉其力，

53. 氏（是）目（以）賜之坙（厥）命：

54. "隹又（有）死辠（罪），及參（三）

55. 殜（世）亡不若，目（以）明

56. 其悳（德），庸其工（功）。"慮（吾）

57. 老貿奔走不聑（聽）

58. 命，寡＝（寡人）懼其忽然

59. 不可旻（得），憚＝惕＝，忎（恐）

60. 隬（隕）社禝（稷）之光，氏（是）

61. 目（以）寡＝（寡人）許之，叴忌

62. 雇夶（從），克又（有）工（功）智

63. 也），詒死辠（罪）之又（有）

64. 若，智（知）為人臣之

65. 宜（義）也。䢅（嗚）虖（呼），念（念）之

66. 𢦏（哉）！逡（後）人其庸＝，（庸）之

67. 毋忘爾邦，昔者，

68. 吳人幷雩＝（越），（越）人敓

69. 敓偯忎，五年返（覆）

70. 吳，克幷之至于

71. 含（今），爾毋大而忨，

72. 毋富而喬（驕），毋眾

73. 而囂，叟邦難新（親），

74. 戜人才（在）彷。䢅（嗚）虖（呼），

75. 念（念）之𢦏（哉）！子＝孫＝永

76. 定保之，毋立坙（厥）邦。"

二、壺銘釋文

1. 隹（惟）十四年，中山王䜌命相邦賈

2. 斁（擇）郾（燕）吉金，鈛為彝壺。節于醴齊，

3. 可灋（法）可尚。目（以）卿（饗）上帝，目（以）祀先王。

4. 穆＝濟＝，嚴敬不敢悥（怠）荒。因載（載）所美，

5. 邵夫（則）皇工（功），詆（底）郾（燕）之訛（吡），目（以）懲嗣王：

6. "隹（惟）朕皇祖文武，趄祖成考，是又（有）

7. 純（純）悳（德）遺訓（訓），目（以）陀及子孫，用隹（惟）朕

8. 所放（倣），慈孝寰惠，舉（舉）孯（賢）速（使）能，天不

9. 臭（斁）其又（有）忨（願），速（使）叟（得）孯（賢）在鼠，狌（佐）期目（以）

10. 輔相厈（厥）身，余智（知）其忠詡（信）岂（也），而漙

11. 賃之邦，氏（是）目（以）遊夕歆（飲）飤，盆又（有）窸

12. 熮。賈渴（竭）志盡忠，目（以）狌（佐）右厈（厥）閈（闢），不

13. 貳其心，受賃（任）狌（佐）邦，夙夜篚（匪）

14. 解（懈），進孯（賢）敢（措）能，亡又（有）轉息，

15. 目（以）明閈（闢）光。倘（適）雪（遭）郾（燕）君子

16. 儈（噲），不頴（顧）大宜（義），不雟者（諸）侯，

17. 而臣宗貓（易）立（位），目（內）蠽（絕）邵（召）

18. 公之纛（業），乏其先王之祭祀，

19. 外之劓（則）牕（將）速（使）岽（常）勤訅（於）天子之盾（廟），

20. 而退與者（諸）侯昝（齒）痮（長）訅（於）逾同，劓（則）岽（常）

21. 逆訅（於）天下，不忢（順）訅（於）人岂（也），寡人非

22. 之。賈曰：'為人臣而彶臣其宗，不

23. 羊（祥）莫大嘾（焉），牕（將）與臚（吾）君並立訅（於）丗（世），

24. 齿（齒）脹（長）𱃔（於）逾同，勧（則）臣不忍見𢓜（也），貫

25. 忨（願）処（從）在夫=（大夫），㠯（以）請（靖）郾（燕）疆。'氏（是）㠯（以）身蒙

26. 㚔亮，㠯（以）戕（誅）不𢘓（順）。郾（燕）𡥜（故）君子會（繪），新

27. 君子之，不用豊（禮）宜（義），不頋（顧）逆𢘓（順），𡥜（故）

28. 邦迚（亡）身死。曾亡龜夫之戕（救），述（遂）定

29. 君臣之𧧻，上下之體。休又（有）成工（功），

30. 刅（創）開（關）封疆，天子不忘其又（有）勳（勛），速（使）

31. 其老筞（策）賞中（仲）父，者（諸）侯膚賀。夫古

32. 之聖王，敄（務）才（在）旻（得）臤（賢），其即旻（得）民，𡥜（故）

33. 諄（予）豊（禮）敬勧（則）臤（賢）人至，屡愛深

34. 勧（則）臤（賢）人寏（親），复（迓）斂中勧（則）庶

35. 民僃（服）。𱃔（嗚）虖（呼）！允𰀠（哉）若言。明

36. 厷（則）之于壹而𦣞（時）觀𱳋（焉）。祗=

37. 翼（=），邵告逡（後）胾（嗣），佳（惟）逆生禍，

38. 佳（惟）𢘓（順）生福，軎（載）之箖（簡）筞（策），㠯（以）戒

39. 胾（嗣）王，佳（惟）悳（德）悳（德）𣢆（服）民，佳（惟）宜（義）可緄（長）。子之

40. 子、孫之孫其用保用亡（無）疆。"

（原載《古文字研究》第 1 輯，中華書局 1979 年）

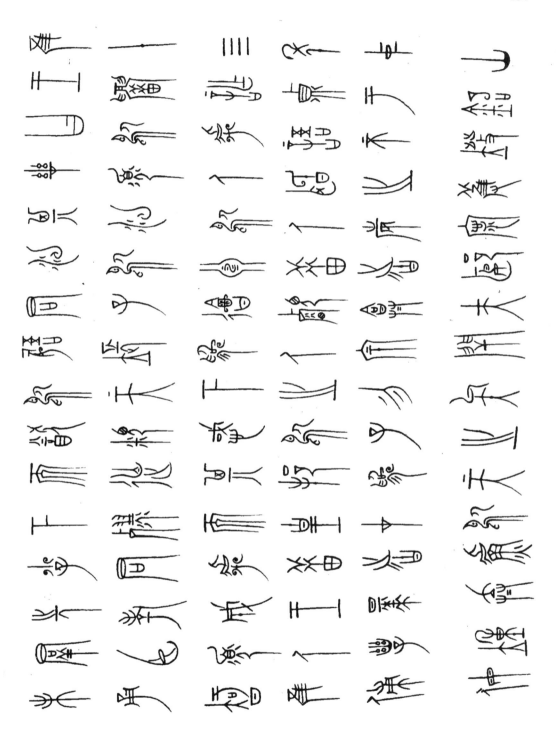

中山王譻鼎銘文摹本

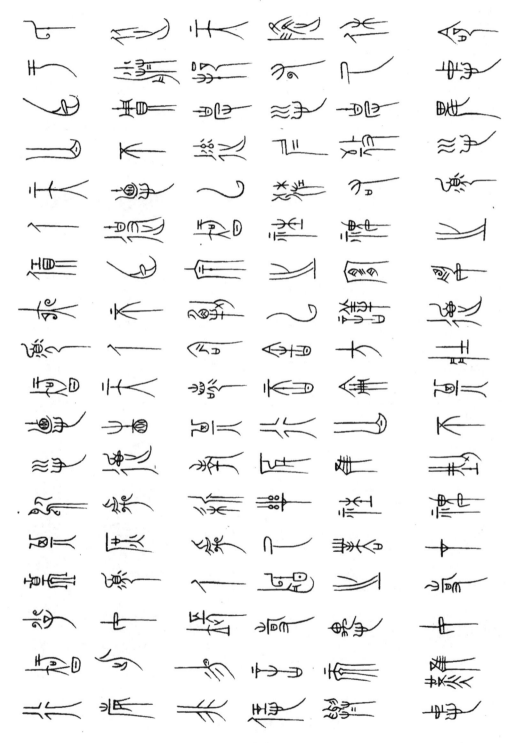

中山王䜌鼎銘文摹本

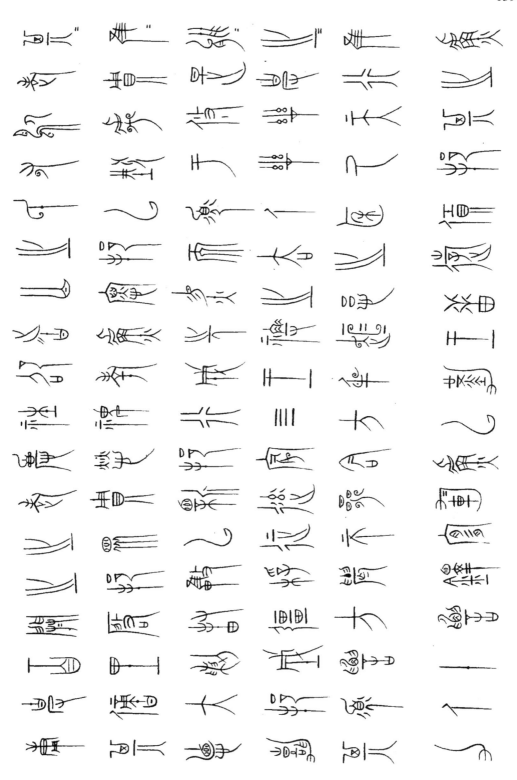

中山王譽鼎銘文摹本

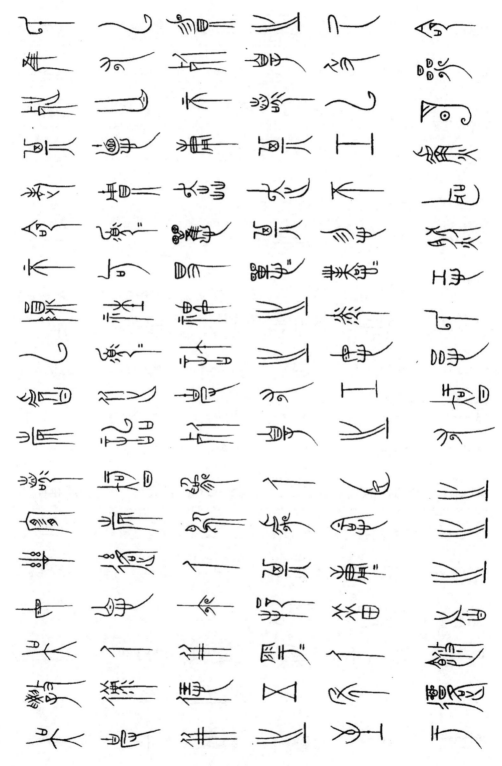

中山王響鼎銘文摹本

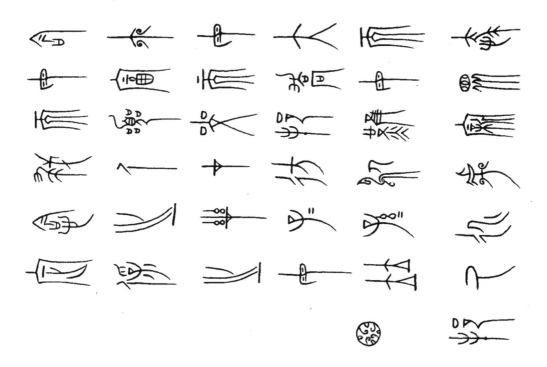

中山王䐗鼎銘文摹本

中山王𰯼方壺銘文摹本

中山王𰯼方壺銘文摹本

中山王䍩方壺銘文摹本

中山王𧊒方壺銘文摹本

中山胤嗣妘蚉圓壺銘文摹本

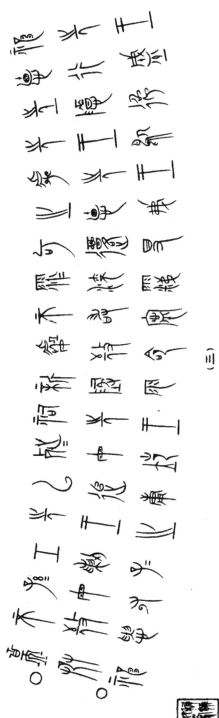

中山胤嗣妾蚉圓壺銘文摹本

金文釋讀中一些問題的商討

一、關於附加符號問題

青銅器銘文中常見的附加符號，是在一個字的右下角加兩短橫，表示"重文"或者"合書"。後者如"大夫"、"公子"、"至于"等，在金文中均已習見，可參見《金文編》卷十，十四頁；卷二，四頁；卷五，十五頁。另有"孫₌"（子孫）合書一種，由於它與孫字重文寫法相同，所以往往為研究者所忽視。這種文例，明顯的有四例，見圖1、圖3。還有一例見壽縣蔡侯墓出土的吳王光鑒，銘文的最後一句讀作"虔敬乃后孫，勿忘"是不正確的，根據鑒銘的用韻和銘文喜用四言句式，這裏當讀作"虔敬乃后，孫₌（子孫）勿忘。"上述五例，《金文編》皆未收，應補。河北省平山縣戰國中山王墓新出土的銅鼎和銅壺，銘文中又出現了"寡人"合書這種新的合書形式（圖2）。

除了"重文"和"合書"以外，金文中還有沒有別的附加符號呢？

回答是肯定的。四十多年前，郭沫若同志在初版《兩周金文辭大系》（第214頁）考釋虢仲簋銘文時說："器文之一作'十一又月'，又字作𢎑，多一橫勾，案乃古勾倒之一例。"爾後，再版、三版《兩周金文辭大系考釋》（下稱《大系考釋》）都重複了這一觀點，而且說得更加肯定："此簋凡二具，一具器文'十一又月'作'十一𢎑月'，一又二字倒，而又字多一橫鉤，此金文鉤倒之確例。"（三版《大系考釋》第181頁）

從"一例"到"確例",表明了作者立論的堅強信心,但除了這一例之外,還有沒有二例、三例,甚至更多的例證呢?從作者後來的文章中,沒有再看到對這個問題進行繼續的探討。其實,傳世的虢仲簋,共有三具,除了《大系》記載的兩件之外,還有一器,著錄於《冠斝樓吉金圖》(上33)和《三代吉金文存》(8.18第二器。下稱《三代》)。這件銅簋失蓋,所以只有一篇器銘,銘文中再次出現了"十一又月",又字上也有郭老所說的"鉤倒"符號,這是鉤倒的又一例證。

虢仲簋三器五銘,著錄是器而成書早於初版《大系》的各金文專著,提到上述這種現象的只有《貞松堂集古遺文》(后稱《貞松堂》),該書(5.33)說:"後一器十有一月訛作十一又月,古器文字往往有訛誤,此其一矣。"並沒有看出又字上附加的鉤倒符號。

四十年來,研究金文的學者們,對於郭老提出的"鉤倒"符號,大多沒有什麼反應。1963年,當我學習《三代吉金文存》時,正是由於郭老的提示,才注意到那上面的一篇匜銘,辨認出了一個新的鉤倒符號。下面談談自己學習的一些體會。

《三代》(17.33)著錄一件銅匜銘文(圖3),第二行"自作"以下,字不好認,斷句亦難。吳闓生《吉金文錄》(4.21)釋作"盨鬲",明明是和盤配合使用的匜,為什麼要叫"鬲"呢?《善齋彝器圖錄》比較審慎,寫其銘文作"自作□□其匜"(考釋27),仍然把它當作兩個字。其他著錄此器各書,附有釋文的,如《貞松堂》(10.26)、《小校經閣金文拓本》(9.62)等,也都缺而不釋。

只要我們仔細地觀察銘拓就會發現在"其匜"二字的右邊,有一彎形符號,這就是郭老所說的"鉤倒"符號。根據這一符號的揭示,將"其匜"二字顛倒來讀,釋其文為"自作□匜,其萬年無疆",整篇銘文就豁然開朗了。

句讀確定以後,根據文例,匜上一字,往往是說明這件器的用途的修飾語,如盥、沬等字,本銘匜上之字,與"盥"形體相去甚遠,不可能是盥字,應該釋作沬。魯伯愈父匜的沬字(圖4)從皿,與本銘之字下部所從,其義相同，所以這個字應當是沬字的一種異體。金文中某些字由於結體狹長，因而佔據了兩字的位置，這種情況，並不少見，甚至將一字分書為二的，也不是沒有先例（圖5）。

綜上所述，本銘當釋作"唯□肇自作沬匜，其萬年無疆，孫₌（子孫）享"。由於注意了附加的鉤倒符號，不但使全銘朗朗可讀，也辨認出了結體不同的一個新的沬字。

窀匜："孫₌永寶"
《三代》17·30·3。

叔妭簋："孫₌永寶"
《三代》8·39·2

沈兒鐘："孫₌用之"
《三代》1·50·2

圖1

中山王譽鼎

圖2

𦉢匜《善齋彝器圖錄》97

圖3

《三代》17·32·1

圖4

敢　　　肇

沈子簋《三代》9·38·1

圖5

二、鬲自銘為䚔

《文物》1965年7期載琱生鬲銘云："琱生作文考亮仲尊䚔，琱生其萬年子子孫孫永寶用享。"尊下一字，原釋从鬲从甫，又說："銘文……其右旁字跡不清。"（同刊18頁）

按：从鬲甫聲之字，《說文》引或體从釜，青銅器銘文中，自銘為釜的有子禾子釜，陳純釜等，都是齊國的量器，不管是從器形或是從用途來講，和鬲都是大不同的。

我從銘文拓本觀察，尊下之字當从鬲、辰聲，應讀作辰。青銅器銘文中，器形為鬲而自銘作辰的，尚有二器，見圖6。這三個字雖然結構不同，但都是鬲的別名，都應讀作辰。《玉篇》和《廣雅·釋器》把从鬲辰聲之字注釋作"大鼎"或"鼎"，其實是鬲。釋作鼎，可能是就其統稱而言。

琱生鬲原定位周宣王時器，我從器物的形制和花紋看，似乎放在西周中期比較合適。銘文中的琱生，如果就是五年、六年召伯虎簋的琱生，師㝨簋的宰琱生的話，那麼，從輔師㝨簋的銘文（《考古學報》1958年第2期圖版貳）可以知道，入右輔師㝨的是榮伯，而榮伯正是共王時代的人物。

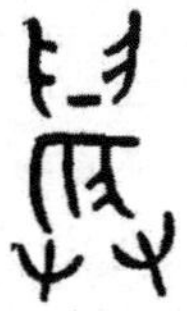

師趛鬲："尊鬶"　　　　　皇肇家鬲："鑄作鬶"　　　　琱生鬲："鬴"
《三代》4·10-11　　　　《三代》5·28　　　　《文物》1965年7期22頁圖九
　　　　　　　　　　　　　圖6

三、殺簋三議

《天津文物簡訊》第6期第13頁載一簋蓋銘拓，並有陳邦懷先生的考釋文章。這篇銘文值得注意的有三點：

（1）井伯內右者與內史尹冊易者兩字寫法不同（圖7），但根據銘文的通例，二者應是一人，不應釋為兩字。我以為釋"殺"較好，前者為其壞字，據此則當定名為殺簋。

（2）陳先生在旗字後斷句不妥。這樣很難解釋"四日"二字，陳文對此亦避而不言。我以為當在"四"字后斷句："……旗四，日用大備于五邑□□"。同樣的文例亦見師耤簋："……鑾旗五，日用事。"（《文物》1966年1期4頁）"日用事"與金文中常見的"夙夕用事"意義相同。（後按：此文斷句有誤。應在日字後斷句，"鑾旂四日"、"鑾旂五日"是指鑾旂上繪有四個太陽或五個太陽。張政烺先生說，極是。）

（3）"用事"的意思是用於職事，從文例比較中可以看出，"大備于五邑□□"相當於用事的"事"。師事簋銘文說："王呼作冊尹克冊命師事曰：'備于大左，官司豐還，左右師氏。'"（《長安張家坡西周銅器群》圖版八至十一）"備于大左"的意思是就大左之職，聯繫本銘，"大備于五邑□□"的意思也應該是就五邑□□之職，因此，"五邑□□"應是一種官職的名稱。

圖 7

四、金亢非車轄辨

《文物》1966 年 1 期載師藉簋銘云："錫女玄衣黹純、叔巿金亢，赤舄……"。金下一字原釋釱，謂"金釱"即車轄（同刊第 6 頁）。

我以為釋釱是不正確的，從字形看，金文中"太"、"大"二字都寫作大，此作亢，不能合二為一；從文例看，西周中晚期銘文，記賞賜之物往往巿黃連屬①，如"赤巿朱黃"、"赤巿蔥黃"、"叔巿金黃"等，例子很多，不一一列舉。黃也寫作"亢"，如"赤巿朱亢"（《嘯堂集古錄》97）、"赤巿幽亢"（《三代》4.33；《青銅器圖釋》圖 54—56）等。亢和黃指的應該是同一樣東西，而"黃"、"太"二字，不管在形音義哪方面，都是難以相通的。再次，金文在賞賜物品的排列上，有一定的次序（詳後）。例如本銘，金亢擺在衣、巿和舄之間，它應該是服飾類的東西，決不是車轄。離開了銘文的整體，單獨把"金亢"這兩個字孤立來看，確實容易受形旁的迷惑，把它解釋為金屬製品，但是只要我們把同一類型的銘文作一比較，就不難發現這個"金"是指金色了。

現在回到亢字的考釋上。釋太，據我所知，最早是羅振玉，他在《矢彝考釋》（載《遼居雜著》）一文中把"亢師"釋作"太師"，這顯然是不對的。唐蘭在《作冊令尊及作冊令彝銘考釋》（北京大學《國學季刊》4 卷 1 號）中

---

① 單獨賜"黃"的例子不多見。康鼎："命女幽黃"（《三代》4.25）。

改釋作亢，郭沫若《金文叢考·釋黃》和《釋亢黃》也釋作亢，謂"假為黃"。另外，還有釋作立、弁等的①，因為說得都比較牽強，這裏就不詳述了。

六、黃據金文文例是附屬於載的，唐先生說："古書中所見的衡（蔥衡、幽衡等），也寫作珩，毛萇說是佩玉，金文作黃，或作亢。我曾根據金文中黃的質料和顏色，認為佩玉說是錯的，定為繫帶（紱，圍裙）的帶子。"引師載鼎銘"赤載朱黃"，謂黃字"从帶（紱）旁，證明他是屬於帶（紱）而非佩玉。"（《文物》1976年6期35頁）

唐先生的意見是正確的。

五、關於"黹屯"的屯

《文物》1976年4期上發表的《有關西周絲織和刺繡的重要發現》一文中說："周代的銅器銘文也常有周王賞賜臣工'黹屯（純）'的記載。屯、端二字古音相近，可以通假。所謂黹屯應即黹端或黹段，是刺繡製成的一段段的繡料。"

在注釋中，作者從語音方面論證屯、端古音在文、寒二部，讀音相近，引《穆天子傳》"錦組百純"，郭璞注："匹端名也"，說郭璞已經明言純即端②。

按："黹屯"一詞見於輔師𠭯簋、師𩵥簋、囗簋蓋、師全父鼎、詢簋、南季鼎、頌鼎、頌簋、頌壺、袤鼎、袤盤、善夫山鼎、休盤、無惠鼎等器③。從

---

① 方繼成：《對羅福頤先生"鄘縣銅器銘文試釋"的商榷》，《人文雜誌》1957年第4期，第72頁；吳闓生《吉金文錄》1.24。
② 于省吾先生早有此說，見《釋屯》，《輔仁雜誌》第8卷2期，第86頁。
③ 《考古學報》1958年第2期；《文物》1966年1期；《天津文物簡訊》第6期，第13頁；《三代》4.34；《新中國的考古收獲》第55頁；《三代》4.24；《三代》4.37－39；38—47；12.30—31；《歷代鐘鼎彝器款識法帖》10.111；《三代》17.18；《文物》1965年第7期；《三代卷》17、18；《三代》4.34。

器銘中可以看出：

（1）周王賞賜服飾、車馬、兵器給臣下，是為了"用事"，用事者，是用於職事的意思，就是說，這些東西相當於後代的"儀仗"。統治者正是憑藉著它，在祭祀、朝會、出行等等的時候，來顯示自己的等級地位。所以，在儀仗服飾之間出現"一段段的繡料"，這在情理上，事實上都很難說通。

（2）從賞賜物的排列來看，衣和戠一般都擺在前面，僅次於祭祀的鬯酒，接著才是舄、兵器、車馬器和鑾旂等。這種排列，是奴隸主階級思想意識的反映，怎麼會在衣和戠之間插入"一段段的繡料"呢？再說，"䋈屯"一定與"玄衣"連屬，還沒有發現它們之間可以插入其他的語詞。同時，在賞賜物中，衣可以單獨出現，如玄袞衣（吳方彝、蔡簋）、戠衣（免簠）等，"䋈屯"卻沒有發現單獨賞賜的例子，正如戈祕、彤沙等一定要依附於戈而未見其單獨賞賜一樣。這說明"䋈屯"是附屬於玄衣這一整體的，它不是單獨的"一段段的繡料"。

（3）馬王堆三號墓和一號墓的遣策中，在講到具體衣物時都提到"掾"（緣），其質料有"素"、"沙"（紗）和"繢"。驗證一號墓出土衣物，緣邊的有絹、紗和錦等。有同志指出："簡文中的'繢緣'，應該就是《周禮·春官》司几筵職中的'繢純'。"① 《說文》："緣，衣純也。"《廣雅·釋詁》："純，緣也。"

所以，"䋈屯"一詞中的屯，還是按照劉心源等一般的說法，讀作純，解釋作緣為好。䋈屯就是繡緣。

六、亟和望

班簋銘文中有"作四方□"一句，方下一字，形頗奇特，見圖 8。劉心源

---

① 《考古》1975 年第 1 期，第 57 頁。

《古文審》（5.1）說："疑亟字，用為極。"後人多從之。郭沫若同志在《大系考釋》（20頁）中釋此字作望，《"班簋"的再發現》（《文物》1972年第9期）進一步申述說，亟"字結構，實象人立在兩個夾板之中被拷問之形，當是殛之初字"。"後出之字有極，為棟樑，為至高無上，為正中，為準則，是從極字所引申，本來與亟無涉。"他認為，此字"象人立而向上，从上，上亦聲，乃望字的異體。""'作四方望'，言為天下之表率，《左傳》昭十二年'吾子，楚國之望也'即此望字義。如為'作四方極'，王者以這樣至高無上的贊詞稱許其臣下，那麼作為王者的地位擺在何處呢？"

按：從字形看，甲骨文望字一般的寫法，象人立，上著一誇大了的眼睛（臣），翹首相望[①]。西周早期的金文，如成王時代的保卣銘文，望字的寫法和甲骨文同，後來才增加月旁，可見"臣"（眼睛）對於望字的構造甚為重要，它是這個字的主體，如果沒有它，望的意義也就失去了。所以，方下一字不應是"望"的異體，而是亟字，牆盤銘文中有"亟"，形與本銘略同，僅左旁多一"口"，可證。

再從金文文例來看，"作四方極"也是講得通的，王可以稱許其臣下為"極"，例如：

毛公鼎："命女亟一方"（《三代》4.46）。

晉姜鼎："作𬴊為亟，萬年無疆"（《嘯堂集古錄》上8）。

伯梁其盨："畯臣天子，萬年唯亟"（《商周金文錄遺》180頁）。

這些亟字都用作極，它和《詩經·商頌·殷武》"商邑翼翼，四方之極"、《尚書·君奭》"作汝民極"的極字意義相同。可見王對臣下可以稱"極"（毛公鼎）；作器者也可以自稱"為極"（晉姜鼎）；伯梁其盨銘更明確地證實了一方面"臣天子"，同時可以"萬年唯極"。

圖8

綜上所述，方下一字仍以讀"極"為是，釋望不管是從字形來分析，從

---

① 參看《甲骨文編》8.10；《續甲骨文編》8.11所收各例。

文例來比較，都是不合適的。

七、子䢁盂新釋

《文物》1980 年第 1 期報導了河南省潢川縣老李店磨盤山出土的一批青銅器，其中一件盉形器極為引人注目（圖像見該刊第 50 頁圖一一；銘文拓本見圖一四・一五）。蓋器上的銘文，雖然只有短短的十幾個字，卻頗難通讀（圖9）。

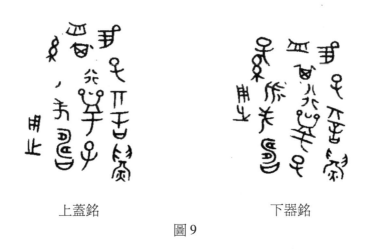

上蓋銘　　　　　　下器銘
圖 9

河南省的同志將這件器定名為盉（盆），釋其文為：

隹子𠂤舌鑄
皿其行寧子
孫永年壽
　　用之

根據這個釋文，仍然不容易瞭解銘文該怎麼斷句，究竟是什麼意思。我認為這是一篇很有意思的銘文，正確的釋讀，有助於我們加深對銘文字裏行間出現的一些有趣的現象的理解。下面談談個人的一些看法。

首先談器物的定名，從形制看，這件銅器確實和傳世自銘為"盞"或"盆"的銅器非常相似，前者如晉邦盞（《商周彝器通考》上冊圖三八）、季囗盞（同上圖三九）、伯戔盞（《考古圖》5.22）等；後者如曾大保盆（《頌齋吉金續錄》四八），都與它形近。另有同志定名為"敦"（《文物》1980年第1期55頁），也有一定的根據，齊侯作孟姜善敦即與此形近而自稱膳敦（圖像見《商周彝器通考》圖三九〇；銘文拓本見《三代吉金文存》8.35）。這兩種定名，主要是從器形比較著眼，單看器形，容易失之片面，我以為更主要的應根據銘文的自名來確定器名。

根據同類器銘行文的通例，本銘第二行"行"下一字，當為器名。這個字不是"寧"而是盂字，盂字一般的寫法是將"皿"擺在"于"的下邊，本銘卻倒轉來寫，上從皿，下從于，這是盂字的一種異構，《金文編》五·一九引蘇公作王妃盂簋，盂字即如此作。所以，這件銅器根據它的自名應叫作"行盂"。

器形同盞而自名為"盂"的銅器，還有一件要君盂，此器出土於河南項城一帶，孫詒讓《籀䯧述林》卷七說："光緒丙子（1876年）家大人以鄂藩入覲，詒讓侍行，得此於河南項城道次。"孫氏謂："此盂與《博古圖》季姜盂形制略同，皆圓盂也。盂兩耳有珥，遍體為蟠夔雷回紋，糾互迤邐，文間又綴小乳以千百計，與《博古圖》所載七星洗相類。"

按：季姜盂即伯索史作季姜盂，著錄於《考古圖》（6.9），《博古圖》（21.29），《商周彝器通考》上冊圖三七。它的形制與傳世西周的盂形不同。要君盂的銘文除孫詒讓有釋文外，還見於吳闓生《吉金文錄》（4.32）和于省吾《商周金文錄遺》513（銘拓），由於研究者過去未見原器，所以一般都根據銘文，歸屬盂類。大概孫詒讓得到了這件器以後，帶回了他的家鄉，是器現已由浙江省博物館在江山縣徵集得，據友人見告，曾見原器，其形制確與傳世盞形器相同。

傳世西周之盂，其形制如附耳簋而體型較大，以後隨着時間的推移，不同的地域，對這類銅器的製作和稱呼，逐漸有所不同，例如齊侯作子仲姜盂（《文物》1977年第3期圖版三），四耳銜環，器形如鑒，而要君盂與本器則與河東及漢水一帶自稱為盌、盆等的銅器形制相似，它們可能都是由殷周以來的盂發展而來的。

其次講通讀。這篇銘文在書寫上的特點，除了使用不常見的異體字（如盂作𥃲）外，還有一點就是喜歡"分書"。首行"子"字之下不是"丌古"二字，而是一個字，由於兩個偏旁分列上下，而且中間的間距又離得較寬，所以極易使人產生錯覺，認為是兩個字。李學勤先生隸定作"諆"是非常正確的（見《文物》1980年第1期55頁）。金文中這種分書的情況並不罕見，我在本文的第一節考釋𢖻匜銘文時，曾舉出該匜銘的"沬"、沈子簋銘的"敢"、"肇"等字為例，除此之外，小子省卣（《三代》13.38）、寓鼎（拓本、未著錄）的"揚"、榮有嗣再鬲（《文物》1976年第5期第43頁圖二五）的"嬴"、雁公尊（《希古樓金石萃編》5.2）的"肇"、令鼎（《三代》4.27）的"學"等字都有類似的現象。

本銘更加奇特的是，"鑄"字分書時，將下面的偏旁"皿"提到了第二行，這種情況在金文中極罕見。銅器在鑄造過程中由於脫範等原因，造成文字部件分離的例子是有的，例如傳世師酉簋一器，曾藏烏程顧壽康，後歸端方，著錄於《陶齋吉金錄》（2.14），失蓋。此銘首行末字"各"，"夊"、"口"相距甚遠，致使著錄此器各書如《積古齋鐘鼎彝器款識》（6.26），《攗古錄金文》（3之2.32）皆未摹出"口"，《三代吉金文存》（9.23）第二器採用顧氏原拓，亦漏此"口"，又如故宮博物院收藏的另一件器，我在唐蘭先生處曾見過拓本，"車"字的一個車輪遠遠地飛向了另一邊，這些現象都可以找到一定的原因，而分書提行究竟還有什麼特別的內涵呢，則尚有待進一步探討。

除了諆、鑄二字分書以外，本銘第三行"壽"字上下兩個部件也距離得較寬，原釋文誤為"年壽"二字，也是不對的。

分析了上述一些有趣的現象之後，再來通讀全銘，就覺得並不難讀了。所以本銘應釋作："隹子諆鑄其行盂，子孫永壽用之。"

最後來看看"子諆"其人，傳世"子諆"所作之器，除此之外，另有一柄"子可期戈"，著錄於《岩窟吉金圖錄》卷下第41頁。梁上椿曰："子可期當然為人名，楚昭王弟名司馬子期，此戈出土於壽縣，屬戰國楚都，則釋為司馬子期之戈似無不合。"

按：從子期盂和子可期戈出土的地點和銘文書體看，子期應該是楚國人。楚國名叫子期的有令尹子旗，楚平王初立，曾為令尹，事見《左傳》昭公十三年（前529年）。杜預以為此人即蔓成然，韋龜之子。次年九月為平王所殺。另一個子期乃昭王的兄弟公子結亦即司馬子期，事見《左傳》定公五年（前505年）、哀公六年（前489年）、十年（前485年）、十五年（前480年）、《國語》第十七楚語上、第十八楚語下。楚惠王十年（前479年）為白公勝所殺。從盂、戈銘文稱謂不同，書寫風格迥異等方面看，二者似非一人所作，如果子可期是司馬子期的話，那麼盂銘中的子諆就有可能是蔓成然了。若此，則鑄器的年代就不能晚於公元前528年。

八、"鵝俎"質疑

《文物》1978年第3期報導陝西扶風莊白一號西周青銅器窖藏所出銅器，有三年瘨壺，銘文見同刊第十一頁圖一六，第四行"召瘨，易囗俎"，易下一字頗難識（圖10）。原報道隸定作䲝，于豪亮先生新作《說俎字》一文隸定作䲝，謂"䲝俎的䲝字為字書所無，此字从化得聲，當以音近讀為鵝，因此化字與鵝字同為歌部字，兩者可以通假。在古代，不僅牲類和魚類的肉可以登於俎，就是鳥類的肉也是要登於俎的。《左傳·隱公五年》：'鳥獸之肉，不登於俎，皮革齒牙骨角毛羽，不登於器，則公不射。'注：'俎，祭宗廟器，切肉之薦亦曰俎。'既然鳥類的肉可以登於俎，那麼，把䲝俎讀為鵝俎，也還是妥當的。"（香港中文大學《中國語文研究》第2期49頁）

圖 10

火	
玉	

圖 11

按：于先生讀作"鵞"的這個字是三年癲壺六十字銘文中目前唯一未識之字，我們仔細地觀察銘拓，發現這個字下部隸定作"玉"是沒有根據的，其字下部當從火，金文中從"玉"與從"火"的字，寫法有明顯的區別，見圖 11。用這些例子與三年癲壺銘文比較，可以看出，字的下部應從"火"而不是"玉"。確定了字的下部不從"玉"，那麼上面就不能隸定作"化"了。因為如果認為是"化"，這個字中間的兩橫一豎筆就無法交待，而且"鵞"為什麼要从"玉"呢？從字理上也難於講通。

我以為字的上部當從"羊"，由於"羊"的右上部筆劃略有缺損，所以不易為人們所辨識。金文中某些字偶有缺筆，是由於鑄範、書寫或其它原因所致，例子頗多，不一一列舉。從本銘看，字的上部從"羊"，還是比較明顯的，所以這個字應釋作羔。《金文編》（4.13）羔字下收二例，九年衛鼎有"羔裘"（《文物》1976 年第 5 期 39 頁圖一六第十六行），羔字皆與此略同，可以為證。

認出了"羔"字以後，三年癲壺整篇銘文就暢通無阻了。故全銘應釋作："隹（惟）三年九月丁巳，王才（在）奠（鄭），卿（饗）醴，乎（呼）虢弔（叔）召癲，易（錫）羔俎。己丑，王才（在）句陵，卿（饗）逆酉（酒），乎（呼）師壽召癲，易（錫）麂俎。拜這頴（稽）首敢對覨（揚）天子休，用乍（作）皇且（祖）文考尊壺，癲其萬年永寶"。

羊俎和豕俎，如于先生所說，在典籍中常見，所以銘文中出現羔俎和麂俎也就不足爲奇了，似乎不必以"从化得聲，當以音近讀爲'鵝'"而把羔俎釋作"鵝俎"。

還應該指出的是，于先生釋文"拜稽首"下漏了"敢"字，"萬年永寶"后又多一"用"字。這可能是一時疏忽所致。

九、釋 諧

《安徽壽縣蔡侯墓出土遺物》圖版叁柒、叁捌刊載該墓出土蔡侯尊、蔡侯盤銘文拓本二紙，文中有"康□和好，敬配吳王"一句，康下一字，各家所釋你不盡相同。

郭沫若《由壽縣蔡器論到蔡墓的年代》（《考古學報》1956年第1期）隸定此字作諧，無說。陳夢家《壽縣蔡侯墓銅器》（同上第2期）隸定作諧。孫百朋《蔡侯墓出土的三件銅器銘文考釋》（《文物參考資料》1956年第12期）釋作諦，謂"諦同商，又與諧同"。唐蘭《五省出土重要文物展覽圖錄·序言》隸定作諧，對字的形義都沒有作進一步的解釋。于省吾先生《壽縣蔡侯墓銅器銘文考釋》（《古文字研究》第一輯）最後指出，其字"右上已泐"，各家所釋"均未確"。于先生的譯文左旁隸定从"音"，右邊照銘文書寫，意謂不識。

我們仔細地觀察銘拓，猶其是盤銘拓本，發現這個字的右邊雖有殘泐，但仍然約略可辨，我試著做了一個摹本，見圖12。其字左从"音"是沒有問題的，从音與从言可以相通，所以隸定作音或轉寫作言都是正確的，從本銘看，愚意以爲字形爲音而以釋言爲是。右邊與平山新出中山王方壺銘"者侯虘賀"、中山王鼎銘"愈慮虘從"的虘字（《古文字研究》第1輯298—304頁）形體相同。關於中山王鼎、壺銘文中的虘字，各家大多以爲即故道殘詔版"𩿤（皆）

明壹之"(《秦金文錄》三六頁)的皆字。最近有人提出異議,以為此字當讀為咸,謂"'皆'於'譽'不僅字形相差很遠,音也難以相通,……銘文此字下從'甘',與侯馬盟書同,'甘'、'咸'皆為閉口韻舌根音,讀'咸'音義皆可通,從古音說,至少要比讀'皆'要合適得多,故道殘板詔書之'譽'不一定是'皆',亦可是'咸',至於侯馬盟書與'奉'字連文,但文已缺失數字不能連屬,但從上向下文義讀'咸'並無不合。"(中國古文字研究會第三屆年會論文:《新出中山國銘刻與文字語言問題》第 10 頁)

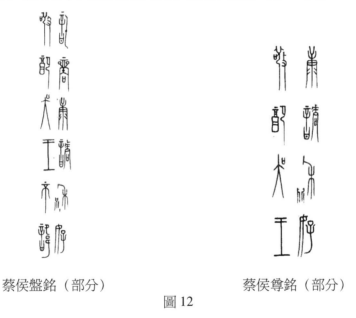

蔡侯盤銘(部分)　　　　　　　蔡侯尊銘(部分)

圖 12

按:戰國文字從甘與從口同,就以中山諸器來說,如古、故、倘、告、克、使、舍、否、事等字所從的"口",其中皆有一短橫,形如甘,不能說這些字都從甘,應該說是從口,其中一劃乃是裝飾性的筆劃。中山鼎、壺銘中的虘,從虍從甘(口),義雖與咸相近,音卻未必與咸相通。而且商周金文中本有許多咸字(參看《金文編》二‧一〇所引各例),其形體與虘相去更遠,所以中山王器中的虘字,仍當以釋皆為是。我們不能僅僅根據意義相近,就把本來是兩個不同形體的字硬說成一個字。

再從蔡侯尊、盤銘文來看,"虘"即"皆"字就更明顯了,"康諧和好"

的"譜",如果讀作咸,不僅字形上不好解釋,意義也不大明白,而釋作"諧"則文義皆順;"康諧和好,敬配吳王。"所以通過蔡侯器與中山王器銘的對讀,不僅證明了秦故道詔版,中山諸器中的"皆"所釋不誤,而且使我們又認出了過去大家都沒有確認的一個新字,即今天我們經常使用的和諧的諧字。此外,从虘的許多字也隨着都認識了。如隨侯臣(《三代》10.6)的隨即階字,《金文編》卷六第六至七頁所引的戲、獻等則當如李學勤、李零二先生所說,應釋作"楷"(《考古學報》1972年第2期第153頁)。

十、釋 匦

《考古》1977年第2期報導了陝西藍田發現的兩件仲其父的銅器,器形見同刊圖版陸:4,銘文拓本見同刊120頁圖五:12。兩器銘同,其銘為"仲其父作旅匦"。旅下一字,為彝銘所罕見,原考釋者隸定作匦,以為即簠字,因而把這兩件銅器命名為"仲其父簠"。

按自宋代以來,金石學家命名為"簠"的這種侈口長方形的銅器,其本身的自名,常見的有如下兩種:

一種自名為"匜",例子很多,字形可參看《金文編》卷五、第四頁所收各例。外面的框框,是形符,《說文》解釋說:"匸,受物之器,象形,讀若方。"所引籀文之形,與銅器銘文相同。"古"是聲符,表示音讀,所以這是一個形聲字。"古"有時也寫作故、害、獻等,同樣是表聲。由於器物是青銅鑄造的,所以字也可以从金,例如徐州地區劉林遺址出土的西啉鈷(《考古》1960年第3期27頁圖二),器名作鈷,从金,古聲。又如蜎公旅匜(《三代》10.21)匜字金旁雖然寫作全,但仍然是金字,几父壺(《扶風齊家村青銅器群》4)"金十鈞"之鈞作匀,可以為證。它不是與"百"同音的省去口的"害"。另外,還有寫作祜的,如白其父旅祜(《三代》10.18)則从示,古聲。這是一類。

另一類自名為"匚"。傳世銅器自名為"匚"的就管見所及有如下十器：

1. 吳王御士旅匚（《文物參考資料》1958年第5期72頁）
2. 白□父匚（《三代》10.7）
3. 窦姒旅匚（《文物》1978年第11期9頁圖一七）
4. 敖叔作吳姬匡（《三代》10.10，匚从金，倒書）
5. 尹氏貯良旅匚（《三代》10.13）
6. 師麻孝叔旅匚（《三代》10.13）
7. 史免旅匚（《三代》10.19）
8. 叔家父作仲姬匚（《三代》10.22）
9. □□乍寶匚（《扶風齊家村青銅器群》圖二十）
10. 陳公子仲慶匚臣（《文物》1980年第1期35頁圖三、四）

匚从匸，㞷聲（"王"是後來的訛變），字也有从黃聲的，如齊家村所出之器，這是匚字的一種異體。此外還有自名"行器"（曾子尾行器、白彊行器見《三代》10.6，10.7）或者其他的，因與本文關係不大，這裏就不詳述了。

從上述兩類不同的命名來看，不管是从古、从故，从𠂤聲，或者是自名為匚，它們都有比較明確的聲符，而仲其父所作之器，自名為匚，音讀之跡，頗難追尋，究竟是臣字呢，還是應釋作匚？個人以為應以釋匚為是，因為匸、匚聲近，從造字條例來說，即从金、从匸、匸亦聲，它是匚字的又一新的異體。據此這兩件銅器應定名為仲其父匚，而不是仲其父簠。

十一、塱方鼎"獲于周廟"解

塱方鼎是記載周公東征的一件重要銅器，其銘為：

隹周公于征伐東
尸，豐白、專古咸戈。公

歸，🕱于周廟。戊
辰，酓秦酓，公賞🕱
貝百朋，用作障鼎。

按：是器銘拓，僅著錄於吳其昌《金文厤朔疏證》（1.9）。陳夢家《西周銅器斷代》1、圖版玖（《考古學報》第9冊），流傳頗少。考釋者除上述二書外，尚有吳闓生、于省吾、譚戒甫及日本學者白川靜（《金文通釋》第3輯119頁）等。

銘文第三行歸下一字，頗難識。吳其昌釋薦，無說。吳闓生《吉金文錄》（1.11）謂"即祭字"，于省吾《雙劍誃吉金文選》（上2.1）謂"🕱當係祭義"。陳夢家、白川靜皆以為"祭名"。譚戒甫《西周"量鼎銘"研究》於此字考釋較詳，他說："🕱字形象奇異，甲骨文亦有此字，上從'收隹'倒置，下從示正寫。'隹'是短尾禽，此或當釋為雞。字象在神前殺雞薦血，與'祭'字從右手持肉在示前相似。考《說文》'血，祭所薦牲血也'。又'釁，血祭也，從爨省，從酉（酒）分聲'。按隹屬'微部'，分屬'痕部'，二字陰陽對轉，那麼，🕱當從隹聲，是會意兼形聲的本字，而釁當是後制的字，引伸之，凡在神前殺以薦血皆謂之釁。《逸周書·世俘》'薦俘殷王士百人；……燎於周廟。'此釁於周廟耿殺俘薦血以燎於周廟的同一事實。"（《考古》1963年12期672頁）

按："🕱于周廟"的"🕱"，確如于省吾先生所說，"係祭義"，但這究竟是一個什麼字呢？愚意以為字當隸定作䂂（从收與从又同），讀如獲。

金文中寫作"隻"而讀如獲的有：

楚王酓忎鼎、盤："戰隻（獲）兵銅"（《三代4.17.16》）

禹鼎："隻（獲）畢君駿方"（《青銅器圖釋》圖七八）"隻"也可以用作器名"鑊"。

䵼鼎："䵼乍且丁盟隻"（《三代》3.1）

嘉鼎："乍鑄飤器黃鑊"（拓本，未著錄）

凌廷堪《禮經釋例》說："凡亨（烹）牲體之器曰鑊，升牲體之器曰鼎。"鼎與鑊是同一類的器物，其功用雖略有不同，但同為祭祀、盟會等所使用之禮器。祭祀之器以"鑊"之者，"鑊"字加金旁；因戰功有所斬獲，獻祭宗廟而名"禮"者，"禮"字則从示旁。所以鑊、禮皆讀"隻"（獲）聲，不應从"隹"聲。"隻"是一個會意字，也不从"隹"聲。嘉鼎"鑊"从隻，對照𪔛鼎銘文，可知隻是隻的異體字，如果"隹"是聲符的的話，它就不能隨意改作音讀不同的"雀"了。

綜上所述，禮是一個形聲字，从示隻聲，讀如獲，乃俘獲獻祭之專字。

（本文一至六原載《中山大學學報》1979 年第 3 期；七至十一原載《古文字研究》第 9 輯，中華書局 1984 年）

班簋銘文釋讀的一些問題

班簋是西周前期的重器，形制較特殊，銘文記錄了"伐東國"的重要史實，文辭相當費解。因此引起了自清代以來許多金文研究家的重視。過去著錄和考釋這件銅器的有：

（一）《西清古鑑》（卷一三·二十頁）

（二）嚴可均《全上古三代文》（卷一三·六頁）

（三）劉心源《古文審》（卷五·一頁）

（四）于省吾《雙劍誃吉金文選》（卷上之二·二四頁）；《穆天子傳新證》（《考古社刊》六期二八三頁）；《毛伯班𣪘考》（《辛巳文錄》）

（五）吳闓生《吉金文錄》（卷二·一二頁）

（六）郭沫若《兩周金文辭大系圖錄考釋》（圖編七六·錄編九·考釋二〇頁）

（七）容庚《商周彝器通考》（四四頁）

（八）吳其昌《金文厤朔疏證》（卷一·二八頁）

（九）楊樹達《積微居金文說》（一二三·二五五頁）

（十）陳夢家《西周銅器斷代》一二器（《考古學報》第 10 冊 70 頁）

（十一）唐蘭《西周銅器斷代中的"康宮"問題》（《考古學報》1962 年第 1 期 39 頁）

通過諸家考釋，銘文大致可以屬讀，但對其中的一些問題，如毛伯、毛公和班的關係，時代的斷定和一些詞語的解釋等，各家意見卻有分歧。

1972 年 6 月，北京市物資回收公司有色金屬供應站在廢銅中揀選到此器的殘餘，器雖殘而銘文部分卻大致完好。這件殘器與《西清古鑑》上著錄的不是同一件器，它提供了進一步研究這篇重要銘辭的新資料。

繼續研究，考釋這篇銘文的有：

（十二）郭沫若《班簋的再發現》（《文物》1972 年第 9 期）

（十三）孫稚雛《金文釋讀中一些問題的商討·亟和望》（《中山大學學報》（哲學社會科學版）1979 年第 3 期）

（十四）黃盛璋《班簋的年代、地理與歷史問題》（《考古與文物》1981 年第 1 期）

（十五）戚桂宴《釋怜》（《山西大學學報》1981 年第 1 期）

（十六）李學勤《班簋續考》（《古文字研究》第 13 輯，1986 年 6 月）

（十七）唐蘭《西周青銅器銘文分代史徵》346 頁（1986 年 12 月）

（十八）馬承源主編《商周青銅器銘文選》第 168 器（1988 年 4 月）

（十九）洪家義《金文選注繹》142 頁（1988 年 5 月）

（二十）劉翔等《商周古文字讀本》91 頁（1989 年 9 月）

我為了做金文集釋的工作，曾將各家說法作一通盤整理，因為篇幅太長，印刷不便，這里僅將自己的一些意見寫出來，請大家批評指正。

為了方便閱讀，先依原銘行款寫下釋文，再作論述。

隹八月初吉，才宗周。甲戌，
王令毛白更虢䶂公服，眪
王立，作四方亟，秉緐、蜀、巢
令，易铃鐢。咸。王令毛公曰
邦冢君、土駿、𢦏人伐東或
痟戎，咸。王令吳白曰：“㠯乃
自右比毛父。”王令呂白曰：
"㠯乃自右比毛父。"趙令曰：
"㠯乃族從父征。"徙䶂衛父

身,三年靜東或,亡不成尨
天畏,否畀屯陟,公告氒事
于上:"隹民亡徣才彝,迻天
令,故亡。允才顯,隹苟德亡
逌違。"班拜頴首曰:"烏虖,不
杯丮皇公,受京宗懿釐,毓
文王、王姑聖孫,㽈于大服,廣
成氒工,文王孫亡弗襄井,
亡克競氒剌。班非敢覓,隹
乍邵考爽益曰大政。"子₌孫
多世其永寶。

一、毛伯、毛公和班的關係

　　班𣪕銘文可分為兩大部分,前面一部分敘述王賜命毛伯及毛公受命與吳伯、呂伯伐東國的經過,後面一部分(從"班拜稽首曰"起)則是班對自己"皇公"的頌辭和說明鑄器的原因。

　　從劉心源以來,許多學者根據金文行文的一般原則,都以為毛伯、毛公(毛父)、班是一人,班是毛伯的名字。郭沫若反駁說:"如果班毁的班就是毛伯、毛公,毛公受了隆重的王命,應該對揚王休……銘中卻只對自己的'皇公'高度贊揚了一番,毫無對揚王休的陳述。準此,要把班毁的班與毛伯、毛公、毛父合為一人,無論從文法上或情理上都無法說通。"(《再發現》)按:郭說毛伯和班不是一人是正確的,但他說班是虢城公的孫輩,鄙見卻有不同。

　　從整篇銘文看,前面是王冊命毛伯及伐東國的事,後面則是班對自己"皇公"的頌辭。如果班是虢城公的後代,他為什麼對自己的祖先虢城公的功績隻字不提,反而對接替他職位的毛公的事跡卻詳加敘述呢?而且,一篇文章,前面寫的是一個人（毛公）的事，後面歌頌的又是另一個人（虢城公），這在情理上和文法上也都難於說通。

唐蘭先生在《分代史徵》裏提出新說，認為"毛伯當是下文毛公的長子"（三四九頁注2），"毛公當是毛伯班之父"（三五〇頁注14）。把毛伯與毛公分為二人也是不妥當的，受命後的毛伯"更虢城公服"，故下文改稱毛公，這是理所當然的事，如果硬把他分成二人，文章中這種內在的聯繫就被肢解了。作器者班也不是前文受賜命的毛伯，因為如果毛伯和班是一人，他受王命後應該對揚王休，而不應大肆稱頌自己的"皇公"，他所稱頌的皇公，顯然是前面取得"伐東國"勝利的毛公，班要為他做誌，稱他為"昭考"，那麼毛公必是班的父輩。毛的始封君是毛叔鄭，他是文王的兒子，所以班才能在頌辭中從王室宗廟的角度說"受京宗懿釐"，由於繼任了虢城公的職位，取得了伐東國的勝利，所以才說他"登于大服，廣成厥功"，如果把班說成毛伯，而毛伯又是毛公的長子，那整篇銘文就亂套了。

綜合學者們對班簋的研究，我們可以將周王室與毛國的世系列一對照表：

王世	毛國世系	說明
文王		
武王	毛叔鄭	始封之君，見《左傳》僖公二十四年；《逸周書·克殷解》；《史記·周本紀》。
成王	毛叔鄭之子	《尚書·顧命》中之毛公，今本《紀年》稱毛懿公。始分昭穆，為"昭"。
康王	毛叔鄭之孫	史籍未見，據班稱其父為昭考，則其祖父為"穆"。
昭王	班之父，毛叔鄭之曾孫	即銘文中之毛伯，更虢城公服後稱毛公，王稱毛父，班稱昭考，為"昭"。
穆王	班，毛叔鄭之玄孫	作器者

毛叔鄭是文王的兒子，毛國的始封之君，他的兒子與成王同輩，開始分昭穆，為"昭"。班稱其父為"昭考"，知銘文中的毛公必為"昭"，時王稱毛公

為"毛父",則王與班同輩。根據班簋的形制、銘文,結合文獻考察,學者們大多認為是穆王時器。那麼,與班同輩的王自然是穆王了,班的父親既與昭王同輩,其祖父必與康王同輩,按昭穆排列為"穆",正與毛國世系中之昭穆排列相合。由此可知,銘文中的毛公是毛叔鄭的曾孫,班是毛叔鄭的玄孫。

二、"作四方極"的是誰?

銘文一開頭,王冊命毛伯時,有"更虢城公服,嚊王位,所四方亟……"一段話,方下一字,劉心源已"疑亟字,用為極。"郭沫若《大系考釋》釋作"望",《再發現》進一步解釋說:"亟像人立而向上,从上,上亦聲,乃望字的異體。""'作四方望'言為天下之表率,《左傳》昭十二年'吾子,楚國之望也'即此望字義。如為'作四方極',王者以這樣至高無上的贊詞稱許其臣下。那麼,作為王者的地位擺在何處呢?"唐蘭先生《分代史徵》雖不釋望,但也認為"作四方極""是說毛伯夾輔王位使王為四方之極。"(350頁注6)

我在《金文釋讀中一些問題的商討》一文中已指出亟應釋作極,因為望字一般寫作𦥑、𦥓等形,像人立,上著一誇大了的眼睛,翹首相望,後來增加月旁,就寫作望了。眼睛對望字的構造甚為重要,如果沒有它,望的意義也就失去了。可見"臣"是望字的主體,不能變作从上的亟。至於臣下是否可為四方之極,有金文文例為證:

毛公鼎"命女亟一方"(《三代吉金文存》卷四·四六頁)

晉姜鼎"作𡚍為亟,萬年無疆。"(《嘯堂集古錄》卷上·八頁)

伯梁其盨"䀲臣天子,萬年唯亟。"(《商周金文錄遺》一八〇)

這些"亟"字都用作"極",王對臣下可以命之極一方(毛公鼎),作器者也可以自稱"為極"(晉姜鼎),伯梁其盨銘更明確地證實了一方面"臣天子",同時可以"萬年唯極"。這些極字都是"則"的意思,作四方極即作四方則,本銘中指的是毛伯,而不是王。

三、亡不成罢天威

成字過去釋作咸，根據新出的簋銘，可以確定是成字。李學勤說："征戰有功為'有成'，反之為'不成'。"（《續考》一八四頁）把"不成"與"有成"相對來解釋是正確的。但"有成"不僅指"征戰有功"，齊鎛銘文說："用享用孝……于皇祖有成惠叔，皇妣有成惠姜"（《三代吉金文存》卷一・六六頁），惠姜就未必有戰功。

成下一字，黃盛璋、唐蘭先生釋作罢是很正確的，亡尤為金文習見成語，尤字寫法頗有不同：

（一）獻彝"楷伯于遘王，休，亡尤。"（《三代吉金文存》卷六・五三頁）

（二）戜方鼎"毋有罢于厥身。"（《商周青銅器銘文選》一七九器）

（三）戜簋"無罢于戜身"（同上一七六器）

（四）矗方尊"矗既告于公，休，亡叟。"（平凡社《書道全集》卷一・四八頁）

（五）繁卣"衣事亡叟"（《商周青銅器銘文選》一九一器）

尤从又聲，故矗方尊作叟。又與叉通，故繁卣作叟，都是尤字的異體。從（四）、（五）兩器罢字之目作"𠃊"（瞳孔被破壞），可知罢字的意思是敗壞、傷害。

"亡罢"與"亡斁"雖是近義詞，但罢與斁似乎不是一個字，金文文例如：

毛公鼎"肆皇天亡斁，臨保我有周。"（《三代吉金文存》卷四・四六頁）

師訇簋"肆皇帝亡斁，臨保我厥周。"（《薛氏款識》卷一四・一四頁）

斁从矢壞目，當為斁字，義為敗。

靜簋"靜學無睪"（《三代吉金文存》卷六・五五頁），睪字从目从屮，表示夙夜警惕而無厭倦。與罢不同，亦當讀作斁，義為厭。《書・洪範》"彝倫攸斁"，斁音妒，敗也。《詩·葛覃》"服之無斁"，斁音亦，毛傳："厭也"。

綜上所述，竊意以為班簋銘文"亡不成咒天威"當作一句讀，亡兼管不成與咒二詞，意思是沒有不成功，沒有敗壞上天的威嚴。

四、否昊屯陟

屯上一字，嚴可均釋里。吳闓生隸定作昊，注作鰲。劉心源、吳其昌、李旦丘都釋作昪。吳引《書·多方》"惟天不昪純"以說之。李旦丘在一九四一年出版過一本《金文研究》（孔德研究所叢刊之四）的小冊子，書中考察了莫、葬、彝、具、兵、矢等字的隸變情況以後，認為昊就是昪字。他說："否、不、丕三字古通用，純金文多作屯，陟，《周禮·春官》'三曰咸陟'，注云：'陟之為言得也，讀如王德翟人之德。'是'否昪屯陟'即丕昪純德。厚子壺銘云：'承受純德'，純德既可承受，當然可以昪與矣。"（《金文研究》三頁）唐蘭先生在考釋永盂銘文時，也釋此字為昪，他認為"昪就是痺矢之痺的原始象形字。"（《文物》1972年1期60頁）郭沫若也說："昊是痺矢的象形文……金文多見此字，或讀為昪，或讀為俾，此處即是俾字義，使也。"（《再發現》）經過諸家考釋，釋昊作昪，應無問題。但陳邦懷先生仍將此字釋作矢，他說："昊，毛伯班簋'否昊屯陟'，于省吾同志說，'屯陟'讀為'純德'，甚是。我認為昊是矢字，否讀丕，意義是大。矢的意義是施。否矢屯陟，就是'大施純德'。"（《文物》1972年11期57頁）可備一說。

按："屯陟"的屯，金文多用作純，如"屯右"即"純祐"（頌鼎·善夫克鼎），"屯彔"即"純祿"（仌伯簋），"屯叚"即"純嘏"（克鐘），"屯魯"即"純魯"（士父鐘、秦公簋，遲盨），"屯悳"即"純德"（命瓜君壺）等等。純有純厚，純潔之義，陟有登、得、進用等義，"純陟"連文，其義當為厚遇，"丕昪純陟"就是都給以優厚的待遇，"純陟"不應讀作"純德"，同一篇銘文後面有"唯敬德"這樣的話，可見陟和德在本銘中，含義是不同的。

五、隹乍邵考爽謚曰大政

考下一字，舊多釋爽，吳闓生曾對此表示懷疑，他認為讀爽"不詞"，以為"或與明公彝彞字同，即夾輔之義。""又案爽與甲文太戊爽妣壬，太甲爽妣辛之爽同，字當讀為配。"（《吉金文錄》）

按：㠱其三卣其一銘云："遘于妣丙彤日大乙爽。"（《商周金文錄遺》二七四），爽字與此全同，從㠱其卣銘文看，爽的意思是指配偶，這裏也應該是指"邵考"的配偶，正如前面"文王王姒"並舉一樣，梁東漢認為甲骨文中的夾（像人兩手拿著樹枝之類舞蹈）、爽爽夾（像人手裏拿著瓦缶跳舞）、夾（像人舞蹈，手裏拿著火把之類）都是"無"字，假借為"母"（《漢字的結構及其流變》九四頁）。如果此說成立，那麼爽也是這一類的字。

謚讀作謚，《北堂書鈔》卷九四引《說文》云："謚者行之跡，从言，益聲。"戴侗《六書故》曰："唐本《說文》無謚字，但有謚字，行之迹也。"裦石磬曰："囗之配厥謚曰鄭子。"文例與此相同，可以互證。

（原載《古文字研究》第20輯，中華書局2000年）

淮南蔡器釋文的商榷

讀過陳夢家先生《蔡器三記》一文後①，對其中"蔡侯產兵器"的部分釋文有些不同的意見，提出來和陳先生商榷。

這批蔡器在安徽省淮南市發現以後，有過簡報和正式的發掘報導，照片和拓本都發表了②。郭沫若、商承祚二先生對其中部分器物的銘文也作過考釋③。

1963年8月，我隨商先生北上，在安徽省博物館曾經看過這批銅器。當時仔細地辨認了銘文，臨寫了拓不出來的文字，記錄了有關出土和修補等情況，今據所知，簡述如下：

（1）戈　陳釋：

□□王□□
[自乍] 其用戈

此戈從拓本只能看到胡上橫列的"王""其"二字，其他的字被刮削，因此墨拓和照像都不顯著。從實物看，其餘八字還是可辨的。我當時據原器臨寫

---

① 陳夢家：《蔡器三記》，《考古》1963年7期。
② 馬道闊：《淮南市八公山區發現重要古墓》，《文物》1960年7期；安徽省文化局文物工作隊：《安徽淮南市蔡家崗趙家孤堆戰國墓》，《考古》1963年4期。
③ 郭沫若：《跋江陵與壽縣出土銅器群》，《考古》1963年4期；商承祚：《"姑發臂反"即吳王"諸樊"別議》，《中山大學學報》（社會科學）1963年3期；商承祚：《"姑發臂反劍"補說》，《中山大學學報》（社會科學）1964年1期。

了銘文（圖1）。其銘應釋作：

攻敔王夫差
自乍其用戈

據此，陳先生認為"首字似存楚字上半"是不可信的。又說"銘文是有意磨去的"，我從實物看，似有從橫面刮削的跡象。"攻敔"與"夫差"四字，由於字小行密，在刮的時候牽連了並列的其他四字。

銅器中常有這種例子，多是因為器易其主或其他的原因而被挖掉作器者的名字①。

（二）劍　陳釋：

工獻王大子姑發閒反，自乍元用□□之□，云用云隻，莫敢致余，余處江之陽，□南行西行。

圖1　銅戈銘文摹本

此劍，商先生考釋較詳，見注③。按：原器銘"工獻"下無"王"字。"元用"下一字實為"才"（在）字。"之"上一字，經商先生目驗，乃行字。"之"下一字半泐，商先生原據拓本釋作"歲"，後見原器改釋"先"字。兩"㠯"字，前者上一橫畫確為鏽所掩，商先生以為即"㠯"之異體，應讀"以"如字。"致"字郭先生以為"即御之古文"，商先生也釋作"禦"。

---

① 如《士父鐘》、《甫人盨》、《辰在寅簋》、《蔡侯編鐘》等。見《三代吉金文存》卷一，43—45頁；卷一〇，30頁；卷八，5頁和《壽縣蔡侯墓出土遺物》圖版52。

陳先生以為"敓"即《說文》之"啎"字,"義為逆",意義上雖然也能說得過去,但字形不類。"陽"下一字陳先生缺釋,郭、商均釋"至于"二字之合文。"南"下一字,劍於此處恰有裂痕,經修補後,拓片字跡模糊,極易產生錯覺。據殷滌非同志見告,沒有補以前,很清楚地可以看出是個"行"字。商先生原釋此字為"至于"合文,後改同殷、郭所釋。

綜上所述,劍銘當為:

工獻大子姑發瞽反,自乍元用。才行之先,吕用吕隻(獲),莫敢敓(御)余,余處江之陽,至于(合文)南行西行。

(三) 劍　陳釋:

蔡侯產
乍黃姕

兩劍銘同,均錯金鳥書,右三字為"蔡侯產",左三字陳釋"乍黃姕",并疑"黃姕"二字與"玄鏐"相類。

按:"玄鏐"(玄鏐)乃指鑄器所用的合成材料,陳先生疑"黃姕"與"玄鏐"相類,則"乍黃姕"之義當為:作鑄器用的"黃姕"這種材料。這不但於理難通,而且在金文中,就我所見,也沒有"作玄鏐"或"作某種鑄器材料"的例子。

傳世銅器如《叔夷鐘》、《邾公牼鐘》、《邾公華鐘》和《曾伯霥簠》等器銘中,皆有玄鏐(或黃鏞),其文例均為選擇或被賜給某種鑄器材料,用作什麼器。《邵鐘》和《少虞劍》的"玄鏐"等雖置於"乍為……"後,但從全銘看,實因叶韻而倒置,顯然不是"乍"的賓語。《囗克戈》① 亦見"擇其黃鎦鑄",則於"鑄"字後省去了器名。據此,陳先生的說法是難以令人首肯的。

---

① 《攟古錄金文》二之一,45頁。

目驗原器銘文，"乍"下一字乃畏字，此字左下部明明作🄐。畏可假借為威，《大盂鼎》銘"畏天畏"即"畏天威"。畏下一字不識。"畏□"可能是劍的別名，《少虞劍》的作者既可鑄劍而名之"少虞"，那蔡侯產為什麼不能把他鑄的劍叫做"畏（或威）□"呢？這在劍銘通讀上也是文從義順的。因此劍銘應釋作：

  蔡侯產
  乍畏□

其他各器銘，我之所見與陳先生所釋大致相符，茲不一一贅述。

（原載《考古》1965 年第 9 期）

江陵昭固墓若干問題的探討

1965年冬，湖北江陵望山發掘了一座戰國楚墓（望山一號）。出土的大批器物之中，有兩種文物極為引人注目：一是竹簡，這是解放以來，繼長沙、信陽之後出土的第六批戰國楚簡，由於這批簡不是一般常見的遣策，所以它究竟寫些什麼，許多人都很關心；二是置於死者身旁的一柄有"越王鳩淺（勾踐）自作用鐱"銘文的極其精美的寶劍。為什麼勾踐的用劍會到望山一號墓裏來？死者究竟是誰？他生活在什麼年代……這一系列的問題，是墓葬發掘後十年來，人們所關心和尚待進一步研究解決的問題。

下面，我們就上述問題作一個初步的探討。

一、越王勾踐劍和墓主人

在竹簡中，經常出現"為悼固貞（貞）"和"為悼固遊禱"這樣的話。"昭固"的名字，在現存的殘簡中，一共出現了十三次。從竹簡的整個內容來考察，昭固為此墓的墓主人，是沒有疑問的。

墓主人昭固是一個怎樣的人呢？從他死後的墓葬來看，兩槨一棺，分主室、前室、邊室三部分，殉葬的器物有銅、陶、漆器等，種類多，數量大。銅器造型近似楚王酓忎之器，所不同的，楚王之器有刻銘，略帶花紋，而此墓則多為素面，這說明昭固應該是楚國的大官僚貴族。

擺在昭固身旁的越王勾踐劍，為我們提供了瞭解昭固的十分重要的線索。

勾踐即位初年，國破家亡，君臣皆向吳王稱臣，經過二十二年的苦心準備，才滅吳復國，使"越兵橫行於江淮東"，建立起一代霸業。勾踐死後，他貼身的用劍，必定會作為國寶之一而珍藏起來，當然不可能流入別國，待到越被楚滅後，這劍才可能落入楚國貴族手中，而得劍的昭固，定與楚滅越有關。

根據史書的記載，楚滅越的頭號功臣是昭滑。

昭滑曾被楚懷王派到越國去進行反間工作。據《戰國策·楚策一》記載，範環在說明甘茂不可以相秦時，對楚王說："王嘗用滑於越，而納勾章昧之難，越亂，故楚南察瀨胡而野江東，計王之功所以能如此者，越亂而楚治也。今王以用之於越矣，而忘之於秦，臣以為王鉅速忘矣。"①《史記·甘茂列傳》有內容相似的記載，據兩者異文互勘可知，王是指楚懷王，滑即昭滑。懷王用昭滑於越，終於使越亂，楚才得以把越滅掉。至於昭滑在越國的時間，據《韓非子》的記載，是"五年而能亡越"（《內儲說下》），即昭滑在越國進行了五年的工作，楚國才乘機一舉滅亡了越國。對於這樣一個滅越的大功臣，在越亡國之後，懷王將從越國奪來的戰利品之一"越王勾踐劍"賞賜給他，死後並用以殉葬，這是理所當然的事。

從語言和文字的角度來看，史書上的楚昭氏，戰國文字原作"邵"或"惡"，已無疑問；滑字從水骨聲，與固在秦漢以前讀音很接近②，滑為固的假借字，在音理上也是可以說得通的。而昭固墓的竹簡，文字風格則與楚懷王六年的《鄂君啟節》極其相似，這些都說明昭固確是楚懷王時期的大貴族，他就是史書所載滅越的大功臣昭滑，所以死後才有越王勾踐劍殉葬。

---

① 此據商務印書館 1958 年 4 月重印"國學基本叢書"本。在這一段話中，"納勾章昧之難"和"南察瀨胡而野江東"等句，各書文字頗有出入，解釋也不盡相同。對這些文字的校刊和考訂工作，因與本文關係不大，故從略。

② 骨、固上古同屬見母。滑字上古音在術部，固字在魚部，韻母比較接近。滑字上古是入聲，固是去聲。去聲字許多是從入聲變來的，去入調的字常混用。

二、楚滅越和墓葬的年代

前面說過，昭滑是楚懷王時滅越的功臣，因此，考定楚滅越的時間，對確定墓葬年代的上限，有極其重要的意義。

根據《史記・越王勾踐世家》的記載，楚滅越是在楚威王時。《世家》說，楚威王的時候，越王無彊北伐齊，齊威王使人說越王，於是越遂釋齊而伐楚，楚威王大敗越，殺王無彊，盡取故吳地至浙江，北破齊於徐州，而越以此散。

對於這一段記載，自清代以來，好些人提出過懷疑，我們仔細考察一下，確實疑點很多。

首先，楚威王七年伐徐州與越無關。據《史記・楚世家》和《孟嘗君列傳》的記載，楚威王伐徐州，是因為田嬰為齊相時，促成了齊、魏會徐州相王，威王因此怒田嬰而伐徐州①，不是由於齊說越攻楚的原故。司馬貞《索隱》也說："按《紀年》越子無顓薨後十年，楚伐徐州，無楚敗越殺無彊之語。"我們再從《史記》本身來看，《楚世家》和《六國年表》都記載了楚伐徐州，但皆不書敗越滅越的事，為什麼司馬遷對楚滅蔡、杞、莒那樣的小國都有記錄，而對滅越這樣的大事，《世家》和《年表》卻缺而不書呢？可見《勾踐世家》中所記楚威王滅越之事，不能無疑。

其次，齊威王使人說越王的一段話裏，提到的好些事都不是楚威王，而是楚懷王時候的事。例如，"楚三大夫張九軍，北圍曲沃於中，以至無假之關者

---

① 《史記・楚世家》說："威王七年，齊孟嘗君父田嬰欺楚，楚威王伐齊，敗之於徐州，而令齊必逐田嬰。"《集解》引徐廣說："時楚已滅越而伐齊也，齊說越，令攻楚，故云齊欺楚。"按：徐廣的說法，當本之《勾踐世家》，實不足據。《孟嘗君列傳》說："宣王九年，田嬰相齊。齊宣王與魏襄王會徐州而相王也，楚威王聞之，怒田嬰。明年，楚伐敗齊師於徐州，而使人逐田嬰。"這才是楚伐徐州的真正原因。

三千七百里"，這和《戰國策·秦策二》中"齊助楚攻秦取曲沃"說的是一回事。《秦策》接著說："其後，秦欲伐齊，齊楚之交善，惠王患之，謂張儀曰……張儀南見楚王。"按：張儀南見楚王是在楚懷王十六年（公元前313年），可見"攻秦取曲沃"是懷王時候的事；又如"景翠之軍北聚魯、齊南陽"，我們知道，景翠在楚威王時未被任用，直到懷王時才屢使將兵，所以這些都應該是楚懷王時候的事。

再次，《戰國策·楚策三》"五國伐秦，魏欲和"一節中記杜赫對昭陽說，楚國"東有越累"。可見楚懷王十一年時，越國尚有相當力量，成為楚國後顧之憂。又《水經·河水注》引《竹書紀年》魏襄王（今王）七年四月，"越王使公師隅來獻乘舟始罔及舟三百，箭五百萬，犀角象齒。"反映出楚懷王十七年時，越國仍稱越王，並有相當的經濟實力，可以同中原國家進行獨立的外交活動。這些史實，可以斷定楚滅越應在楚懷王十七年（公元前312年）以後。

楚滅越究竟在什麼時候呢？從前面所引《楚策》和《甘茂列傳》可知，甘茂使楚時（楚懷王二十四年，公元前305年），越已經亡國了。范環說楚王"鉅速忘"，《韓非子》記作"太亟忘"，可見滅越之事，在這（楚懷王二十四年）以前不久。《史記·楚世家》記昭睢對楚懷王說："王雖東取地於越，不足以刷恥……秦破韓宜陽……韓已得武遂於秦，以河山為塞。"《集解》引徐廣說："懷王之二十二年，秦拔宜陽，取武遂，二十三年，秦復歸韓武遂。"（《史記·六國年表》所記相同）昭睢說"韓已得武遂於秦"，可見他說這番話的時候是在楚懷王二十三年。這時，楚已"東取地於越"，把越國滅亡了。所以楚滅越的下限不應晚於懷王二十三年，即公元前306年。

至於滅越年代的上限，《戰國策·趙策》載："齊破燕，趙欲存之。樂毅謂趙王曰……王曰：'善'。乃以河東易齊。楚魏憎之，令淖滑、惠施之趙，請伐齊而存燕。"齊伐燕、惠施使趙是在趙武靈王十二年，淖滑為楚使趙也應當在這一年，即楚懷王十五年。楚懷王派去使趙的淖滑，也就是使越的昭滑①。假如昭滑在使趙後接着出使越國，經過五年亡越（見前引《韓非子·內儲說下》），那麼，滅越的時間，不應早於楚懷王二十年，即公元前 309 年。

由上面的論述可知，楚滅越的年代當在楚懷王二十年到二十三年（即公元前 309—306 年）之間。

確定了楚滅越的年代，就給昭固墓確定了年代的上限，而下限則不應超過楚頃襄王二十一年（公元前 278 年），這不僅因為昭固是一個多種疾病患者（就竹簡所見、有心疾、足疾、胸疾、目疾等等），不可能活到那麼高齡。還由於這時秦將白起已率兵攻陷了楚國的郢都，燒毀了楚先王的陵墓，楚國君臣不得不北遷於陳，在這以後，昭固當然不可能再被隆重地葬在紀南城西了。

在《戰國策·楚策》裏，有一段東周臣齊明為秦相樗里疾卜交說卓滑的記述②，賈誼《過秦論》則把齊明、周最、陳軫、召滑、樓緩、翟景、蘇厲、樂毅並提，所有這些人物，都是相當於楚懷王和楚頃襄王時期各國著名的縱橫家。我們現在雖然無法知道昭滑的具體生卒年，但他確是楚懷王時重要的外交家，是滅越的大功臣，墓葬材料和史籍記載都充分地證明了這一點。

三、茷郢與竹簡的紀年

竹簡中屢次提到"王於茷郢之歲"，茷或作茷，與《鄂君啟節》"王尻（居）於茷郢之遊宮"的茷字大同小異。過去考釋《鄂君啟節》各家都把"茷郢"釋作"茂郢"，認為就是郢都，"茂"是讚美之辭。如果真是那樣，節文為什麼要特別標明"王居於茷郢之遊宮"呢？而簡文以"王於茷郢之歲"作

---

① 《史記·甘茂列傳》、賈誼《新書》作召，《秦本紀》作昭，《楚策》作卓，《趙策》作淖。召、昭、卓、淖皆一聲之轉。
② 《史記·甘茂列傳》、賈誼《新書》作召，《秦本紀》作昭，《楚策》作卓，《趙策》作淖。召、昭、卓、淖皆一聲之轉。

為紀年，又有什麼意義呢？如果真是那樣，節文後面提到的"庚郢"，也當作"庚茂郢"才對。可見"茂郢"不是楚王經常居住的地方，楚王只是在某些特定的場合才來到這裏進行某種活動，所以記事者才用以紀年。如同《鄂君啟節》用"大司馬邵陽敗晉師於襄陵之歲"紀年，近年湖北所出戰國銅戈銘用"獻鼎之歲"紀年一樣。而政治中心，平時管理財政、設有大府機構的郢都，節文只稱作"郢"。同一枚車節或舟節內，有"茂郢"和"郢"兩種不同的地名，這絕不是偶然的。

我們認為茻、茻上從屮與從艸同義，下當為戈，字應釋作茂而讀如哉。殘存竹簡中有一小段寫作"樷郢"，樷字從木，可證茂、戈同音而且確讀作哉。《爾雅·釋詁》："初、哉、首、基……始也。"則"茂郢"應是初郢、始郢、首郢之意，即楚國最初的郢都。

據《史記·楚世家》和《十二諸侯年表》的記載，楚文王熊貲元年（公元前689年）"始都郢"，這個郢都，由於地處紀山之南，後代稱作紀南城。《正義》引《括地志》說："紀南故城在荊州江陵縣北五十里。杜預云：'國都於郢，今南郡江陵縣北紀南城是也'。"這是楚國的第一個郢都，也就是竹簡所稱的"茂郢"。

大概在楚康王的時候，楚國將國都由紀南城遷到新的郢城。《左傳·襄公十四年》（楚康王二年，公元前559年）說："楚子囊……將死，遺言謂子庚，必城郢。"杜預注："楚徙都郢，未有城郭，公子燮、公子儀因築城為亂，事未得訖，子囊欲訖而未暇，故遺言見意。"到了楚平王十年（公元前519年），楚國為了防備吳的侵襲，進一步增修郢城。《楚世家》說："平王十年，楚太子建母在居巢，開吳。吳使公子光伐楚，遂敗陳、蔡，取太子建母而去。楚恐，城郢。"這一年是魯昭公二十三年，《左傳》有類似的記載，說："楚囊瓦為令尹、城郢。"杜預注："楚用子囊遺言已築郢城矣。今畏吳，復增修以自固。"《正義》引《括地志》也說："至平王，更城郢，在江陵縣東北六里，故郢城是也。"

由上面的記載可知，最遲在楚康王元年的時候，楚國已從紀南城徙都到新的郢城。後者是直到公元前278年（楚頃襄王二十一年）秦將白起率兵打敗楚國，攻下郢都以前楚國政治活動的中心，是楚王平時居住的地方。至於故都紀南城，則稱作"菽郢"。由於菽郢是先王所建，祖祀所在，國有大典，楚王才往菽郢，所以大司馬昭陽敗晉師於襄陵之歲，楚國取得這樣少有的軍事大勝利時，楚懷王才會"居於菽郢之遊宮"。舉行慶功典禮，作為值得紀念的大事而記入金節。由於菽郢是楚先王所建的都城，楚國貴族在那裏當然會保留著宮室、土地和大批族人。昭固和另一個昭氏貴族（望山二號墓）死後都埋葬在紀南城附近，就充分地說明了這一點，竹簡用"王於菽郢之歲"來紀年，是不是與懷王在菽郢曾舉行滅越的慶功大典有關呢？這是很值得尋味的事。

由於竹簡"菽郢"的釋讀，不但可以糾正過去在考釋《鄂君啟節》時釋茂之誤，而且給我們提供了認識戰國時期菽郢和郢都的關係的一些情況，這對於瞭解楚國這一段時期的歷史是有幫助的。

四、竹簡的性質和意義

昭固墓的竹簡，"放置在邊室東部，清理時已殘斷，散存於破碎器物殘渣中"①，經過湖北省文物工作隊和博物館同志們的辛勤勞動，才把這些斷簡殘編從爛泥渣中清理出來，"出土時簡呈深褐色，保存情況不佳"②。就現在所看到的竹簡原物，已無一整簡，最長的一簡為42.5釐米，最短的為1釐米左右，一般多在10釐米以下，這就給拼復工作帶來極大困難。我們在排此殘簡內容的過程中，發現這批竹簡在記時、禱祝、占卜等方面，有一些比較固定的習慣用語，可以判斷有些字、詞甚至句子，已經缺佚，因此，要恢復竹簡原貌已不可能，這裏，只能在目前能拼接的基礎上，就其內容作初步探討，談談我們對

---

① 見《文物》1966年第5期36頁。
② 見《文物》1966年第5期36頁。

這批簡的性質和意義的一些看法。

簡文中比較常見的格式是"□□之日□禱先君□□"。這裏記載了禱的時間，禱的名稱和禱的對象。然後，有的簡記載用牲或用玉的多少，有的則沒有記載用牲，用玉的情況，或只記錄結束儀式及後果，如"既禱""未賽"。這是一般常見的通例。還有不少比較特殊的變例，如有的上文不見上述有關禱或祭的時間、名稱和對象，卻突然出現"既饋"二字；有的簡上、中、下三段文字彼此間隔甚寬，明顯是不相連屬的三件事，卻一起記載在同一條簡上。有的簡出現一些孤立的短句，不能在上下文中找到內容上的聯繫。這些情況說明，這批竹簡很可能是墓主人生前詳略不拘，沒有固定格式的雜事劄記，其主要內容似可以說是昭固的家臣為昭固的各種疾病向先君先王及神祇祝禱，或為其他的事貞問占卜的記錄。這是我們從殘簡中就出現次數較多，並且能為我們所理解的某些片斷得出來的初步看法，是否正確，還有待於進一步拼復和研究。

儘管竹簡本身的整個內涵和價值尚須進一步研究，但這批竹簡出土的意義仍然是不可低估的。

這批竹簡既然不是一般常見的記載隨葬品的清單，而是有關墓主人生前生活雜事的劄記，這對我們瞭解昭固其人的生平和歷史是有幫助的。昭固生活在戰國中後期合縱連橫兼併戰爭的激烈年代，各諸侯國在複雜多變的戰爭形勢下紛紛開展爭取與國、孤立敵國的外交活動。處在秦、齊兩大強國中的楚國，連續派昭固到趙國和越國去，昭固應是當時比較活躍的外交活動家，並且是在楚滅越中起過重要作用的大功臣。春秋戰國期間，策士們游說諸侯往往愛用占卜、禱祝附會自然災異論證政治得失。竹簡記錄了昭固生前如此頻繁的禱祝、占卜活動，使我們聯想到在昭固赴趙入越期間，也有可能應用禱祝、占卜於外交活動上，以達到其聯趙、滅越的政治目的。

楚國本來是一個由苗族、夷族等組成的部落聯盟，土生土長的是崇祀鬼神的巫文化。往後在同中原華夏文化不斷融合的過程中，逐漸形成為具有南方特色的楚文化，曾經被認為是北方史官文化和南方巫官文化結合物的《楚辭》，就是這種文化在文學上的代表作。《楚辭》中的《離騷》和《九歌》，在文學創作上無疑是十分傑出的作品，但它也反映了楚國當時巫風盛行，祭祀鬼神用巫歌，巫師行術要唱禁咒辭等，為迷信風俗的氾濫。《離騷》、《九歌》、《天問》等的作者屈原，差不多與昭固同時，竹簡中有關昭固生前迷信活動的記載，可以作為《楚辭》中關於楚人迷信習俗的佐證。特別是昭固本人有病不求藥，只乞靈於禱祝、祭祀，就是當時楚國統治集團中迷信思想和生活習俗的集中反映。馬克思、恩格斯指出："任何一個時代的統治思想始終都不過是統治階級的思想。"（《共產黨宣言》）由此可見，楚人迷信鬼神的落後意識，始終都不過是楚國特別保守的奴隸主貴族的思想意識。通過這批竹簡，使我們對楚國思想意識和文化的某些方面，有了進一步的瞭解。

這批竹簡的文字，也同其他的戰國文字一樣，充分表明戰國時期文字混亂的現象異常嚴重。簡文中有些異體字尤為顯著。如"綠"作𥿈，又或加上亻旁、彳旁和糸字偏旁，禱字更為繁變。又如"之日"、"之歲"，或分書，或合書，都無一定。至於不同的器物，情況就更加突出了。如楚國大貴族昭姓的昭字，竹簡作惄，《鄂君啟節》寫昭陽時作卲，寫昭𦉈時又作惄了。丙字金文作閃、见諸形，而這批竹簡與楚帛書作冋，增加了口的偏旁。這種情況，說明戰國時期不僅不同地區之間"文字異形"十分紛繁複雜，影響人們互相交流思想，就是同一地區寫法也不一致，造成認識和書寫上的不少困難，這同當時迅速發展的經濟，文化是不適應的，不利於國家的政治思想和文化的統一，所以秦始皇統一六國之後，就實行"書同文字"的必要措施，著手改革文字的工作。這批出土的文字資料再一次證明：秦始皇"書同文字"是順應時代潮流的大好事，對於後來中國文字的發展有著深遠的影響。

竹簡的出土，對我們瞭解戰國時期（尤其是楚國）的典章制度也是有幫助的。例如，以特殊事件為紀年，在春秋戰國時期是習見的[①]，竹簡用"王於菠郢之歲"來紀年，又提供了一個史籍從未記載過的例子。從竹簡的記載中，

[①] 見顧炎武《日知錄》卷十二"古人不以甲子名歲"條及出土文物《陳純釜》、《國差𦉈》等。

我們還可以知道楚人迷信活動中的某些細節，簡文除祝、占、貞外，還有禱祭等所包涵的具體名目，如"禱"又可細分為逈禱、貪禱、罷禱、胸禱等，祭祀有棠祭、饋、月饋等，所需用品有酒食、綠玉、哉牛、白犬等；祭祀的對象，除了先公先王之外，還有司命等神祇。這些名目，說明楚人迷信活動中的繁文縟節，也是古籍所罕見或未見的，可以補充歷史文獻的不足。

此外，竹簡記載墓主人的各種疾病，已經有了比較確定的分類，說明當時對疾病的認識是比較唯物和進步的，具有一定的科學知識，對於病理學史的研究，也有一定的參考價值。

最後，由於這批竹簡具有比較確定的相對年代，墓主人身份也比較明確，這對竹簡的斷代和其他文物的研究，無疑也是一根可供參考的標尺。

以上僅就望山一號楚墓中的幾個問題提出一些初步的看法，不妥之處，希望同志們批評指正。

［原載《中山大學學報》（哲社版）1977年第2期。原署名爲中山大學中文系古文字研究室楚簡整理小組，第四部分由曾憲通撰寫］

說文新解質疑

杜定友先生連續在羊城晚報《學術專頁》發表了幾則《說文新解》，企圖對《說文》中的某些字作"簡單說明"，並且"不泥舊說"，這是應該歡迎的。但是讀罷杜先生的《新解》以後，覺得在引證材料和解釋字義上，有些是欠妥當的，現在提出和杜先生商榷。

"四"，杜先生說："四从口八，可能口是一個方形或圓形的物體，對切二次，就可以分為四份。"（1962年2月22日學術專頁）在甲骨文和早期的金文中，凡是記數的"四"字，都劃四橫寫作亖，從春秋時起，才借"四"為亖，如邵鐘的㗊，大梁鼎的㗊，鄴孝子鼎的㗊（即从㗊形略變）等。按四，實為"呬"的本字，《說文》口部呬："東夷謂息為呬，从口，四聲。《詩》曰：'犬夷呬矣'。"《爾雅》、《方言》亦均訓呬為"息"，從金文來看，㗊㗊均象張口見舌，氣从口角舒出之狀，《說文》省作㗊，引古文作㗊，其所从之八，象氣衝口而出，形義更為明顯，進一步證明四為呬之本字無疑。氣息之"四"被借作數名亖以後，不得不增口於四旁以代四（呬）字。由此可見，四字的本形本義及用為數字的轉變過程是較為清楚的，杜先生"對切二次"之說，我認為不易成立。

"九"，杜先生說："'九'是'肘'的本字，'九'、'肘'音近，就借作'九'為數目字，而另造'肘'字。"（3月8日學術專頁。）過去丁山先生也有這種說法："九本肘字，象臂節形。"（《數名古誼》。）按九（舉有切）、肘（陟柳切）二字，韻雖同而聲有別，九屬見母，是牙音，肘屬知母，是舌音，發音部位相差甚遠，要說音近，那手（書九切）與肘的音更近，不但韻同，聲母的發音部位也相同。從字的形義上看，在甲骨文和金文中，一般用ᒋ代表手，肘从月（肉），从寸（與从ᒋ同），為後起字，因此，知先有ᒋ而後有肘，ᒋ、肘一脈相承及其發展的相互關係明白可見；在意義上，手和肘同為手臂的一部分，它們之間的關係都比九、肘要密切得多。

　　商承祚教授認為："從古文字十個基數字中的一二三三是用積劃，可推論出，原始社會的人們，最初是採用增加積劃的方法來記更多的數目的，這在實際運用中有許多不便與麻煩，他們早有感覺，但如何用簡單明了的筆道記下較大的數字？經過長時間的經驗積累，才從═字找到了變化；即交叉═而成✕（五），取✕之半而變為∧（六），擺正了✕而為十（七），分開∧而為八（八），在'十'（七）的橫劃右端加一垂直筆代表ᒀ（九），豎起'一'來就是丨（十）。五至九這幾個字，都未超出兩劃，我們清楚地看到，這是變化確立後代某一數字的原始形狀。到了商周，五和六各增加了兩筆，五寫作了✕，六寫作∧，而九字屈曲美化其形態。過去文字學家不察，認為ᒀ形似人肘，是與原意相去日遠的。"商先生從積劃追本溯源，其說自較"九本肘字"為優。

　　"白"，《說文》卷四上作白，卷七下作白，都用為部首，楷書一律寫成白，沒有區別。許慎認為白與"自"是一字，"自"下云："鼻也，象鼻形。"這種說法是對的。自字甲骨文作ᚼ，金文作ᚽ，的確和鼻子的形狀很相似，它是原始的鼻字。"自"不用作鼻，而轉為"自己"，"自從"的意思，從商代起已如此，其後，不能不另造一個从畀聲鼻字來代替"自"，"自"的初義從此湮沒。

　　杜先生所引的白，是卷四上的白，可是後面的解釋又是卷七下白字的意思（3月8日學術專頁），無疑是根據楷書兩字寫法相同，就把兩個完全沒有一點關係的部首拉在一起來談，是令人難以首肯的。

　　前人對白字的解釋，其說不一，有釋白為米粒的；如明趙撝謙《六書本義》："米粒，果蓏核仁也。"清徐灝即推崇米粒之說的一人，他說："白从入二，義不可通。……古鐘鼎文多作白，無从入二者。……皂之上體白，正象米粒，即白字也。"（《說文解字注箋》。）杜先生也說："'白'是米形，中間一點，所以指明'白色'之白。"在甲骨文中，日作日，象形；白作白，商先生認為："略變日形而銳其上者，意謂日之始升，其光噴薄上引，造字者擬其意以圖其形如日而銳其頂。"朱駿聲《說文通訓定聲》訓白作"太陽之明也"是很正確的，他並且引了許多古書中白訓日光的例子。還有，從日之字如皓，《說文》訓日出；暞訓皓旰，後人均釋作白，這都說明了日白二字的確有其淵源關係。

"食"，杜先生說："食从A白匕，意思就是說：裝了（A）一匙（匕）的飯（米）可以吃了。"（3月22日學術專頁）在甲骨文和金文中，食字都不从白、匕，甲骨文作🍲，金文作🍲，𠭯、𠭰是一種圈足形盛事物的器皿，A是器蓋，異常形象。甲骨文饗字作🍲，金文作🍲、🍲，均象兩人對器而食。又《說文》即，"即食也。"甲骨文作🍲，金文同，皆象人於𠭰旁就食形。

"干"，杜先生說："'干'是'幹'的本字，形如枝幹。"（4月5日學術專頁。）按許慎說干"从反入，从一"，徐灝和林義光都曾懷疑這種說法。徐著《說文解字注箋》："木之正出為干，亦作榦。"林著《文源》："丫實竿之古文，梃也。"干字，金文作丫、丫，均與杜先生所畫的丫形不同。丫是甲骨文的屰（逆）字（金文略同）。過去有人根據"干戈"連文釋干為"盾"，"干"是兵器沒有問題，但說是盾，就有問題了。《說文》兵，"械也。从廾持斤（斤是一種斧類的器物）。古文作🍲，从人，廾持干。"持干和持斤意同。從金文的干字看，下有柄，上有枝可刺人，可見"干"絕非一種蔽矢拒槊之器，而是刺兵。我以為"干"可能是先於戈的一種"角兵"，或者是像叉一類的東西。正因為"干"是刺兵，所以才有"干涉"、"干預"等詞出現。

"王"，杜先生說："'王'可能就是玉字，……王與玉無異。""金文'玉'均作'王'，可能是指古代帝王貴族或首長所佩的玉飾，就把它作為王字。……玉與王在必要時才在旁邊加一點，作個區別。"（4月5日學術專頁）其實王玉二字，小篆並不相同，甲骨文、金文的區別則更大，甲骨文王作𠂇𠂇，玉作𡘩𡘩，金文王作王王，玉作王。金文王字中劃上移，玉字三劃相等，書寫格式相當嚴格，怎麼能說"王與玉無異"呢？小篆就是根據金文寫法的，兩字亦從不混淆。杜先生把金文的"王"（玉）和楷書的"王"字交雜在一起來談，是難以講得通的。

吳大澂據金文釋王為"盛也，大也。从 二 从 㞢，㞢古火字，地中有火，其氣盛也。火盛曰王，德盛亦曰王。"（《說文古籀補》。）羅振玉採其說以說甲骨文，謂从 △ 與从 㞢 同。郭沫若先生不同意這種看法，認為甲骨文和金文中的"士、且、王、土同係牡器之象形"，這是人類社會由母權時代轉入父權時代生殖崇拜的遺跡。"在初意本尊嚴，並無絲毫偎褻之義。入後文物漸進則字涉於嫌，遂多方變形以為文飾。故士上變為一橫筆，而王更多加橫筆以掩其形。"（《甲骨文字研究》釋祖妣）立意新穎，不失為一種創見。

杜先生解釋文字時，還繪了許多圖來表明字義，這種辦法本是可取的，但所繪的圖，僅依據小篆去構想，沒有更廣泛地運用比它古的文字，以及參考出土的古代器物，這樣畫出來的圖形，自然難免不流於主觀臆測。如"四"，甲骨文和金文明明作 三，杜先生卻從小篆的㗊設想出一個 ⊗。"食"，說是"从 A、白、匕"而"白就是指米"，怎麼又把"白"改作碗形，"A"代表碗內的東西？"匕"又到哪裏去了呢？前後兩說不是自相矛盾嗎？"千"字甲骨文作 ㄅ，金文同；"禾"，甲骨文作 ㄆ，金文亦同，怎麼能說"千與禾的字頭相同"？（4 月 5 日學術專頁）"氏"，杜先生說"象劍形"，可是細察所繪之圖，其柄卻似半環形的指揮刀（4 月 19 日學術專頁），我驗諸出土的古代兵器，從商到漢的各種短兵中，還沒有見到這種半環形柄的刀或劍。其他像王、白等字的繪圖，也有類似的不妥之處。

由以上的分析中可以看出，杜先生因沒有大量運用比《說文》更早的材料，從字形排比中看出這些文字形體的演變、發展規律，再結合音、義加以闡述，因而得出來的結論自然也就難以令人滿意了。

上述看法不一定都對，希望杜先生和讀者不吝指正。

〔原刊 1962 年 7 月 26 日《羊城晚報》第 2 版（學術專頁總第 33 期）〕

字詞辨正

一、兩組形近字

"舀"與"臽"

舀字小篆寫作𦥑，《說文》曰："抒臼也。从爪臼。"按"抒臼"之意，是指舂好了粟以後，自臼中挹出之，所以舀是一個會意字。後來舀字用作專指舀液體之類的東西，那是後來的引伸義。

陷阱的陷，古字僅作臽，小篆寫作𦥑，《說文》曰："小阱也，从人在臼上。"段玉裁曰："古者掘地為臼，故从人臼會意，臼猶坑也。"後來臽井二字皆加阝（阜）旁，寫作陷阱，大概是因為山陵之地多陷阱，於是加阜旁以表意了。其實原來的臽字也是一個表意字。

明白了舀、臽二字造字的原理，對這兩個字以及用它們作偏旁的字就不易寫錯了。例如滔天的滔、水稻的稻、舞蹈的蹈、韜略的韜等等，都以舀為聲符，決不能寫作臽；而陷、餡、諂、燄、閻等字皆从臽，就不能寫作舀了。

"本"和"夲"

"本"是一個常用字，一般人都不會寫錯，但有些人在書寫時卻經常寫作"夲"，這就把兩個不同的字混為一談了。

"本"的原義是指樹木的根部，古文字裏的本寫作𣎵，在"木"的下部加一圓點，指其根部，是一個指事字。後來這個點變成了一短橫，就成為現在的樣子了。

"夲"，《說文》曰："進趣也，从大从十……讀若滔。"進趣即進趨的意思，這個字今天已經不通用了，但常用字中卻仍然保留有它的痕跡，例如"皋"就从夲。又如奏字它原來也是从夲的，小篆寫作 ▨，楷化以後就譌變為从"天"了。

（香港《大公報·文采周刊》1985年2月12日第2期）

二、"末""未"及其他

"末"和"未"

和本字有聯繫的是末字，人們常說"本末倒置"，可見這兩個字的意義是相反的，從造字上來講也是如此。末和本一樣是一個指事字，在古文字中寫作 ▨，小圓點加於"木"之上部，指其末梢。

末、未之別在於上面一橫畫之長短。未，小篆作 ▨，《說文》以為"象木重枝葉"形，後來用作副詞，如"未可厚非"、"未敢苟同"，其義為不；"未婚"、"未成年"，其義則與"已"相對了。

筆者以為要將一些容易混淆的形近字區分清楚，光憑死記，法不足取。如果明白一點造字的原理，掌握一些字形的流變，就印象深刻而不易出差錯了。如有一刊物以篆書題"周末"二字刊頭，"末"誤作 ▨。

"市"和"巿"

"市"和"巿"形體極其接近，它們的區別在於巿字上面是一點，而市字則為一豎直下。巿是一個很古老的字，它是古代的一種祭服，形如今之圍腰，在金文和小篆裏都寫作巿，是一個象形字。

大家都知道古人對祭祀和戰爭兩件事是非常重視的，這就是所謂"國之大事，在祀與戎"。西周時代，周王賞賜給臣下的物品中，往往有所謂"赤巿"或"朱巿"，與"玄衣"一起賞賜。這個古老的巿字後來不通用了，現在通行的寫法是韍、帗或黻。"巿"字雖然不通用了，可是以"巿"作聲符的肺字卻是一個常用字，這個字十之八九的人都寫作"肺"，這就寫得不正確了。又如在臺灣大學教過書的許壽裳，字季巿，亦作季帗或季黻，魯迅因為跟章太炎學過《說文》，通信時喜用古字，往往寫作"季巿"，研究魯迅的專家們可能是一時大意吧，編書時就將"許季巿"改名"許季市"了（《魯迅在廣州》七八頁）。

(香港《大公報·文采周刊》1985年3月5日新5期)

三、錫茶壺的故事

據說張之洞手下有一小吏，自命飽學而又經常寫錯字，張之洞有一次寫了"錫茶壺"三字問他，此公不加思索，信口而答："錫茶壺！"樂得張之洞哈哈大笑。

"錫茶壺"比"錫荼壼"每字各多一橫，形雖近而義卻有別。

錫从金易聲，而錫則从金昜聲，後者音陽，《說文》釋錫為"馬頭飾也"，一曰"鍱車輪鐵"。其實赤銅亦謂之"錫"（見《廣雅·釋器》)，陝西長安張家坡出土的五年師事簋銘中，有賞賜給師事"十五昜登"的話，有學者以為"昜登"即"錫簦"，也就是銅兜，可為佐證。

荼音途，是一種苦菜，與茶音意皆別。

壺壼二字最易混淆，後者音綑，《爾雅·釋宮》："宮中衖（同巷）謂之壼"，可見壼的原義為宮中巷道。此二字在小篆中分別是明顯的，壺作🍶，壼作🍶，可是變為楷書時，它們就只有一筆之差。

(香港《大公報·文采周刊》1985年3月26日新8期)

四、說"刊""切"

刊物、刊行之刊，過去所鑄鉛字字模大多作刊，極少寫作刊的。現在內地各種報刊雜誌都一律寫作刊，从"干"不从"千"了。从干是有道理的，《說文》有刊無刊，曰："刊，剟也。从刀干聲。"大徐本引孫愐《唐韻》音"苦寒切"。《康熙字典》引《玉篇》另有一刊字，音"七見切"，義為"切也"。《韻會》曰："刊从干戈之干，刊从千與刊異。"可見亦有區別，但實際使用時卻經常混而為一。寫作刊雖然能避免豎筆重出而有所變化，但悖於造字原理，故當以从干為是。

切，从刀、七聲，故其左邊之聲旁"七"切不可寫作"土"，許多人因不明字理，常誤將切字寫作"切"，就不正確了。

中國的漢字，有着源遠流長的歷史，古人曾將漢字造字之法歸納為六種條例，叫做"六書"，即象形、指事、會意、形聲、轉注、假借六種。學者們一般都遵循戴震"四體二用"之說，謂前四種為造字之法而後二種為用字之法。按照"六書"的理論，刊、切二字皆形聲字，干、七都是聲符，瞭解了這一點，就不會將刊、切寫作从千、从土了。

懂一點漢字造字的原理，對於正確理解和書寫漢字，不無裨益。

（香港《大公報·文采周刊》1985年4月16日新11期）

五、"邨"和"村"

邨，《說文》曰："地名，从邑屯聲。"徐鉉曰："今俗作村，非是。"段玉裁曰："本音豚，屯聚之意也，俗讀此尊切，又變字為村。"可見邨、村二字原來是有區別的，由於邨讀同村音，與原來聲符屯已不相合，於是又創造了一個从寸聲的村字。

《說文》中沒有村字，從徐鉉在邨字下所加之注來看，村字在唐、宋時民間已頗為流行，所以孫愐《唐韻》亦作"此尊切"，其實村字之用，尚可以追溯得更早，例如陶淵明《桃花源記》中就有"村中聞有此人，咸來問訊"之語。邨、村二字究其本源雖有區別，但後代卻通用了。倣古之士喜用邨，而一般人卻習用村字，因為村字更符合漢語形聲字造字的原則，故有極強的生命力。

（香港《大公報·文采周刊》1985年5月14日新15期）

六、說荒疏

荒疏一詞，指學業、技術因平時缺乏練習而生疏，詞意並不難理解。可是從文字學的角度來考察，此二字的形體卻大有文章。

荒从艸、巟聲，巟又从川、亡聲。《說文》曰"巟，水廣也"，是巟有大水茫茫之意，加草頭則為荒蕪之荒。疏，《說文》曰："通也，从㐬从疋，疋亦聲。"所从之"㐬"雖與"巟"字楷書形近，但造字之意卻大相徑庭。"㐬"本是一個倒寫的子字，其下所从非"川"，乃是象小兒髮形的"巛"，此點從《說文》子字所引之古、籀文形體一看即明。按《說文》育下引或體作毓，毓从每（同母）、从倒子（㐬），其造字之意為母親生下了孩子，故毓之原意為生育，倒子形的㐅和㐬，按《說文》的解釋當讀作突，其意為孩子突出了母體，誕生了。

明白了巟、㐬二字造字的原理，就可知巟从亡聲，切不可寫作"㐅"，而"㐬"之上部亦不能寫作"亡"或"㐅"。从巟的字有荒、慌等，而从㐬或㐅的字則有疏、梳、蔬、流、硫、毓、育、棄等字。這些都是常用字，人們習焉不察，大多把後者所从之"㐅"寫作"云"，此於識字雖無大礙，但深究其源，卻顯得有些"荒疏"了。

(香港《大公報·文采周刊》1985年6月11日新19期)

七、兩組形近字

"易"和"昜"

難易之易，其形體究竟怎樣分析，自東漢以來，學者們多不甚瞭解。《說文》曰："易，蜥易、蝘蜓、守宮也。象形。秘書說，日月為易，象陰陽也，一曰从勿。"按蜥易即蜥蜴。蜥蜴、蝘蜓、守宮乃指四腳蛇、壁虎之類，許慎以為"易"字即象其形。其實我們不管是從小篆或是從古文字看，說"易"是蜥蜴之類的動物是很勉強的，緯書（即秘書）說"日月為易"或謂易"从勿"，也都不合造字的原意。金文中有許多易字，形體甚奇簡，多用作錫（賜），過去學者們皆不知所象為何意，自從德鼎、叔德簋等銅器被發現後，方知金文中之 ∮（易）是 ❦ 的省變，也就是原始的溢字，把酒從壺裏倒出來賞賜給臣下，所以"易"才有賜義，這與四腳蛇、壁虎之類的動物，完全是風馬牛不相及的兩碼事。

和"易"字形體極近似的有"昜"字。昜就是陰陽的陽，象日下旗幟飛颺之形。由於从"昜"的字有很多常用字，如楊、陽、揚、煬、湯、盪、場、傷、腸等，所以从易的字如錫、賜、踢、惕、剔等則極易誤寫作"昜"。例如錫字，有些人因為不認識"鍚"（音羊，馬頭飾）就把从易之錫誤寫作从昜之鍚了。在簡化漢字中，昜簡化作𠃓，而易則沒有簡化，此點亦應注意。

"次"與"佽"

次，《說文》曰："不前、不精也。"按不前、不精皆有居於次要者之意，故次有次第、次序之義。許君又謂次"从欠、二聲"，是將此字作為形聲字。按"从欠、二聲"之說學者們多有懷疑，當云"从欠从二"，應該是一個會意字，或者說"从欠从二會意，二亦聲。"則為會意而兼聲。

與次字形體極其近似的是次字，《說文》曰："次，慕欲口液也。从欠从水。"按欠字在古文字中象人踞而張口之形，張口而有口液流出，是此字當為涎（音賢）之初文，後涎行而次廢。以涎代次是漢字逐步向表音方向發展的一種趨勢，它更符合漢語的特點，故有極強的生命力。雖然"次"已經不用了，但从"次"之字卻仍然在某些常用字中被保存下來，如羡慕的羡、盜賊的盜，皆从次而不从次，但在簡化字中卻都改作从"次"了。

（香港《大公報·文采周刊》1985年7月9日新23期）

八、"壯志"二字的來歷

壯志指有偉大的志向。人們經常說壯志凌雲、豪情壯志，可是書寫者卻往往將此二字所从之"士"寫作土，這就有悖於造字的原理了。

按壯《說文》入士部，解作"大也，从士爿聲。"士在古代多指男性而言，故士女對稱，特指未婚之男女（後來泛指男女），又組成壯士、武士、甲士、文士等詞。對於士字的解釋，《說文》曰："士，事也。數始於一終於十，从一从十。孔子曰，推十合一為士。"按士訓為事，乃聲訓。"推十合一"之說蓋出自漢人緯書而偽託孔子之言，故非士之原義。根據古文字學家們的分析，甲骨文中的士，乃牡器之象形，故牡、牝皆从士而指雄性的牛羊，《說文》亦曰："牡，畜父也。"知道了壯从士，則莊、裝、奘等从壯聲的字，皆不可誤士為土了。

志，《說文》曰："从心之聲"。可見志字聲符形雖如"士"，但卻不是士字，而是從篆文的之（㞢）字變化而來。在楷書中形如"士"而來源於其他形體的，尚有壺、壹等，"士"乃壺蓋之象形；鼓、喜、磬、聲等，"士"乃鼓上飾物或懸磬之虡的象形。

（香港《大公報·文采周刊》1985年7月30日新26期）

九、"兒"和"皃"

兒童的兒，篆書和楷書寫起來上部都與"臼"字相同，其實它的原意不是舂米器具的臼，而是像兒童的頭部，《說文》曰："兒，孺子也，從儿，象小兒頭囟未合。"古人觀察事物是相當細緻的，小兒出生后，顖門未合，故以"臼"形象之。這是抓住了兒童的特點來創造的文字。與兒字形體極近的是"皃"字，《說文》曰："皃，頌儀也，從人，白象人面形"，引籀文作貌，謂"從豹省"。頌就是容貌的容字，"頌儀"是指容貌儀表的意思，所以"皃"是容貌之貌的原始字。

皃字已經不通用了，現在通行的寫法作貌，不明此字造字之理的人往往將貌字的右邊寫作從"兒"，這就有違造字的原意了。

（香港《大公報·文采周刊》1985年8月6日新27期）

十、說　亞

亞是一個常用字，在古書中，有一個從亞的壼字，常常被人誤寫作茶壺的壺字。按壺與壼，楷書形極近而義卻大不相同。壺是一個象形字，象古代長頸、鼓腹、有蓋之壺形；而壼字則音綑，《說文》曰："壼，宮中道，从囗，象宮垣道上之形。"《爾雅·釋宮》曰："宮中衖（同巷）謂之壼"。可見壺、壼是完全不同的兩回事。由於壼字在現代漢語中已不通用，而人們對亞字卻又很熟悉，所以寫壺字的時候，往往加多一筆誤寫作壼了。

在銅器銘文中，有許多族氏名號，或稱亞某，或置於亞形之中，歷代的研究家們，對於這種現象，作過許多推測，但迄今仍無一致的意見，現在從壼字的解析中似乎可以得到一些新的啟示。小篆壼字下部所從之🈳，與金文之亞，形體來源相同，壺為"宮中道"，則亞之原義亦當指某種宮室之平面形。我們知道，古代的君王與諸侯，其宮室城廓有着嚴格的區別，商代東方的諸侯，其宮室建築多為亞字形，考古發掘中發現的"亞"形大墓（如益都蘇埠屯的亞醜墓）多為諸侯級墓葬即是明證。䚄簋銘文說："王曰：䚄，命汝司成周里人，眔諸侯、大亞訊、訟、罰……"，這裏的諸侯大亞，是指被遷移來成周的東方諸侯，所以排在成周里人之後，二者並稱，正好說明"亞"已從建築形制引伸為爵稱。由於諸侯是僅次於王的，所以亞又有次一等的意思，人們常說的亞軍，正是這樣來的。《說文》引賈侍中說"以為次弟也"，亦即本此。由䚄簋銘文可知，大亞是東方諸侯的爵稱，東方民族在周代是被征服的民族，時人稱之曰"東夷"，夷字在金文中皆寫作"尸"，以表輕視之意，所以《說文》訓亞為"醜也"。至於解析字形為"象人局背之形"，則係據小篆形體之臆說。

總之，《說文》曰："亞，醜也。象人局背之形，賈侍中說以為次弟也。"除了字形分析有誤之外，其他皆有所本而不盡符合造字的原意。

（香港《大公報·文采周刊》1985年10月1日新35期）

十一、戌橫戍點戊空心

記得讀小學的時候，語文老師怕小學生將戌、戍、戊等形近字寫錯，就教了一句口訣："戌橫戍點戊空心。"四十年過去了，我一直記得這句話，所以從未將這幾個字寫錯。

用背口訣來辨別形近字，是一種行之有效的方法，如果再懂一點字形的流變，那就能進入理性認識的高度，就能講出個所以然了。先說戊戌吧，有名的"戊戌變法"即以戊戌二字紀年。戊音務，是天干的第五位，戌音須，是地支中的第十一位。戊戌二字從古文字形體看，應是斧鉞類的兵器，原本象形字，後來借用為天干地支之名。

戍音恕，楷書形體與戌字極近，不同者僅字中有點、橫之別。《說文》

曰："戍、守邊也，从人持戈。"可見這個字不是戊字加一點，而是从人持戈，即字的左邊一撇一點是由人字變化而來，所以這是一個會意字。戍之義為軍隊之防守，古之戍邊、今之衛戍部隊等皆用此義。

與戍形體相近的還有戉字，在現代漢語中，戉字只用作偏旁，如越、鉞等。戉也是斧類兵器，在古代的青銅器中，如越王勾踐、州勾的寶劍，越字都寫作戉。虢季子白盤銘文說："賜用戉，用征蠻方"，戉字形體與戊字相同，可證它們來源相同，後來才分化為二字。

（香港《大公報·文采周刊》1985 年 11 月 26 日新 43 期）

十二、釋　登

登和祭字的上部很相似，容易混淆，但是明白了這兩個字造字的原理，就絕不會寫錯了。祭是一個會意字，《說文》分析其形體結構為"从示，以手持肉。"可見祭字左上部所從之"夕"是篆書肉字的變體，決不能寫作"夕"，或象登字左上部那樣。而登的上部則由篆書的"癶"（讀若撥）變化而來。

《說文》解釋登字曰："上車也。从癶豆，象登車形。"從篆書看，登字的上部从二止，象左右兩腳之形。因形見義，當與行進、上陞等義有關，所以《爾雅》曰："登，陞也。"《玉篇》曰："登，上也，進也。"但許慎所說"象登車形"卻使人難以理解，豆怎麼能和車聯繫在一起呢？如果進一步從古文字考察，就可以知道，許慎所說的"象登車形"是不符合造字的原意的。從金文看，早期的登字作兩手捧豆形，豆原是一種盛黍稷的陶器，周代才以豆為薦菹醢之器，遂成為肉食器。可見登的本義應為登奉，進奉之義，後來才引伸為登高、上升等意，於是再在字的上面加上兩個止。登字形體的演變，早期為兩手捧豆形，後來在上面加"癶"，這是一種過渡的形式，如部分晚期的金文和《說文》所引籀文即作此形。最後再去掉左右兩"手"而成為現在通行的登字。

綜上所述,《說文》對登字形體的分析是不符合造字的原意的,如果按照嚴格的六書條例來分析,登應該是"从癶,𤼪省聲。"是一個省去了部分聲符的形聲字。或者說,是一個省去了部分形體的會意字亦可。

(香港《大公報·文采周刊》1985年12月24日新47期)

十三、牀笫之言不逾閾

"牀笫之言不逾閾",是《左傳·襄公二十七年》裏的一句話。根據記載,這一年,鄭伯在垂隴設宴招待趙文子,跟隨鄭伯出席的伯有賦了一首《鶉之奔奔》。這是《詩經·鄘風》裏衛人諷刺衛宣姜淫亂的一首詩,趙文子聽了,就說了"牀笫之言不逾閾,況在野乎?非使人之所得聞也"。這樣一段有名的話。後人在講到"牀"一詞時,往往引此為例。"牀笫之言不逾閾"這一句中,有兩個字應十分注意,一是笫字,一是閾字。

笫音子,指牀上竹編的墊子,與今之竹蓆類似,牀笫就是指牀上。由於笫字與次第的第字形體極近,所以有些粗心的讀者往往把"牀笫"讀作"牀第"。另一個"閾"字,許多人不認識,此字音域,意為門檻。牀笫之言不逾閾,是說床上的話不出門檻。由於前些年提倡用簡化字印古書,把閾字簡化成阈,粗一看很像國字,所以有的人,包括某些做學問不細心的人,引用《左傳》的這一句話時,就把它變成"牀笫之言不逾國"了。床上的話不出國,這與原意相差多遠啊!

(香港《大公報·文采周刊》1986年1月14日新50期)

十四、兩組形近字

剌和刺

剌、刺二字的區別,在於一从束,一从朿,僅差一短橫,書寫者每每混用。按朿即刺字之古文,《說文》訓朿為"木芒也,象形,讀若刺。"从朿的字有棗和棘。朿的篆書確像木芒棘刺之形,但在甲骨文和金文裏,朿並不像木芒形,所以木芒之說當據小篆而言。楷書的朿,象形之意盡失,於是另加立刀旁,才寫作刺,這是刺字形體演變的過程。

剌(音辣)字現代漢語中已不常用,但仍用作偏旁,如喇、瘌、蝲等字皆从之。《說文》訓剌為"戾也",謂字"从束从刀,刀者剌之也。"這種解釋非常含糊,所以徐鍇注曰:"剌、乖違也,束而乖違者,莫若刀也。"儘管徐鍇有注,後代的說文家也有解釋,但總跳不出小篆字形與許書的束縛。

棘手與辣手

雙朿並列是為荊棘之棘。人們形容事情難辦如荊棘刺手,常用"棘手"一詞,由於棘字不常用,形體又與辣字相近,而毒辣、辣椒等字則為人們所習用,所以好些人常用辣手而不用棘手。語言有一種約定俗成的特性,大家都這麼用了,這種用法也就得到社會的承認,不算錯了,所以《現代漢語詞典》在辣字下即收有"辣手"一詞條,如溯其源,當與棘手有關。

(香港《大公報·文采周刊》1986年1月28日新52期)

十五、"今朝有酒今朝醉"

"今朝有酒今朝醉"這句話消極思想頗濃,今天已不合時代潮流,故不為時人所樂道。但人們是否還知道,從古文字看,"今"字確實和飲酒有關呢?

《說文》把今字隸屬亼（音集）部，許慎據小篆形體解釋說："今，是時也。从亼从㇇，㇇、古文及。""是時"是目前，現在的意思，跟"古"相對，這是今字通行的意義，自然是正確的。但把今字分析為从亼，从古文及卻不符合漢字造字的歷史了。

如果從古文字考察，篆書今字所从之亼應是一個倒寫的口字，下面伸長的一筆則和飲食有密切的關係。飲字小篆作䜅，《說文》分析其形體為"从欠、酓聲"。引古文異體一从今从水，一从今从食（卷八下）。這幾個寫法不同的飲字，不管是从酉（酉是酒罐子）从水也好，从食也好，這些偏旁都置於"今"之下，說明"今"是飲食的主體。在原始的文字中，"今"像人俯首張口伸舌就食之形，後來今借作今天的今了，才在它的下面加酉、加水、加食等偏旁，用會意的方法造成飲食的飲字，最後才變成現在通行的樣子。

和今字只有一點之差的"令"字，上部也是一個倒寫的口，表示發號施令自口出，下面的"㔾"是一個跪着受命的人形，還是很形象的。漢字發展到今天的楷書，今和令從形體上已看不出它們原始的意義了，而且一點之差，也容易弄錯，但是當我們想起"今朝有酒今朝醉"這句話時，不是可以形象地記住今、飲、令等字的來源麼？

（香港《大公報·文采周刊》1986年2月18日新54期）

十六、襌宗與襌衣

襌宗是我國佛教著名派別之一，自從六祖慧能衣鉢南來後，襌宗在南中國廣為流行，後來還傳到日本。關於慧能的故事，許多人，特別是廣東人是很熟悉的，這裏就不多說了。值得一提的是，有一個與襌字極其近似的字，這就是"襌"字。

長沙馬王堆漢墓曾出土一件素紗衣，它薄如蟬翅，輕若浮雲，乃舉世矚目的國之瑰寶。根據文獻及西漢墓葬出土遣冊的記載，此物名曰"襌衣"，也就是單衣。《說文》曰:"襌,衣不重,从衣單聲。"許多人不認識這個"襌"字,往往誤讀作"禪衣",如果再根據禪宗、禪堂、參禪、禪機等詞去類推,以為馬王堆的老太太曾穿着這件衣去參禪的話,那就鬧笑話了,因為襌衣是內衣,哪能穿着去禮佛呢?

衣、示二字,形體區別較大,但它們作為偏旁時,就只有"一點"之差,衣作"衤",示作"礻"。這兩個形近偏旁極易混淆,但我們知道了它們的來源以後,就不易寫錯了。因為與服飾有關的字多从衣,如衫、袖、裙、裾、被、襖、袍、褲、褸等,而與宗教等活動有關的字則从示,如祀、神、祈、祝、禱、福、禍、祥、祐等。當然有些字由於原義已不明顯,我們辨別起來不那麼容易,例如初字,《說文》曰:"始也,从刀从衣,裁衣之始也。""裁衣之始"往往不為一般人所瞭解,段玉裁曰:"製衣以鍼,用刀則為製之始,引申為凡始之偁。"所以初訓始是引伸義。

(香港《大公報·文采周刊》1986年3月4日新56期)

十七、商先生的"煩惱"

某先生因姓商而時感"煩惱"。其原因倒不在於尊姓與"商賈"之商同字,而是有人把他的尊姓寫作"商"。其實二者皆不足慮。因為第一,只要商而不奸,何必畏人言,何況今之從商者,不乏有識之士。至於有人把商字錯寫作商,形近而誤,那也應加以原諒,隨時糾正就是。

商和商是兩個形相近而意義迥然有別的字,商字《說文》入冏(音訥)部,許慎分析其字形為从冏、章省聲。我們從古文字看,這種解析是有缺欠的,應該是从口从商。因為在金文中,賞賜的賞,多寫作賞,口和貝可以互換,說明"商"這個偏旁是不可分的,不能把它的下部和口連起來說成是"冏"字,而把它的上部又說作"章省聲"。

商字從楷書看,頗難分析,但只要看一看篆書,就容易解釋了。商是從篆書的啻字演變而來，啻在現代漢語中已不使用，但在古代則為市井常談，例如"不啻"，玄應《一切經音義》卷三引《倉頡篇》曰："不啻，多也。"段玉裁曰："不啻者，多之詞也。……如楚人言夥頤。"啻字保留在今天的常用字中，僅用作偏旁，如適、滴、鏑等，都改寫作"啇"，與原來的面目相差甚遠，故不易為人所辨識，而與商字混淆。

（香港《大公報·文采周刊》1986年4月8日新61期）

十八、連綿春雨話"綢繆"

春雨連綿，孩子上學臨時要去買雨傘，有感於事先沒有做好準備，於是想起"未雨綢繆"這句老話來。"未雨綢繆"出自《詩經·豳風·鴟鴞》，原詩為"迨天之未陰雨，徹彼桑土，綢繆牖戶。"意思是說趁着天還沒下雨，先取桑根之皮，纏繞束縛，修繕門窗。也就是說凡事要先做好準備。《唐風·綢繆》裏亦有"綢繆束薪"之語，也是重疊束縛之意。

按"綢繆"一詞，毛傳訓作"纏綿"，原義是指纏繞束縛，後來引伸為連綿、親密等義。焦循《孟子正義》曰："綢繆即纏綿之轉聲"，可見二者同出一源。在先秦典籍中，綢繆一詞用得頗多，後來逐漸為纏綿所取代，於是只在"未雨綢繆"這樣一些成語或辭典中才被保留下來。

綢繆之繆，音謀，如果作姓氏時，普通話當讀同"妙"音，廣東人習慣把姓繆的繆和荒謬的謬都讀同茂音，記得過去有一位姓繆的同學，因為姓繆，加上好發一些不大中肯的議論，所以人皆戲稱之曰"茂叔"，這種雙關的稱呼，不熟悉粵語的人是頗難領會的。

（香港《大公報·文采周刊》1986年5月6日新65期）

十九、七步詩的題外話

曹子建寫七步詩的故事，兒時就曾聽說過，記得當年像背順口溜一樣唱熟的四句是："煮豆燃豆萁，豆在釜中泣。本是同根生，相煎何太急！"後來有緣廁身於耍筆杆的行列，於是才在古書中得睹此詩之全貌與事之始末，據《世說新語・文學》記載，魏文帝曹丕嘗令詩，弟植七步中作，其不成者要"行大法"（殺頭），於是曹子建應聲為詩，詩曰："煮豆燃豆萁，漉豉以為汁。萁在釜下燃，豆在釜中泣。本是同根生，相煎何太急！"據說曹丕聽了以後，"深有慚色"。原詩為歌行體，六句，這是符合魏晉文人詩歌創作的特點的。大概後來絕句流行，於是改成了如上的四句。

前些時聽到讀小學的兒子也在背這首詩，背的自然是四句型，他把"煮豆燃豆萁"的"萁"（音其）讀作"箕"（音基），問其義，答曰："豆莖"。這當然沒有錯，但字形和音讀卻錯了。按萁从草、箕从竹，由於箕是生活中的常用字，故極易混萁為箕。考古文字中的"其"字，其形即如簸箕，後來"其"借作它用，於是簸箕的箕才加竹頭寫作箕。如果煮豆時燒的是廢棄的簸箕的話，那豆是不可能在釜中泣的，所以此二字絕不可通。

七步詩是很動人的，雖然此詩真偽尚未有定論，但其中以萁豆相煎為喻，形象地描述了曹丕對自己兄弟的迫害，很能表現曹植當時的處境，故千古流傳不衰，但如果把"萁"字讀作"箕"，就有悖原義了。

（香港《大公報・文采周刊》1986年7月1日新73期）

二十、贗品和榮膺

傳世的古文物，如古銅器、字畫、泉幣等，歷代均有偽作，所以辨別真偽是研究者首先要注意的問題。我們習慣把那些偽造的文物叫"贗品",贗音雁,許多人因"贗"字與榮膺的"膺"形體近似而讀作"膺品",其實這是兩個完全不同的字。

膺从肉、雁聲。膺的本義是胸,如義憤填膺即填胸。它又引伸為承受、承當的意思,如"榮膺"。而贗品的贗則从貝、雁聲。

古物作偽與鴻雁有什麼關係呢?說來還有一段小故事哩。

據《韓非子·說林下》載:"齊伐魯,索讒鼎,魯以其鴈往。齊人曰:鴈也,魯人曰:眞也。"可見在春秋時代,魯國就曾造過一個假的讒鼎去騙齊國人,被齊人識破。文中鴈與眞相對,則鴈即後世的贗字。黃生《義府》卷下云:"鴈當讀為偽,古字音近而借用也。古為讀如譌,又古之所謂鴈即今之所謂鵝。疑古鴈正作鵝音,則鴈、偽之聲可通轉矣。"可見鴈是譌、訛、偽的假借字。

在《說文》裏,許慎以為雁指天上的飛的鴻雁,而鴈則是人所飼養的家鵝。不過古書中雁、鴈兩字已不大區別,這一點段玉裁辨之甚明,在這裏就不贅述了。

假借為偽的"鴈"字後來加貝寫作贗,讀雁音,如果把"贗"品讀作"膺品",那作偽之嫌就一點兒也沒有了。

(香港《大公報·文采周刊》1986年7月8日新74期)

二十一、止步的"奧秘"

在公園或遊樂場所的非遊覽區,往往掛上"遊人止步"的牌子,而書寫者因不明字理,卻往往將步字誤寫作"步"。

步字為什麼不能寫作"步"呢?在這裏,我們先要討論一下"止步"二字在字形構造上的聯繫。"止"是根據人腳趾的形象來造的字,《說文》無趾字,止的本義當為趾。許慎說:"止,下基也,象艸木出有址,故以止為足。"

這種分析是不確切的。停止的止，地址的址，都是趾義的引伸。再看步字，兩腳一前一後叫一步，所以古人造字時，就直截了當地畫出前後兩隻腳趾來表示，如金文裏的步字，就是一左一右的兩隻腳丫子。所以步字下部的"少"是由篆書楷化而來，是一個反寫的止字，腳分左右，步有正反，明乎此，就不會將少寫作"少"了。

　　"止步"二字構形的基本單位都是"止"，古人巧妙地運用"象形"和"會意"兩種造字方法，造出了兩個在形體上有微妙聯繫的字，如果僅從形體看，止步二字就是三隻腳丫子了。

　　　　　（香港《大公報·文采周刊》1986年12月9日新96期）

學普通話要多開"尊口"

香港使用的漢語方言亦屬粵語地區，隨着與內地交往日益頻繁，學習普通話不僅成為一熱門話題，而且正逐步付諸實踐，這是交往的需要。

語言是一種社會交際的工具，學習普通話並不排斥方言，更不是消滅方言，實際上方言要消滅也是消滅不了的。我國自古即有所謂"通語"之說，揚雄的《方言》裏就經常提到"某某，通語也"。當然這主要是就詞彙而言。今天的普通話，是指以北方方言為基礎，以北京語音為標準音，以典範的現代白話文著作為語法規範的漢民族共同語。

筆者以為要學好普通話，最重要的是"多開尊口"。多開口講是學習中外語言的一種最有效的方法，不要等到自以為普通話學標準了再來講，而是要在不斷的講中來學習，因為發音器官只有通過反復訓練才能逐步習慣方言裏沒有的那些音素。聽老人們說，廣東人過去進京趕考，許多人當時沒有條件學標準的京腔，他們就學桂林等地的西南官話。這就是說，即使我們今天講的普通話還有些不三不四，但首先可達到交流的目的，說多了，再掌握一些方法和規律，自然就可以逐漸說好了。

語言是一種口耳之學，在實踐中學語言，除了多講以外，還要多聽、多練，要留心地聽別人講的詞語與自己的方言有什麼不同，然後抓住那些差別大的語詞，大聲地反復說十多次，通過口腔的運動來習慣那些不同的發音方法，動作之幫助記憶，比眼看神思要牢固得多。

（原刊香港《大公報·文采周刊》1986年3月12日新6期）

書法的魅力與多媒體教學

　　中國的毛筆與硬筆書法，有着源遠流長的歷史，包含着極其深厚的文化底蘊。古往今來，書法以其獨特的魅力，吸引着千千萬萬的炎黃子孫，并隨着文化的傳播，流傳至海外。中國的大學生，尤其是文科學生，學點書法，瞭解中國書法研究的理論與歷史，懂得欣賞歷代和當代書法名作，掌握一定的書法技巧，不僅是素質教育的需要，也是美育的需要。優美的書法能為學生在將來的工作中塑造自己的形象創造條件。

　　文科學生將畢生與文字打交道。文字的書寫規則是廣義的書法，而現在我們一般所講的書法則有其獨特的含義，即指以文字為載體的一種藝術表現形式，所以書法屬藝術範疇。藝術課程的講授與一般知識的傳授有同亦有異，它更需要有"魅力"。藝術的魅力不僅來源於藝術品本身，也體現在教師對該作品的理解、分析和講授上，教師還要幫助學生掌握臨摹與創作的技巧。

　　過去我們上書法課，在分析作品或評講學生的習作時，因條件限制，往往只能將形體有限的原作或印刷品展示於課堂之上，即使將材料印發給學生，其細緻與微妙之處，仍難以深窺。因缺乏直觀效果，講起來比較枯燥，且不易理解。現在我們能夠使用投影儀，放大縮小自如，局部纖毫畢現，整體一覽無餘，教起來就得心應手得多了。

　　其次，書法是一種抽象線條的藝術，它不描繪具體的景物或圖像，而是通過線條的造型與變化去引發人們的藝術聯想，書法美主要表現在線條本身造型的美和線條組合的美上。如何造型？如何組合？最後定格於兩度空間上的書法作品，怎麼能表現出線條的層次與流動？這些都要靠演示，多媒體正好在這方面提供了有利的條件。

一幅優秀的書法作品，其創作過程充滿了動態美：走筆的提按、頓挫、徐疾，牽絲與呼應，用墨的枯潤，結體上平正與險絕的對立統一等等，通過教師當場演示是一種方式，但作為個體的教師，本身必有局限，所以利用光碟中已有的錄像資料來進行教學，必將大大開闊學生的眼界，豐富教學內容。

　　當然，單靠多媒體來教書法亦有局限，因為書法課不僅僅是讓學生看幾幅書法名作或幾種錄像就能解決問題，書法課還有賴於授課教師的口傳心授。多媒體課室因光線較暗，學生的注意力集中於屏幕，這樣，師生之間的交流，就遠遠不如在普通的課堂上。多媒體教學不能全部代替普通課堂的講授。教師作為知識的傳授者，思想的深邃，語言的精闢與詼諧，情感的變化和相互交流，板書的秀麗與流暢……三尺講壇，方塘十丈，它所營造的生動活潑的場面與氛圍，多媒體亦不能代替。

　　另外，從教學資源的充分利用上看，兩種課室也應交替使用，學生臨習書作，就不必在多媒體課室。當然，普通課室，桌面應該大一些，以便於染翰揮毫。

　　前面說過，中國書法有著極其深厚的文化底蘊，歷代書法名篇，本身就是極好的中華民族優秀歷史文化的教材，通過書法課的講授，必將加強學生對祖國優秀歷史文化遺產的熱愛，弘揚愛國主義精神，啟迪他們獻身文化事業的情懷。為此，書法課就不應僅僅局限在藝術技巧的傳授上，而應根據素質教育的要求，將歷史、考古、文物、典章制度、語言學、文學、古代詩文等有關古代文化知識巧妙地糅合進去，當然不能喧賓奪主，應儘量做到水乳交融。正確的思想，豐富的內容，生動活潑的教學形式，師生間會心的默契與交流，是教好書法課，充分發揮書法的魅力，使學生喜愛這門功課的關鍵，否則你教你的，學生懾於課堂紀律，只好拿本喜愛的小說他看他的，出現這種情況，能完全責怪學生麼？

　　上述各節，均屬管窺之見，筆者也未必都能做到，於朦朧中捉筆命書，聊供一哂。

（原載《中山大學學報論叢》1999年第1期）

草書、楷書和行書

　　漢字在書寫過程中，由於要求不同，有時要寫得工整些，有時為了追求便捷，卻寫得比較草率。這樣，同是一個方塊漢字，隨著時間、地點和用途的變異，就出現了不同的面貌。這種不同的面貌，最初差距還不算太大，後來隨著時光的流逝，經過歷代勞動人民、書手和研究家們不斷地創造、發展，並且總結出規律，於是各立門戶，分道揚鑣，逐漸形成了具有不同特點的書體。這種種書體有書寫漢字的共性，也有各自體勢不同的個性。

　　本文所敘述的草書、楷書和行書是現代最通用的三種手寫書體，它們在漢字的發展史上都起過不同的作用。

一、草　書

　　草書的"草"有草率之義，這種書體從來是以輔助面貌出現的。它有簡省易寫的優點，但發展到後來，卻因為過於簡省而失去作為交際工具的作用。

　　草書可分為章草和今草兩大類。章草是一種隸書的草寫，它雖然簡化了隸書的結構，利用連筆使書寫快捷，但仍然保留了隸書的特點，如字形扁平、有波挑等，它的另一個特點是字與字之間筆劃不相連屬，每一個字都是分離的。這種書體，現代人已經很少寫了，但在漢代，這種有實用價值的方便的書體，在民間是廣為流行的。

　　晉代王羲之、王獻之父子的草書，是由章草向今草的過渡。我們從新疆出土的晉人寫本《三國志》殘卷看（《文字學》212頁圖三四），晉代民間通行的書體，已從隸書向楷書過渡，所以二王草書在繼承章草章法、結構的同時，不能不受當時流行的過渡性的楷書的影響。王羲之的《遠宦帖》（《文字學》圖三二）波挑之勢已失，隸書筆意已趨衰微，字與字之間連筆的特點已經出現，它突破了章草字字分離的藩籬，為今草的發展開闢了先路。

今草盛行於唐代，最負盛名的書家是有"草聖"之稱的張旭和僧懷素。從《文字學》圖三三所引張旭《古詩四帖》看，結體趨向狹長，波挑消失，運筆多用尖鋒，字間牽絲連屬，已經完全脫離了章草的面貌，它是二王草法的演進，突破了二王，開創了新體。懷素是張旭以後最重要的今草書家的代表，他的草書繼承張旭又有所發展，世稱"狂草"。這種草書字體結構強調疏密、斜正、大小、虛實、枯潤的強烈對比，線條比張旭瘦勁凝練而更富有彈性，寫來氣勢磅礴，一瀉千里。這種在紙面上跳躍的線條，雖有強烈的藝術效果，但一般人卻不易辨識，這樣，它就失去了作為交際工具的作用，而成為僅供欣賞的藝術品了。

二、楷　書

楷書在魏晉時已趨成熟，盛行於唐代。東漢以後是由隸書向楷書的過渡時期，新疆出土的《三國志》殘卷和圖三五所引《爨寶子碑》，是這種過渡時期的作品。魏晉時代，一些傑出的書法家如鍾繇、王羲之、王獻之父子等，開風氣之先，把古樸的書體變成流麗的今體，促進了楷書這種新書體的成熟。

魏晉以後，南北朝的碑刻在書法史上頗負盛名。這也是一種帶有隸書意味的楷書，結體嚴謹、點劃呼應、氣勢開闊。大概由於刻石的緣故，刻工們在開碑時將筆劃作了一些加工，所以字跡顯得方硬而險勁，這反而給人一種古樸、粗獷的美感，所以後來的書家如康有為等極力推崇，其實魏碑中有些作品刻得也很粗糙，並非全是精品。

楷書的高峰時期是在唐代。唐朝自開國以來，國勢強盛，文化發達，由於印刷術尚未盛行，當時大量的文件、書籍全靠手抄，所以楷書藝術極為發達。唐代書法名家輩出，其中以歐陽詢和顏真卿最負盛名。

歐陽詢的字筆力遒勁，結體緊俏，字跡顯得典雅而精緻，他的代表作是《九成宮醴泉銘》。除了歐陽詢以外，初唐以楷書見長的書家還有虞世南、褚遂良和薛稷等人。唐代後期最著名的書法家自然是顏真卿了，顏在五十歲以前的作品，與初唐書風距離還不算大，六十歲以後，書風一變秀雅而為雄健，標誌著一種新的書風——"顏體"已經形成。他的《大字麻姑仙壇記》、《顏家廟碑》和傳世墨跡《自書告身》是這種新書風的代表作。

顏字的特點是點劃特別渾厚飽滿，字形端莊雄偉，結體外緊內鬆，顯得雍容寬博。顏字這種化秀雅為雄健的書風所代表的美學觀念，是盛唐時代國勢強盛，人民精神面貌奮發向上的反映。

由於楷書要求端莊工整，點劃分明，所以對漢字的正字起了良好的作用。楷書作為一種規範化的字體一直流傳至今，我們在學習文字學的同時，應注意寫好楷書，寫楷書不但要求結構正確、點劃分明，還應注意使每個字保持重心平穩，點劃之間互相呼應。在這個基礎上再進一步求得形態的變化。這不僅是書法技巧的問題，也是漢字正字的要求。

三、行　書

行書是楷書的一種輔助字體，介乎楷、草之間。楷書因求工整，不夠便捷，草書因過於簡省與追求氣勢，使人難於辨識，而行書則兼二者之長，雖連筆而不失原形，書寫快捷又易於辨認，是一種實用價值很高的書體。所以歷代書家給以較多的關注，並取得較大的成就。

行書在魏晉時已盛行，王羲之父子便是當時開風氣之先的人物，他們的書法對後代影響很大。《蘭亭序》是王羲之行書最有名的代表作，被稱為"天下第一行書"。這篇序是東晉穆帝永和九年（公元 353 年）三月三日，王羲之、謝安等四十一人在會稽山陰（今紹興）之蘭亭舉行"修禊"時所作，序文文辭優美、書法流暢、結體清秀、點劃遒美，是王書中的傑作。蘭亭眞跡已被唐太宗殉葬昭陵，僅有摹本傳世，其中以馮承素的摹本最佳。王字除了《蘭亭序》外，還有《快雪時晴》、《喪亂》等帖（參看圖三七）。

　　唐代雖盛行楷書，但行書亦有許多佳作，如李邕的《麓山寺碑》，顏眞卿的《祭姪稿》等，後者蒼勁沉雄，被譽為"天下第二行書"。到了宋代，因印刷術發達，無需大量手工抄書，故楷書不如唐時之受重視，宋代書法家的注意力轉向了藝術性更強的行書，當時的代表者有蘇軾、黃庭堅、米芾、蔡襄四大家，他們都在不同程度上受到顏眞卿的影響。元明以後，趙孟頫、文征明、董其昌等人則繼承了二王的傳統，書法多以秀雅見長。

　　行書是一種實用性很強的書體，深受群眾喜愛，很多人都想學好行書，但初學者往往被它那變化萬千的姿態弄得眼花繚亂，無所適從，其實寫行書也是有規律可尋的，我們要記住一個總的原則，即行書是楷書的快寫，是用活潑與流動去代替嚴謹與工整，所以要寫好行書，先應打好楷書的基礎。前面講過，楷書要求重心平穩，行書也一樣，當然這種平穩不能僅僅是點劃的平整與間隙的勻稱，它更多的是通過結構的變化、點劃的欹側來使整個字或字與字之間保持重心的平衡。點劃與字特別要注意呼應，行書的結構同樣不能鬆散，更不要為了強求變化、故作姿態而把字寫得歪歪斜斜，要儘量把字寫得自然一些，一味追求怪、野，會走到一條矯揉造作的斜路上去。

　　正確地書寫漢字和漢字書法是既有聯繫又有區別的兩回事，本學科教材 122—131 頁附錄"漢字的書寫"一節，提出了一些基本的要求與方法，如果按照這些要求與方法去做，先打好基礎，再求深造，持之以恆，不斷練習，一定會取得較大的進步。

自強不息

自強不息

自強不息

楷書・草書・行書

（原載中山大學中文系《刊授指導》1987 年第 7 期）

《說文解字》與篆書藝術

學習篆書不能脫離文字的規範，必須掌握《說文解字》（以下簡稱《說文》）和古文字學研究的成果；而學習《說文》，研究小篆，則應注意古代流傳下來的各種碑刻實物，研究其書寫法則。二者互相聯繫，相輔相成。

在現實生活中，大部分古文字學家限於各種條件，往往無暇從事古文字書法的藝術實踐，因而他們的研究成果，頗難面向廣大群眾，取得效益；而書法家們，或因不熟悉小篆，或因追求某種藝術效果，違背了篆書的規範而受到指責。如何將這兩"家"結合起來，筆者以為，必須建立一套有關篆書的理論來指導實踐，例如對篆書的名實、來源、構形、書寫特點、美學思想等都有必要進行探討，下面，就其中的一些問題作一點簡要的敘述，以求教於古文字學界和書法界的各位師友。

一、"篆"的含義

《說文》卷五上竹部："篆，引書也，从竹彖聲。"引的本義為開弓，在這裏是劃線的意思。又卷一上丨部："丨，上下通也。引而上行讀若囟，引而下行讀若退。""引而上行"、"引而下行"與引書義同。

篆从彖聲，从彖得聲的字如瑑，許慎謂"圭璧上起兆瑑也"。指的是圭、璋、琮等玉器上隆起的花紋，周代甬鐘，兩枚之間的花紋也叫做瑑。這些花紋，勻稱而圓轉，這些器物也都是在莊嚴的場合下使用的。又如屋椽之椽，秦地名"榱",段玉裁曰:"榱之言差次也,自高而下層次排列如有等衰也。"可見橡除了是圓形之外,其排列也是整齊的。

由此可知,篆(尤其是小篆)的線條勻稱而圓轉,排列整齊,顯得很莊重,這種字體以秦始皇頌功刻石為代表。始皇刻石是小篆的標準字體,是秦代文字的"印刷體",日常使用的手寫體則為秦隸。漢代通行隸書,有許多用隸書刻的碑,其碑額往往用篆體,以示莊重。

小篆這種字體的用途決定了它一定是端莊嚴謹的,決不能草率,草率不符合篆書的規範,所以"草篆"的提法是不合適的。

二、小篆和大篆

根據《說文·敘》的記載,秦書有八體"一曰大篆,二曰小篆,三曰刻符,四曰蟲書,五曰摹印,六曰署書,七曰殳書,八曰隸書。"

篆有大小之分,說明它們之間有一定的繼承關係,小篆是指秦代書同文以後的正體,那麼大篆應指書同文以前秦系的文字,問題是大篆這種書體的上限應該劃到什麼時候。

《說文·敘》說"及宣王太史籀著大篆十五篇,與古文或異",又說:"秦始皇帝初兼天下,丞相李斯乃奏同之,罷其不與秦文合者,斯作《倉頡篇》,中車府令趙高作《爰曆篇》,太史令胡毋敬作《博學篇》,皆取史籀大篆,或頗省改,所謂小篆者也。"

許慎非常明確地指出小篆由大篆省改而來,而大篆則是周宣王時太史籀所撰十五篇文字的書體,過去曾有學者對"籀"是否人名提出質疑。① 引起許多爭論。案《說文》卷五上竹部:"籀,讀書也。"《說文·敘》"學僮十七已上始試,諷籀書九千字,乃得為吏。"段注:"諷籀連文,謂諷誦而抽繹之。"這

---

① 王國維:《史籀篇疏證》,《觀堂集林》卷五,中華書局 1959 年,251 頁。

是籀的本義,精於抽繹的太史名籀,他所著是大篆自然也可叫做籀文了。西周晚期的趞鼎,銘文中有"史留",有學者以為即史籀,可以作為參考。

綜觀西周晚期的金文,如頌器、毛公鼎、虢盤等,字形長方,排列整齊,形體已經擺脫圖形性的束縛,文字高度線條化,這種書體,習慣上稱作玉箸體,與西周早期保卣、盂鼎等器銘的書風顯然不同。

所以大篆這種書體成熟於西周晚期,其特點是字形方整,線條均勻,主要流行於周王室及西土一帶,其代表作是虢季子白盤,秦公鐘、簋,石鼓文等。書法界將小篆以前的書體通通叫做大篆,範圍大了一些。

三、小篆與古文的關係

《說文解字》一書中,提到"古文",有廣狹兩種含義。《說文·敘》說:"郡國亦往往於山川得鼎彝,其銘即前代之古文。"這裏是廣義的古文,泛指小篆以前青銅器上的文字。狹義的古文則指"孔子書六經,左丘明述春秋傳"等經書上的文字,這些文字材料是因為"魯恭王壞孔子宅"而得到的,計有《禮記》、《尚書》、《春秋》、《論語》、《孝經》和北平侯張蒼所獻的《春秋左氏傳》,這些經書材料當時習慣稱"壁中書",與大篆"或異"。

上述一些"古文",整篇的已經看不到了,只有一些單字,被許慎作為異體字引入了《說文解字》一書。《說文》所收"古文"有510字,其中如"及、殺、簋、鶪、箕、良"等字,每字都有三種不同的結構,這說明狹義的古文是不同時代和地域經書上手寫體的文字。

除了《說文》以外,"三體石經"、《汗簡》,《古文四聲韻》等實物和書籍上也都保存有"古文"單字的形體,從考古材料看,春秋時代晉國毛筆書寫的盟書,則是當時古文的實物材料。

按照一般的推理,秦始皇統一文字的標準書體是小篆,由於"官獄職務繁"於是出現了"以趣約易"的隸書,那麼,隸書與小篆應有一脈相承的關係，其實不然，手寫體的隸書必然繼承周代晚期和六國文字手寫體的一些傳統寫法，與書同文後新改造的小篆許多字結體不同。它們是同源的關係而不是繼承的關係。

瞭解了這一點就可以明瞭，為什麼有些小篆的形體很難分析，而隸書的結構卻往往更符合字理，例如中字，金文作🀆，小篆作中，石鼓文作中，隸書也有作中者，又如京字金文作🀆，小篆作🀆，東漢隸書如《禮器碑》、《張遷碑》、《韓仁銘》等都寫作🀆，唐人楷書也有寫作京的，直接繼承了周代金文的寫法，看不出由小篆"以趣約易"的痕跡。

四、小篆形體的依據

傳世小篆實物資料有秦代刻石，漢代篆書碑刻和碑額等，集其大成者是許慎的《說文解字》。因為《說文》收字多而全，一般都依照它所收錄的形體來寫小篆。現在問題是形體有矛盾的如何區分正確與否，《說文》沒有的字又怎麼辦呢？

下面提出一些原則以供參考。

1. 《說文》本身、或與其他篆書材料有矛盾的應根據字理進行辨析，加以取捨。如白字，篇目作🀆，正文作白，當以後者為是，因為白字的構形不是"从入合二"。

2. 《說文》沒有，而偏旁有的字，可以根據偏旁書寫。如劉字，正文未錄，但水部有瀏，竹部有籔字，可據以書寫。金部有鎦字，徐鍇曰："疑此即劉字也。从金从丣，刀字屈曲，傳寫誤作田爾。"有些篆刻家據此以鎦代劉，也是不妥當的。因為劉是當時最高統治者的姓，而劉又訓為"殺"，許慎為了避諱才特意不收劉字的，並不是遺漏。又如卞，可據手部抃之偏旁寫作🀆，希亦可據禾部稀字的偏旁書寫。

3. 小篆與楷書形體結構差別較大的字，應根據各種字書索引仔細查找，不可簡單地將楷書偏旁轉寫成小篆，這種字相當多，應特別注意，如帆作颿，晴作姓，猿作蝯，的作旳，村作邨，茶作荼等。

4. 小篆容易引起混淆和誤解（尤其是人名）的字，根據"新附字"的體例，可以適當拼合偏旁成字。例如篆書的份，古文作彬、俗作斌，如果用斌為名，為避免誤解，可以考慮由文、武兩個偏旁拼合成斌字，又如魏字，篆作巍，如果不加區別，作家魏巍就得寫作巍巍了。作為人名，應儘量選擇接近楷書的篆體，如穗字不必用采，流也不要用㳅了。

五、小篆的結體與用筆

小篆的形體給人以清秀挺拔的美感，這種美表現在結體與線條造型兩方面。

關於小篆的結體各種文章談得較多，這裏不準備詳談，下面僅就線條造型談一點粗淺的意見。

小篆的線條一般講是均勻的，但絕不全是首尾圓潤、兩條邊線平行的一種線條。容庚先生說："古篆石刻，傳世稀如星鳳，習篆者無所取材，遂規模李陽冰，橫平豎直，以勻整為能，剪鋒、縛毫，無複生氣。鄧石如起，致力於漢碑額，縱勢博趣，遂以名世。"① 可見，認為"篆只一法"，是相當片面的，雖然篆書用筆不很複雜，但看似簡單的東西裏，卻往往蘊藏着精微的變化。

從線條造型看，傳世小篆可分為三類：

1. 鐵線篆　以始皇刻石為代表，尤其是原石已佚，後代翻刻的各碑，線條呈一條均勻的線，以精緻和工整取勝，但有圖案化的傾向。

2. 玉箸篆　以漢代袁安、袁敞碑、洛陽出土素下殘石為代表，以豎筆不出鋒為特點，利用提按、起承轉合，使單一的線條具有不同的姿態，有很高的

---

① 容庚：《古石刻零拾》。

藝術性。

3. 懸針篆 以三體石經，吳天發神讖碑及唐人寫本《說文》木部殘卷等為代表，其特點是垂筆出鋒，天發神讖碑更具有筆劃方折的特點。這是將隸楷筆法融入篆書的一種新嘗試。

（原載《中山大學學報》1996 年第 3 期）

契齋書法辨偽

商承祚先生字錫永，號契齋，是我國著名的古文字學家，擅長甲骨文、金文、戰國文字、小篆、秦漢隸等各種書體，造詣甚高，深受大家的喜愛。因為商老的書作售價不菲，故贗品頗多。

我1961年於中山大學中文系畢業後，進中大古文字學研究室當研究生，師從容庚、商承祚二先生主要研習金文，四年制研究生畢業後，留校任教至今。在兩位先生指導下，與他們共事期間，經常研墨鋪紙，侍奉先生作書。

現在看到一些掛先生之名的書法贗品，與先生書藝大相徑庭，牟利不擇手段，無異往先生身上潑髒水，因擇其甚者，辨之如下。

圖1

案例一

臨寫金文對聯　不識重文符號

1987年，商老曾贈香港石景宜先生一幅對聯，石先生將其著錄在《中國當代書畫選》一書中。（圖1、2①）

---

① 《中國當代書畫選——石景宜先生近藏》，香港漢榮書局1988年，第316頁。

商老此對聯看點有三：

（一）用古老的金文寫現代市井流傳的何淡如諧聯，有趣；

（二）巧用金文中的重文符號，難讀；

（三）用了對聯中少見的關門對形式。

何淡如此諧聯應讀作：

"雞毛掃掃雞毛雞毛粘住雞毛掃；牛頭煲煲牛頭牛頭頂穿牛頭煲"。

商老上下聯各加三字重文，就成了"雞毛掃=雞=毛=粘住雞毛掃；牛頭煲=牛=頭=頂穿牛頭煲。"

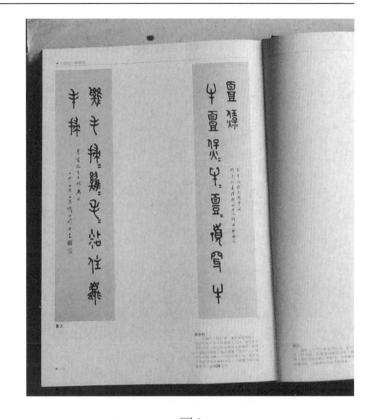

圖 2

如果去掉重文，讀起來索然無味，就不成其為諧聯了。

2012 年 11 月，為紀念商老誕辰百十週年出了一本專集《師澤綿長》（圖 3），該書 56 頁著錄同一內容的一張金文條幅（圖 4①）落款為 "一九八八年三月商承祚以金文書之"。上下聯三字皆無重文，這幅字很難想象是商老的真跡吧？

---

① 《師澤綿長——紀念商承祚先生百十週年誕辰專集》，書藝出版社 2012 年，第 56 頁。

圖 3

圖 4

案例二

胡亂拚湊銘文　違背金文文例

商老的書法作品以金文為多，因為金文字形變化大，可以選擇的形體多，比較好寫，所以臨寫商老金文的書法愛好者頗多。作偽者利用人們對商老金文的喜愛，作偽方法一是直接臨寫商老的書作，另一種方法是臨寫銘文拓本。因為對金文文例不熟悉，碰到不易寫的字就顛倒略過，胡亂拚湊，結果不合文例，不成文句，不可卒讀，露出了作偽的馬腳。

例如圖5①的金文四屏，落款為"集臨鐘鼎文字 一九八一年冬 商承祚"。粗粗一看，洋洋灑灑，皇皇巨製。仔細閱讀，卻發現是由不同銘文的某些字詞

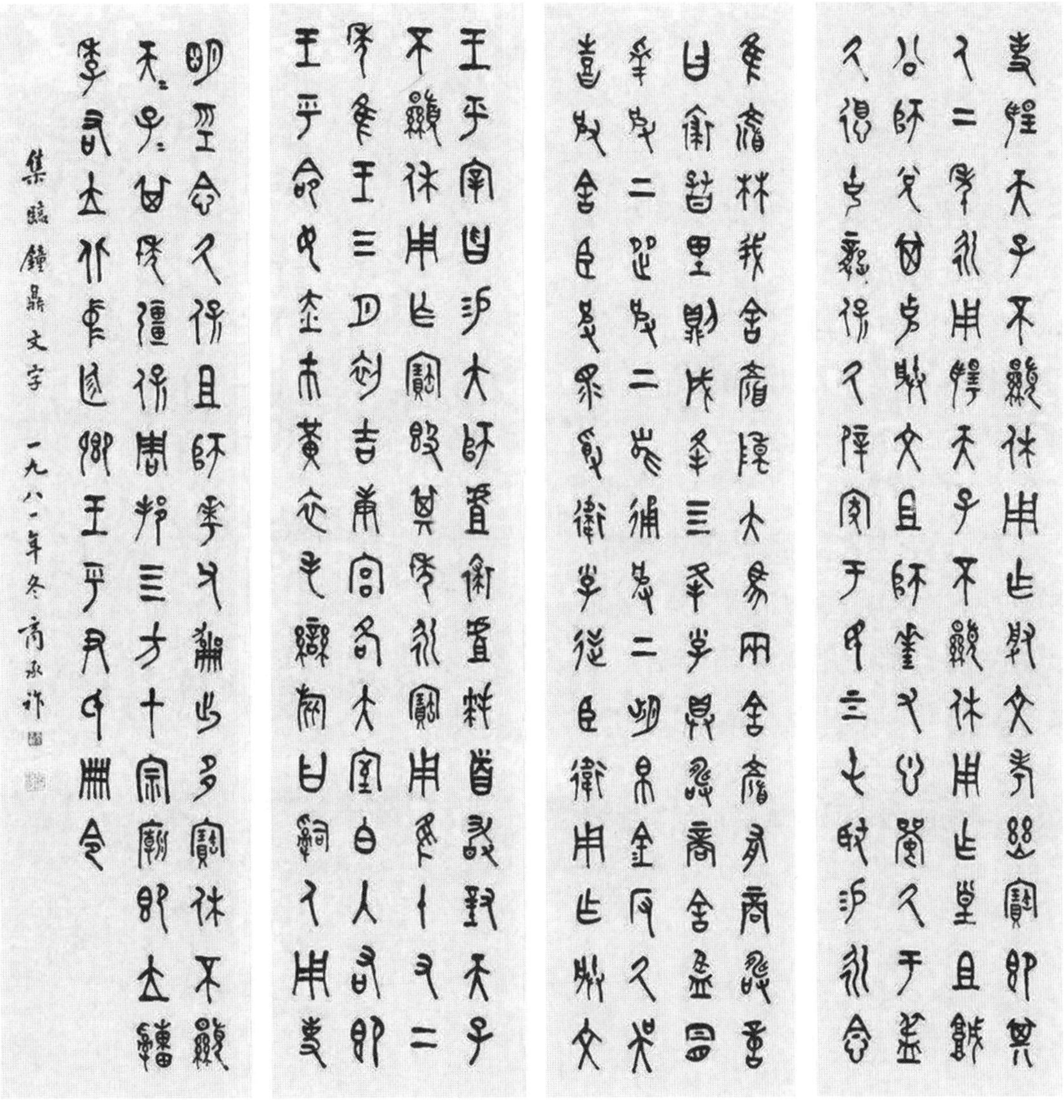

圖5

---

① 凡來自網絡的照片，皆不一一註明。

拚湊而成，文義不通，用詞不暢。第四屏末行"立北中廷卿"乃"立中廷北卿"之誤倒，又同屏次行"天子其年彊"為"天子其萬年無彊"之誤省。這類"冊命"銘文，有一定的格式和文句，不能隨意改動顛倒，懂一點金文的學人，一看即知上述改動係不懂金文的作偽者所為，商老焉能為之？

案例三
完全照臨印本　比較即知真偽

這類贗品比較多，有的全文照錄，有的摘句而書。我們只要找到商老書寫的原件，比較即知真偽，不難辨別。

例如圖6照臨圖7，圖8摘臨圖9，這都是商老在《商承祚篆隸冊》中寫過的書作。（圖10①）這些字從主體到題款都不是商老的風格，完全是自己的面貌。題款借用《光明日報》創刊三十五週年紀念作幌子，也是為偽作作掩護，雕蟲小技實不足道。

圖6

---

① 《商承祚篆隸冊》，嶺南美術出版社1981年。

契齋書法辨偽 251

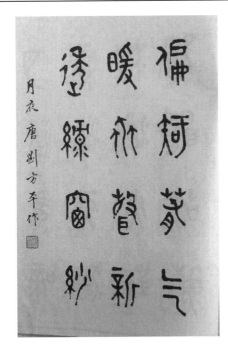

圖7

圖8

圖9

圖10

案例四
掌握商老金文書風　排除冒名頂替作品

對於署商老之名、寫得十分古怪的獵奇作品，明知是贗品，卻無法用商老原作去比對證明其偽。有鑒於此，我們只能從商老寫金文的一貫書風、各個時期不同的面貌和一個正直學者的學術良心去考慮，用大量的事實去否定那些偽作。

圖11這幅對聯十分有趣，但絕不是商老的作品。縱觀商老數十年的金文書法，沒有見過寫這樣的字體。那麼這是一種什麼樣的字體呢？

秦始皇統一六國後，書同文字，小篆成為秦國當時的官方標準字體，但六國人民仍然習用他們原來的文字，這種手寫體的文字被稱為"古文"。

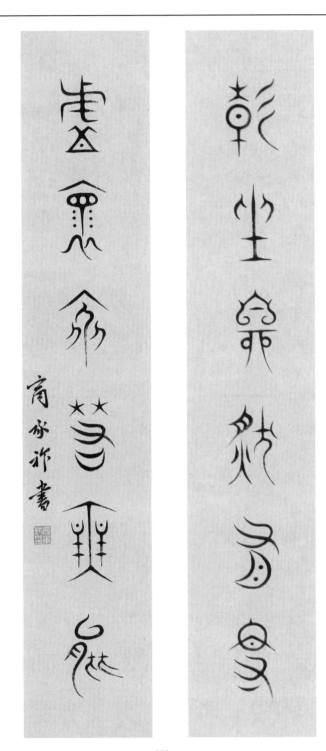

圖 11

"古文"這種書體保存在《說文解字》、《三體石經》和《汗簡》、《古文四聲韻》等古書裏，由於這種書體一直在民間流行，它不是當時書寫的主流形態，其圖案化和裝飾性被用來進行藝術創作，如寫對聯，寫《百福圖》《百壽圖》等，一直延續至今。

元明以降，書家為了追求美觀，寫"古文"時每每隨意改動筆劃，這種做法，雖然增加了書法的藝術性，但卻使研究古文字的學者們對後期的所謂"古文"失去了研究的興趣。

上面這幅勵志對聯"靜坐自然有得，虛懷初若無能"。靜、初等字都寫得不夠規範，商老絕不會寫出這種字來。圖12這幅作品也與商老金文書風迥異。

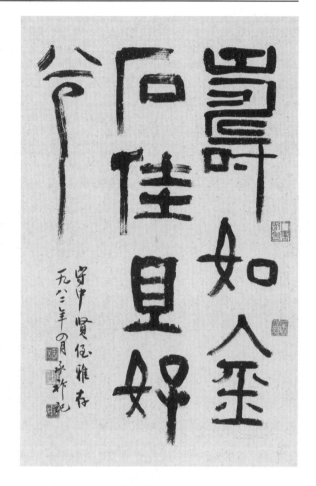

圖 12

談到商老的金文書風，我們只要看下面兩幅字就可以有一個大致的認識。

圖13見《十二家吉金圖錄》（1936年），圖14見《商承祚篆隸冊》（1981年）。比較二者，可知商老從三十四歲至七十九歲四十五年間金文書風基本一致。他將年輕時的這種用筆方法稱之為"萬毫齊力"，到了晚年，綫條造型更趨豐富，既有萬毫齊力，又如勁竹臨風，偽作金文根本無法與之相比。

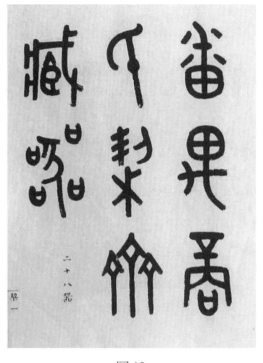
圖 13

圖 14

案例五

模仿商老小篆　功力相差尚遠

　　圖 15 這張署名"一九七三年五一節商承祚"的小篆，單從篆書的角度看，寫得還算可以，但與商老寫的小篆相比，卻有一定的距離。

　　1966 年，商老寫了一張小篆給我（圖 16），那一年他老人家 64 歲，正是書法創作的黃金階段、頂峰時期。

　　他的小篆，結體均衡，形象挺拔，在線條的處理上尤見功力，把本來單一的線條變得多姿多彩。（圖 17、18）

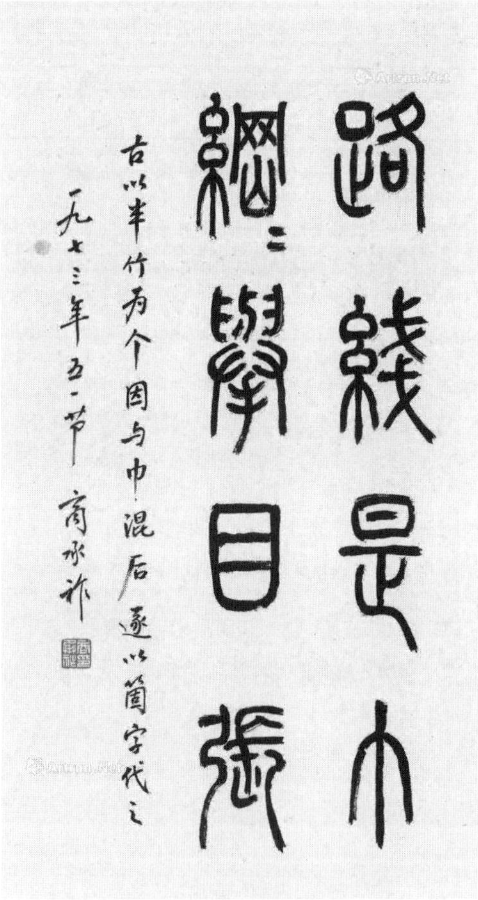

圖 15 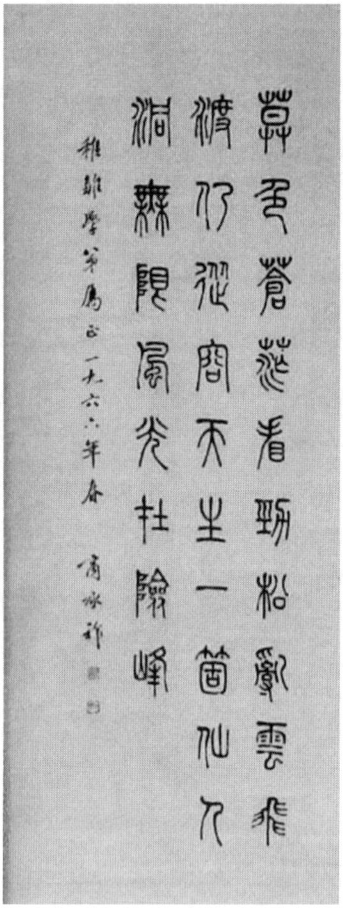　　　　　　　　　　　　圖 16

圖 17

圖 18

這就是商老的小篆與其他書家的不同之處。將贗品與原作對照，真偽立見。

案例六

晚年鍾愛秦漢隸　束紙如林寫簡忙

商老晚年十分喜愛睡虎地秦簡和銀雀山漢簡的書法，上世紀70年代，他曾親自參加銀雀山漢墓出土的《孫臏兵法》在北京的整理研究工作。研究之餘，命諸紙筆，書作極受同行的喜愛。他曾引用張問陶的詩句"顛倒一枝書畫筆，閉門轉比要人忙"來形容自己寫簡的忙碌，又說"索書者眾而應者鮮，期年之間束紙盈尺"。為什麼一個年近八旬的老人對一種新發現的書體一寫就像，一寫就好，上手極快呢？這是因為商老有極深厚的寫古文字和東漢隸書的基礎，他只要加上秦隸的元素，看來自然就神似悅目了。商老寫的秦隸，大都集結在1982年出版的《商承祚秦隸冊》中。網上流傳的偽作，基本上是根據商老當年的作品臨寫而成。對照偽作可以看出，即使照臨也臨不出商老那種深厚的古文字根底來。（圖19、圖20①）

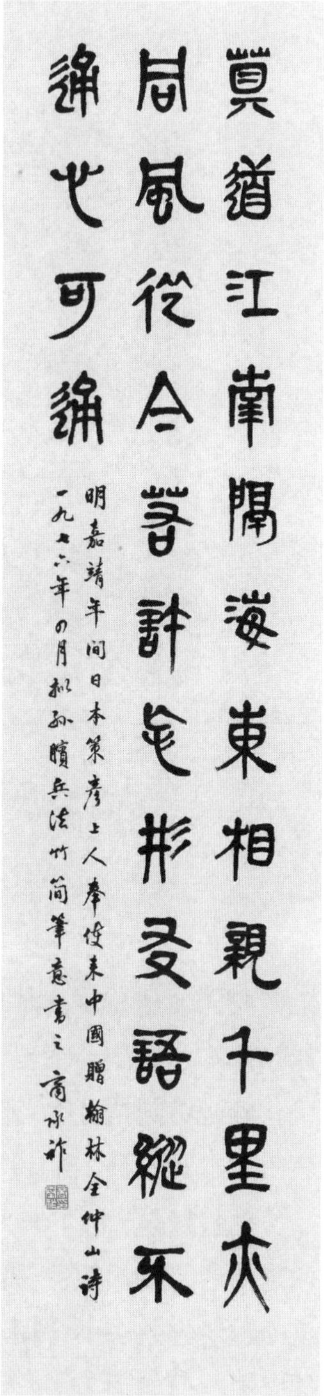

---

① 見《商承祚秦隸冊》。

圖19

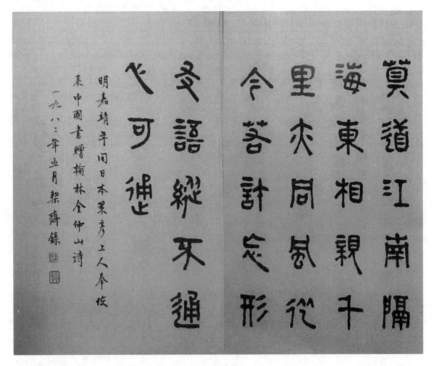

圖 20

案例七
契齋漢隸作品少　作偽無本可依憑

商老早年曾學習東漢隸書，自云："初學《曹全》，後專《禮器》，尤其推崇《禮器》碑陰與碑側的文字。"但數十年間傳世作品極少，很難找到可供臨習的樣本，無法一睹契齋漢隸的全貌。

於是坊間拍賣署名商承祚的漢隸作品面貌不同，各異其趣。孰眞孰假，莫衷一是。例如圖21：

這張隸書，打了一方"商承祚印"的圖章，究竟是想說明是商老寫的呢，還是商老所藏？頗費猜測。其實，不管是商老寫的還是他收藏的都會有題記，這一點老先生決不含糊。打一方圖章不作說明模稜兩可，不是想以假充眞又是什麼呢？又如圖22：

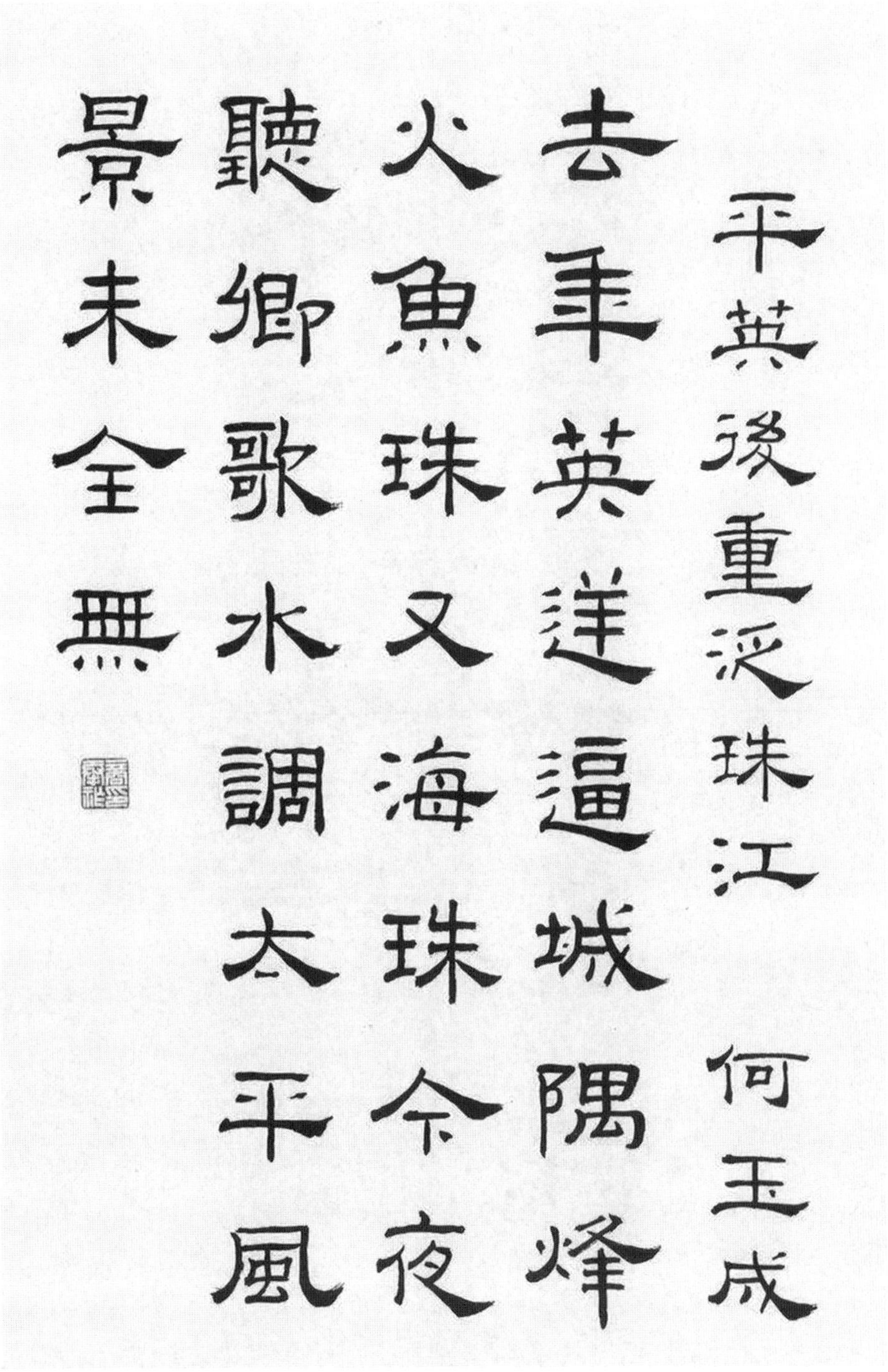

平英後重泛珠江 何玉成
去年英逄逼城隅烽
火魚珠又海珠今夜
聽鄉歌水調太平風
景未全無

圖 21

圖 22

這幅對聯是否商老的墨跡？如果沒有商老隸書樣本比較，很難作出判斷。

1964年，我有幸得到一張商老的漢隸，字多，書風儒雅，結體端莊，用筆帶有明顯的古文字筆意（圖23）。上述兩件作品與之相較，水平相差甚遠，其真偽不言自明。

這裏附帶說一下這張隸書的來歷。1964年春，日本青年代表團訪華，在廣州與中山大學師生聯歡，商老有一個節目，在家中表演書法。當時我隨侍在側，寫的就是毛主席這首《七律·答友人》詩。次日再詣商府，求老師再寫一張送給我這個湖湘弟子，於是有了上面這張墨寶。是年先生六十有二，人書俱老，寫的又是不常寫的書體漢隸，彌足珍貴。

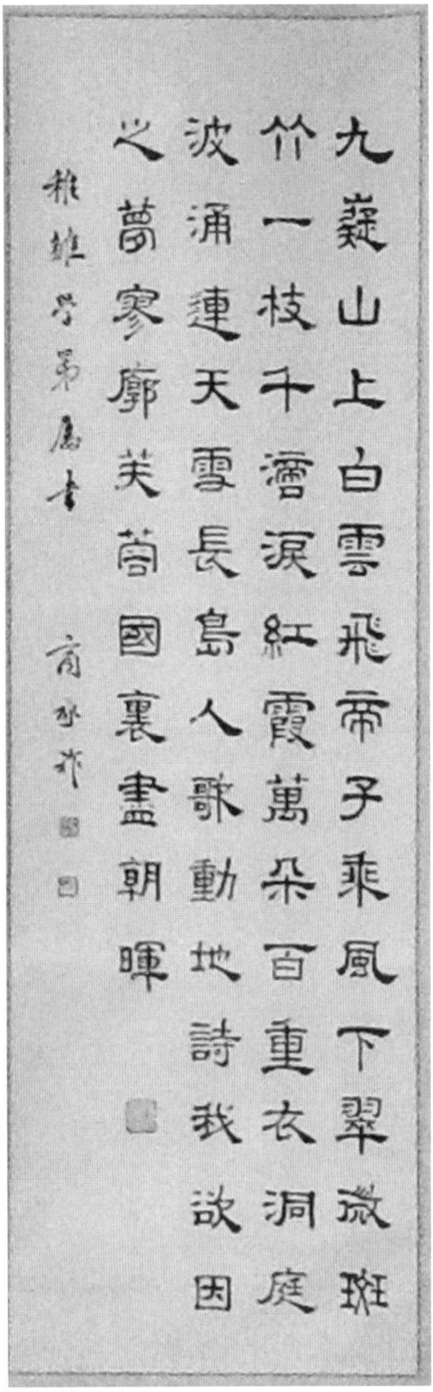

案例八

尊重傳統不標點　不擅丹青草楷行

書法作品不加標點符號，這是古往今來書家創作的不二法門，題跋亦然。商老是書學的大行家，自然不會違背這一創作原則。作偽者自作聰明加上標點符號，無異畫蛇添足，反而證明其必為贋品無疑。（圖24、25）寫王傑日記的那張楷書，有的簡化字都寫錯了，怎麼可能是商老的作品呢？

圖23

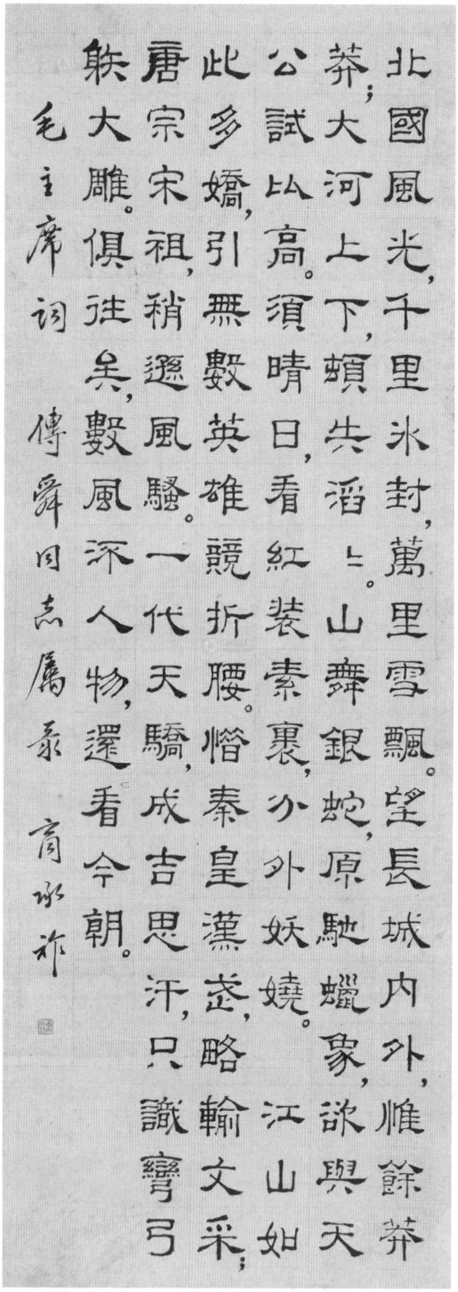

圖24（北國風光……俱往矣，數風深人物，還看今朝。 毛主席詞 傳舜同志屬錄 商永祚）

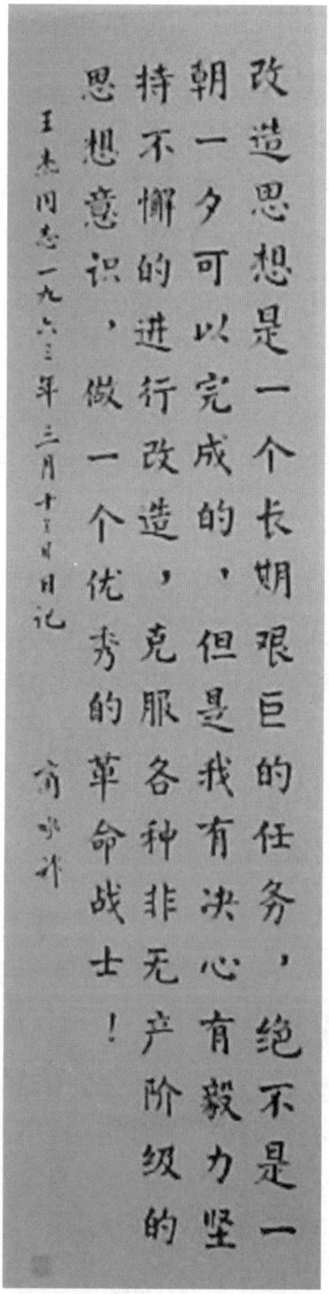

圖25① （改造思想是一個長期艱巨的任務……做一個優秀的革命戰士！ 王杰同志一九六三年三月十三日日記 商永祚）

---

① 《師澤綿長》，第26頁。

商老不擅丹青，故假他名號的繪畫作品必偽。（圖 26）

圖 26

商老自己說過:"篆隸我能為而於行書則了無根柢"。(圖 27)數十年來我們沒有見過商老大幅的草書、楷書作品,行書僅此一張,還是別人"強人所難"才勉強寫成的。

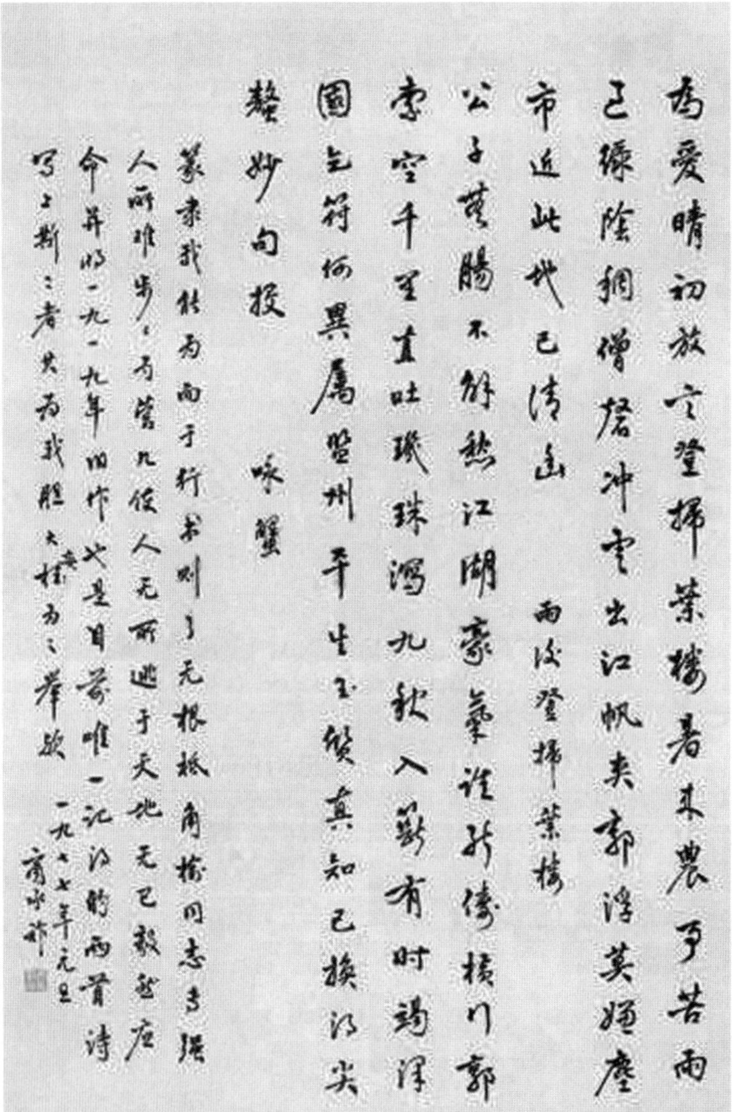

圖 27①

---

① 《師澤綿長》第 34 頁。

案例九
手寫字跡難模仿　辨偽訣竅此中尋

古文字一般結體方正，綫條造型比較單一，初學者容易上手，所以寫古文字的人很多。記得 1961 年我剛剛當研究生時，容庚老師要我們抄《說文解字》，每天寫五十個小篆，他說，寫三個月就會寫篆書了。確實，寫了三個月後，我們的小篆就似模似樣了，但和容商二老寫的相比，總覺得有差距，這種感覺一直延續了很多年，可見寫古文字易學難精，他們的筆墨功夫，不是一朝一夕一蹴而就的，將他們的作品與偽作比較，是鑑別真偽的重要依據。

其次，比起寫古文字，他們的行書手跡更難模仿，模仿簽名三個字比較容易，臨寫簡單題跋也不算太難，但要脫手寫一段文字寫得逼真就很難了。商老書作大多有題跋，書風一貫，但每個年齡段的字跡又略有不同，熟悉商老平時寫字的風格特點，則是辨別真偽的另一有效方法。

上述九類案例，大部份是從網絡公開發表的材料中篩選得來的，由於依據照片，考察未能盡如人意。如果能看到原件，我們還可以從紙質、存放時間、裝裱格式、整體佈局、字形結構、線條造型、用筆用墨等等方面進一步考察，結論將會更準確一些。

書法辨偽是一件很難的工作，我們因為跟容、商二老學習古文字，又和他們共事多年，對他們的經歷、學識和書藝都有一定的瞭解，才敢侈言辨偽。如果我們不說，若干年後，不瞭解情況的後學更加難以說得清楚了。不周之處，請大家批評指正。

（原載《古文字論壇：中山大學古文字學研究室成立六十周年紀念專號》第 2 輯，中西書局 2017 年）

韓威生《書法集》序

韓威生《書法集》成，以稿本賜讀，並屬為之作序。我雖然研習彝銘垂數十年，也有書作問世，但於書道斟評，不敢多說。偶爾也看一些書法評論家的大作，總覺得他們的宏論，虛的居多，難以捉摸。而今韓先生要我為他的書法集作序，實在感到為難，但又盛情難卻，不得不寫一點感後感。如有不正確或不準確的地方，請韓先生和讀者多指教。

縱觀《韓威生書法集》，有一個明顯的特點是"碑帖相融"。整本書法集以行草書居多，從中可以看出作者有較深厚的北碑根底，凝重流暢，結構嚴謹而不失活潑，有書如此，可以觀矣。

中國文字的書寫，三千年前就有硬、軟兩種不同的書寫工具，用它們書寫的各種書作，具有極高的藝術價值。殷代的甲骨刻辭，中山王銅器上的刻銘，是古代刀刻書法中極負盛名的代表作；而戰國楚簡，秦漢簡帛等則是毛筆書法的極致。東漢以降，碑刻流行，各種不同風格的作品紛紛面世。其後，魏碑的出現，龍門石窟造像所刻的文字等等，對後世書風影響極大，形成所謂的"碑派"。幾乎於此同時，東晉王羲之父子，用柔軟的毛筆，寫出姿態優美，筆勢流暢的行草書，深受當代及後代文人學士與世人的喜愛，以後的書法家們紛紛臨習，形成所謂"帖派"。一碑一帖，一剛一柔，各有自己的審美觀點，給人以不同的美的享受。古往今來，也有學者從兩方面吸取營養，剛柔相濟，另闢蹊徑。這種把對立的兩方面統一起來的做法，成為許多書法探索者孜孜不倦的追求。啟功先生在《論書絕句》中曾說："學書別有觀碑法，透過刀鋒看筆鋒"。這種融合碑帖的看法，給後學許多啟迪。《韓威生書法集》以自己的藝術實踐熔碑帖於一爐，取得了可喜的成績。據他自己說，幾十年學書的過程是先碑后帖，更以南帖法寫北碑，故其書作既充滿陽剛之氣。又有靈巧與溫妍，為書法藝術的園地增添了一朵新花。

《韓威生書法集》的第二個特點是作者的筆墨功夫。元代書畫家趙孟頫在《蘭亭十三跋》中強調用筆，而啟功先生《堅淨居雜書》則重視結構，其實二者同樣重要，沒有孰先孰後的區別。有人說，韓君行草書的創作"得力於他水墨相溶的創作方法"，"水墨相溶"似乎是畫家們使用的一種技巧，趙孟頫書畫皆絕，他的書作中似乎也沒有可以追求這種"水墨相溶"的效果，啟功先生亦然。我也看過有些中外書家曾使用過這種用筆的技巧，它與一般用筆的濃淡與枯潤不同，使用得好，也可以取得很好的藝術效果。

韓威生曾說："尚須臨池二十年"，可見這是一位過去非常勤奮，而以不斷思索進取的書家，二十年後也許人書俱老了，面貌與現在可能會大不相同，但不斷進取的精神則是十分可貴的品質。

時在二〇〇六年八月，天氣酷熱，謹為序。

（原載《韓威生書法集》卷首，書藝出版社2006年）

容庚先生在學術上的貢獻

容庚先生，字希白，號頌齋，廣東東莞人。清光緒二十年（1894）出生於家鄉莞城鎮。早年喪父，家境清貧，讀書之餘，好金石書畫，先生曾說："余於藝事，癖好有二：一曰金石，一曰書畫。金石得之於舅父鄧爾雅先生，書畫得之於叔父容祖椿先生。"（《嶺南學報》8卷2期29頁）兩位前輩的熏陶與培育，奠定了先生一生研究的基礎。先生中學畢業後，一面在母校東莞中學擔任文字學課。課餘一面從鄧爾雅習篆刻，並寫成《雕蟲小言》、《東莞印人傳》等論著；而在古文字研習中，深感吳大澂《說文古籀補》一書資料不足，與不能滿足日益專門化的要求，於是搜集資料，計劃分別類編殷、周、秦、漢文字，進行系統整理。《金文編》初稿是先成的一種。1922年，北游京師，過天津，謁羅振玉氏，以所編《金文編》稿本請正，深得羅氏的賞識，經羅介紹，破格錄取為北京大學研究所國學門的研究生。1925年，《金文編》增補寫定，由羅氏代為印行。1926年燕京大學聘為襄教授，旋升教授，並主編《燕京學報》。次年兼任古物陳列所鑑定委員，因得摩挲故宮所藏銅器機會，先後編著《寶蘊樓彝器圖錄》、《武英殿彝器圖錄》諸書，自此著作日富。1934年經先生倡導成立考古學社，社員遍及南北各地，成為當時考古學界的重要學術團體，並出版《考古社刊》。抗日戰爭勝利後，先生南下執教於廣州嶺南大學，任中文系主任，其時因南方缺乏古文字及銅器等資料，主要精力遂轉向書畫碑帖之研究。解放後，先生任教嶺南大學、中山大學，仍繼續研究金石書畫，復以古文字學授諸研究生。即年逾八旬，猶著述與指導研究生不稍懈。

先生治學素以勤奮、嚴謹著稱。黎明即伏案工作，非至深夜不息。著作日有規程，一稿未完，絕不涉獵它務。一論點非經反復考核查證，不肯輕易着筆闡述。凡前人先已有之者，皆為注明。若友好曾加相助，則必予標出，不掠人美。著作雖經發表，每有新知，輒加增補，即至晚年，猶在舊作中時加批注，直至完美而後已。在十年動亂之中，先生所受迫害至深，然未嘗擱筆。往往批鬥回家，立即埋首著述。治學精神之堅毅，眞罕有其匹者。

先生為人質直剛正，樂於助人。四十年前，于省吾先生為《商周彝器通考》作序時曾說："余與希白相識十載，其為人質直無城府。人有過失，每面折之，……誠余之益友也。"他對人如此，對事亦然。他對批"三家村"、"批孔"等運動，表示了不同的看法，雖經百般批鬥，亦不隨風轉向，表現了讀書人可貴的剛直。先生一向視學術為天下公器，人有請益，率無私援助。在郭沫若同志羈旋日本期間，苦於研究資料奇缺，以素未謀面之"未知友"，來函索借拓本等珍貴書籍，先生欣然相假，以助厥成。但謙抑自處，未嘗為他人道及。至為學生提供學術資料，在經濟上資助有困難之學子，或其他青年，使其得以卒業，例子甚多，恕難縷述。

先生生活自奉儉約，稍有節餘，即以買書或購藏書畫銅器文物，收藏之富，早著學林。然不欲自秘，1956年，先將所藏商周青銅器90餘件獻諸國家。其後，又以所藏書畫1000餘件歸廣州博物館。而藏書則全部捐贈中山大學。高風足式。

我們分別在50和60年代，有幸於容師門下，親聆教誨，於為人治學之道，受益良多。現在，先生將屆90高齡，《古文字研究》擬出專輯為先生祝壽。我們因將先生的主要著作，分類作一簡介，以供學術界參考，並借以表達對容師多年教導的謝意。但資料搜集不周，評述或有未當，仍請容師及讀者多加指正。

一、金文和銅器學

先生七十年來對銅器學之研究，貢獻最大，其治學方法，先從文字入手，進而涉及到青銅器的各個方面，同時盡力收集材料，編纂圖錄，以利後學。這一點，與先生同輩或晚輩的學者，皆有深刻的感受。五十年前，唐蘭先生就曾說："希白之為學，孜孜不息，故克於銅器之研究有鉅量之貢獻。旣為《金文編》以通其文字，為《殷周禮樂器考略》，以考其名稱形製，此皆已為治斯學者所必修，而君尚欲重增訂之，以期盡善。且君不第研究之而已矣，又致力於材料之搜集。"關於材料搜集的重要性，唐先生接着說："研究銅器之形制，定其名稱，考其時代，驗其眞偽，此古器物學也。研究其所用之文字，此古文字學也。研究其銘辭之有關於古史或古代文化者，此古器物銘學也。而為此三學者，要必有資材料，故材料之搜集，由為當務之急。"（《頌齋吉金圖錄》序）1980年，澳洲大學巴納博士來訪，在晤談中曾說，先生的《商周彝器通考》，他是當作《聖經》一樣來讀的，並且將此書列作指導研究生的第一本必讀書。可見對先生著作的重視。現將先生這方面的著述逐一介紹於下：

《金文編》十四卷

   1925年第一版貽安堂本

   1939年第二版商務印書館本

   1959年第三版科學出版社本

《金文編》是一部內容豐富、體例謹嚴的商周金文字典。初版有羅振玉、王國維、馬衡、鄧爾雅的序言和自序及凡例十一則。隨着出土材料的增加和考釋工作的發展，1939再版時作了增訂，增入沈兼士序，抽去羅、鄧兩序。解放後增訂第三版，得到唐蘭、于省吾、劉節、梁方仲、張政烺、高景成諸先生的支持，1959年經郭沫若院長介紹，由科學出版社出版。三版《金文編》除作必要的修訂、補充和補寫後記外，序言只用王、馬兩篇，凡例改為十則。編次正文按《說文》分部，《說文》所無之字，附於各部；有疑義或不可識者入之附錄，凡二卷。全書共收 1894 字，重文 13950 字；附錄 1199 字，重文 985 字，合共 18028 字。書末附引用器目一卷，計 32 類，3165 器；檢字一卷。

王國維在序言中寫道："其書祖述中丞（吳大澂），而補正中丞書處甚多，是能用中丞之法而光大之者。"這是很恰當的評語。吳大澂的《說文古籀補》具有訂正《說文》、摹寫準確、重視通假等優點，《金文編》不但把這些優點完全繼承下來，而且有進一步的發展。例如，《古籀補》是對臨拓本，各字寫成一樣大小，位置不無微變。而《金文編》則在摹寫之初，先把《周金文存》等好幾種書和照片，按《說文》的編次，分別剪貼，然後挑選筆劃清楚、結構不同的字，按其大小粗細和結體，謹慎精微地將它摹寫下來，這樣必然比對臨更接近原貌。在考釋文字上，先生博採眾說，擇善而從，還給《說文》訂正、補正了若干字，如中、得、盍、悊（哲）、非等字傳寫之誤；余、為、卑、有、冂、鹿、恩、凡、羞諸字解說的不當，書中都給指出了。被《說文》分為兩字的，如"孚—乎"、"佋—邵"、"卿—鄉"、"佃—甸"、"它—也"等等，也作了說明，這都有助於古文字學的研究。在音的通假方面，本書也有所提出，如祜字假為"簠"、寫字假為"揚"、害字假為"匃"、"介"等。既識形體，又明其孳乳假借，解讀銘文就方便多了。當然《金文編》也還有可以改進的地方，附錄的字，經過近人的考釋，有些已可轉入正篇。總之，大醇小疵，在所難免，但它在學術上的價值是早有定評的。

最近，《金文編》正準備出增訂第四版，由中華書局出版。馬國權、張振林曾參與摹補工作，目前正由張振林作最後的繕寫，估計年內可以完成。四版《金文編》新增器目 500 餘器，正編新增字頭 473 號，刪去字頭 19 個，新增補的字約 3500 字左右。

《金文續編》十四卷
    1935年商務印書館出版

《金文續編》是《金文編》的姊妹編，以秦漢兩代銅器上的文字為主，取材於鐘、鼎、鈁、壺、燈、洗，包括鏡銘、泉範、帶鉤的銘識，兵器也有一定的份量，共計秦器12，漢器660多，在自序中除略述編纂此書的過程和所收的字數外，還就漢代金文的形體，論說簡化漢字已為歷史所證明，對抱殘守缺、不願改革漢字者給予批判。在當時來說，這樣的觀點是難能可貴的，文字部分分14卷，按《說文》分部，後有附錄，共計951字，重文6084字；附錄34字，重文14字，總數為7083字。書末附有採用秦漢器銘文字一卷，收錄了所收銅器的全部銘文，凡採用的字用大字，未採用的用小字，以示區別；見於附錄的則旁加"·"號作標誌，甚便檢查研究。這是其它金文字書所沒有的。最後檢字一卷。

本書對通假字均予注明，如澧假作禮、是假作氏、羊假作祥、盧假作鑪、央假作殃等等。飲字據漢器多簡化為"从欠从水"作"次"，糾正了《說文》"从今水"之說（《說文》次，為涎之初字）。這對我們瞭解漢代文字的使用情況和通讀銘文都很有幫助。

本書附錄中有疑所不必疑者，應移入正編中。又秦漢金文中有十二、八年、吉羊、建五、富昌、千萬、未央、日年年等合文，《金文編》附有合文，而此書沒有，也應該把合文欄增補上去。

《秦漢金文錄》五冊
    1931年12月印行
    （國立中央研究院歷史語言研究所專刊之五）

此為秦漢金文拓片匯編。秦漢金文向乏專書，先生經兩年南北走訪藏家，並向十數金石學者商借拓本，廣事搜集，加以鑑別、排比，而成是書。計《秦金文錄》1冊，收器86件，其中權44、量16、詔版21、兵符2，附錄3。《漢金文錄》4冊、凡7卷，收器749，其中鼎115、鐘55、鈁19、壺30、權度量

28、鐙74、樂器26、雜器131、洗176、鉤35、兵器60。各器除照原大影印拓片外，並注明字數、諸家著錄、采用之本，雜記及釋文等。在序中暢言搜集、鑑別、整理三者之難。此書在當時不獨資料最完備，而編纂著錄之方法，亦足為金文拓片集樹一楷模。

《商周彝器通考》上、下冊
　　1941年哈佛燕京學社出版

《商周彝器通考》是先生在銅器研究上的最重要的著作，也是我國銅器研究史上的集大成之作。自宋代以來，有關銅器著錄之書甚多，八百年來，研究家大多着眼於銅器個體之研究，其所著書或錄圖象與銘文，或僅釋文字，或間加考證，或闡發一端，均無以觀其會通。總之，缺乏一扼要而又概括性之作。容師於1927年曾著《殷周禮樂器考略》一文（見後），後嫌簡略，復以八年之力編成此書。書分上下兩冊，上冊為文字部分，下冊為圖象。上冊前有于省吾序，又分通論與各論兩編。上編通論十五章，下編各論四章。通論包括：一、原起，說明彝器製作之原起。二、發現，敘述自漢代以來各次重要之發現。關於發掘之時地與銅器數量，凡可稽錄者都分別說明。三、類別，分食器、酒器、水器及雜器、樂器四類。四、時代，先敘述各家關於考定時代的方法，後依郭沫若之法分為四期，即商時期、西周前期、西周後期和春秋戰國時期。五、銘文，闡明商周至春秋戰國各個時代銘文的衍變。六、花紋，取所見花紋，於其特徵加以銓釋。七、鑄法，參證古籍說明殷代銅器的範鑄。八、價值，記述各時代關於古器的價值。九、去鏽，說明各種去鏽的方法。十、拓墨，說明拓墨的技術。十一、仿造，記述宋明兩代仿造之多。十二、辨偽，將作偽之器分為三期，辨別偽器甚詳盡。十三、銷毀，列舉古器遭受六次大量的銷毀情況。十四、收藏，記載自宋至清各藏家對於青銅器的收藏。十五、著錄，評介自宋代以來關於青銅器重要書籍五十七種。下編則依據分類詳述各種器物，每器皆記其形制、花紋、銘文、著錄等。全書約三十萬言，文內插圖三百餘種，下冊附圖千餘幅，材料宏富，徵引翔實，誠如于省吾先生所言："此書之作，分章輯述，究極原委，甄錄載籍，參以己見，撢邃蹟，理紛拏，辨群言之得失，成斯學之鈐鍵，洵為空前之剙作，稽古之寶典矣。"（《序》）

《殷周青銅器通論》
1985年科學出版社印行

五十年代中期，先生曾為中山大學中文、歷史等系教師講授青銅器知識，張維持先生是當時聽講者之一。課後，由張先生協助容師編成此書。這本綜合論述中國青銅器的《通論》，實際上是《商周彝器通考》的普及本，它以《通考》為基礎，參考《通考》出版後十餘年來有關研究青銅器的論著，重新編寫而成。書分十章：一、中國青銅器的製作及其時代，二、青銅器的埋藏和發現，三、青銅器的年代考訂和分期，四、青銅器的類別和用途，五、青銅器類別說明，六、彝銘的考釋及其對歷史研究的作用，七、青銅器花紋分析，八、有關青銅器技術上的問題，九、青銅器的仿造和偽造，十、青銅器著錄書籍的評介。全書引用器物雖然只有《通考》的三分之一，但分類卻比《通考》更趨精密。本書雖然比《通考》簡練、通俗，但對解放後五十年代出土的許多重器卻沒有收入，這使本書在材料的使用上仍然停留在《通考》的階段，是其不足之處。此外，圖版壹零陸"車馬獵紋方口壺"乃偽器，圖版陸"齊侯鼎"銘文亦疑偽刻。

《殷周禮樂器考略》
1927年，載《燕京學報》第1期

《殷周禮樂器考略》是先生系統研究青銅器的第一篇重要著作。自宋代以來，對銅器的定名，相當混亂，如諸家所圖之尊，有似觚者，有似觶者，有似壺者。先生欲理而董之，釐定其名稱，以為治斯學之助，於是撰寫此文，分禮樂器兩大類而逐一考定之。

本文分殷周禮樂器為三十類，禮器計有鼎、鬲、甗、簋、簠、盨、盧、盂、盦、豆、盤、匜、鑑、壺、罍、瓚、盉、卣、爵、觚、觶、角、斝、觥、勺、匕、禁二十七種，樂器有鐘、句鑃、鐸三種。每類器物均詳細記述其形制、名稱以及銘文所在部位等情況，其於簋類，申錢坫、黃紹箕之說，確定銘文中的𣪕即簋，此後即成定論。這種分類法，後來在《商周彝器通考》和《殷周青銅器通論》中，又有增補和改進。"前修未密，後出轉精"。要之，當以後說為準。

《漢代服御器考略》
　　1928年，載《燕京學報》第3期
　　本文是先生繼《殷周青銅器考略》之後系統研究銅器的第二篇重要著作。漢代的服御器，繼承了商周青銅器的製作傳統而又有所發展，本文首先將商周器與兩漢器從器物、花紋、字體、銘辭四方面作比較，接着分漢器為十類，謂鼎、甗、鋗鏤、鍪皆用以烹煮者。盉、卣、壺殷周皆為酒器，此亦相同，鍾鈁乃壺之屬。鐎斗為溫器，無足者謂之熨斗，爇炭於其中，用不同而狀同斗，勺乃挹注器。盤、洗、鍋、盆、匜是用以與洗者。鐙以燭物，鑪以薰香，鏡以鑑容，鈎以繫帶，棓以染絲，量器附焉。

《談談古銅器研究問題》
　　1961年5月18日，載《羊城晚報》
　　這是先生晚年所寫的關於銅器研究的一篇帶總結性的論文，文中提出下列五方面為研究銅器的當務之急：一是編纂古銅器著錄表，二是金文字典，三乃出版古銅器圖錄，四是銘文考釋，五為彝器通考。此外，像銘文通考、金文文法等，還是一塊雖有人墾荒，而尚未有很大收穫的園地。
　　上述五個方面，先生都做出了優異的成績。長江後浪推前浪，一代新人勝舊人，後人應該在前人的基礎上，把學術事業不斷推向更高的階段。這是先生對後輩的殷切期望。

《寶蘊樓彝器圖錄》二冊

　　1929 年印行

本書是先生早年編纂的第一本銅器圖錄，收瀋陽清故宮所藏銅器九十二件。瀋陽故宮藏器凡七百九十八件，曾著錄於《西清續鑑乙編》。這批器物移交北京古物陳列所時，先生任該所鑑定委員，遂於其中選取有文字或形狀異花紋佳者編成是書，因器藏故宮寶蘊樓，故以《寶蘊樓彝器圖錄》名之。每器記其形制、大小、輕重、色澤、並附有簡單考釋及著錄情況。

《殷周青銅器通論》一四四頁謂："《續鑑》所圖，於名稱、形狀、花紋、銘識、尺寸、考釋每有僞誤，此書均略為訂正，但仍不免有僞器三件誤收，而解釋文義也多膚淺之處，有待改正。"至於哪三件是僞器呢？《商周彝器通考》201 頁說："余嘗選錄《西清續鑑乙編》中九十二器為《寶蘊樓彝器圖錄》。其時所見少，眞僞不盡辨，如⿱䍃鼎、令簋、⿱䒑中鼎皆僞器。惜廿一年北平古物南遷，此時不獲一一覆按而再定之。及選錄熱河行宮所藏之一百器為《武英殿彝器圖錄》，經驗較富，僞器用希。"按：先生所言三僞器，因古物南遷，未獲一一據實物審定，其中二鼎，其銘文顯屬僞作，令簋則不僞。

《頌齋吉金圖錄》一冊、《續錄》二冊

　　1933、1938 年印行

《頌齋吉金圖錄》收 39 器，《續錄》收 134 器，共 173 器，皆頌齋自藏之物。先生曰："正錄所收……其中大都未經前人著錄。"又說："昔人著書，重視文字而忽略花紋，欲考圖飾者每有無所取材之歎。摹拓花紋與文字並列自此書始。《續錄》所收……半得之廬江劉氏。劉氏藏器富，于花紋銘文多未暇洗剔，比歸於余，浴以清泉，敷以山櫨，綠鏽去而銘文顯，煥若神明，非復舊觀矣。"（《通考》266 頁）

商周彝器為珍貴文物，自古以來非有錢有勢者莫敢問津，先生為何要節衣縮食去購藏銅器呢？自序說："商周彝器非寒士所敢望，然環顧宇內，干戈擾攘，所出日多，政府莫能禁，有博物館出而購求者乎？無有也。此種種者不流海外，將安所歸？抱殘保缺，亦余之責也，嗣是廠肆時有遊蹤，力所能購，間取一二，金有不足，或捨舊而謀新，即易兒鼎亦不復能久存，若'留信宿計無所出而還之'，與德父夫婦同惋悵者，比比也。"這批銅器，以及後來先生收藏的重器欒書缶，解放後都捐獻給國家，欒書缶現陳列於中國歷史博物館，其餘則由廣州市博物館珍藏。

本書卷首，有唐蘭先生長序，論述銅器的起源與發展，指出用地下材料辨正古史，是考古者必循之途徑，對當時很盛行的疑古之風提出了異議。

《武英殿彝器圖錄》二冊
　　　1934 年印行

本圖錄是先生從清熱河行宮所藏 851 器中選集百器而編成。乾隆年間，曾將內府藏器敕編為西清四鑑諸書，而熱河行宮所藏，獨未編纂，本書雖選錄其中一部分，然皆瑰奇偉麗之物，如頌壺、魚匜盤、乘輿金缶等皆獨一無二之精品。先生曰："前代著書，重文字而忽視花紋，欲考圖飾者恆有無所取材之歎，故撫拓花紋與文字並列，為著錄者開其端。"（《自序》）按：以花紋與文字並列者，《頌齋吉金圖錄》已開其端，而本書摹拓之花紋，較《頌齋》尤佳，其精美非他書所及，為研究銅器紋飾提供重要材料。

值得注意者，本圖錄引用了好些金文研究名家如唐蘭、郭沫若等的一些未曾發表的考釋，這些考釋大多是他們與編者書函往返、互相切磋的結晶，有的甚至是直接為本書所撰，例如唐蘭先生就曾提到："我……寫在容庚所著的《武英殿彝器圖錄》裏的一條考釋，認為……"（《考古學報》1962 年第 1 期 15 頁）這些都是研究金文學的珍貴資料。

《海外吉金圖錄》三冊
　　　1935 年印行

清季以來，收藏古銅器者輩起，及至民國，由於軍閥紛爭，國無寧歲，陝西、河南等地的老百姓，困於飢饉，往往掘墓取所藏以救死，而政府莫之顧，於是古器多為域外財團所得，國寶之外流，遂於水之就壑。"九·一八"事變後，先生蹶然而起曰："宗邦重器，希世遺文，欲求印本而不可得，人方刦掠我文物，傾覆我國家，吾不學為恥耳，乃效尾生之信，以翻印為恥乎？"於是有《海外吉金圖錄》之輯。

本輯共收 158 器，其中商周彝器 145 件。採自 7 種日文書籍，計田島志一《支那古銅器集》一器；濱田耕作《泉屋清賞》彝器部 101 器；又《陳氏舊藏十鐘》10 器；又《泉屋清賞續編》彝器部 13 器；嘉納治兵衛《白鶴帖》第一集 5 器；原田淑人《周漢遺寶》16 器；帝國工藝會《支那工藝圖鑑金工編》12 器。分圖錄與考釋兩部分，因日人不善墨拓，原拓不精者，易以舊拓，如陳氏十鐘、㠯簋、宰掫角、邢侯盂等。考釋糾正原書錯誤者不鮮。

《善齋彝器圖錄》三冊
　　1936 年印行

廬江劉體智是民國以後收藏吉金最多的一人，曾將其所藏編為《善齋吉金錄》28 冊，其中禮樂器共 632 器。1931 年 8 月，希白師與徐中舒、商承祚兩先生至其家，攝影 404 器。1934 年，《善齋吉金錄》印行，器物用繪圖之法，讀者以不見其真面目為憾。於是容師選取照片 175 器，附以銘文，並加考釋而成此書。

先生治學矜慎不苟，自序曰："余之著書也，以器物為主，精印流布，讀者將自得焉，則余之考釋為筌蹄也。"雖然如此，先生仍於本圖錄中徵引各家之說，詳加考釋。

《西清彝器拾遺》一冊
　　1940 年印行

清光緒末年，頤和園建成，曾移內府所藏彝器於其中，並有臣工之進呈者。1933 年三、四月間，北京因受日寇威脅，古物南遷，頤和園所藏銅器，由故宮博物院職員倉卒選取，不無疏失。本書所錄 20 器係先生由餘器中選出，原名《頤和園彝器拾遺》，因其時北京淪陷，恐日寇覬覦，故諱言所出，而稱《西清彝器拾遺》，各器銘文多不長，後附考釋。

《宋代金文著錄表》

1928 年，載北平圖書館月刊 1 卷 5 期

《宋代金文著錄表》，王國維編。希白師初治金文，讀王氏此作而善之，然書下不注卷頁，使用不便，因重行改編。其與原書體例異者，有如下數端：一、原書之次序，依各書為先後，此則依字數為先後。二、宋人於器上所冠之名多未碻，原書率因仍未改，而敦、彝之為簋，簋之為盨，匜之為觥，此皆酌為釐訂。三、原書各器，不列朝代及字數，各書不注卷頁，現悉為補入。四、原書於金文之存佚偽三者並列不分，此則以存者為主，佚者偽者附錄於後。全書分器物為 23 類，521 器，附錄 127 器，共 648 器。引宋人及近人著作共 14 種，查閱甚便。

《西清金文真偽存佚表》

1929 年，載《燕京學報》第 5 期

1925 年，先生參加故宮博物院彝器陳列工作，發現內府舊藏率多贗品。蓋天府所藏，即灼然為偽，而臣下亦不敢言。1927 年，先生任古物陳列所鑑定委員，每月參與鑑定會議，接觸較多，真偽益辨。因取《西清古鑑》、《寧壽鑑古》、《西清續鑑甲編》、《西清續鑑乙編》四書之有文字之器 1290，除鏡鑑 114，得 1176 器，分"真、疑、偽"三類，表列出之。其見於各家著錄，銘詞相同，知為同器者，亦予備註。至時代、定名不碻者，皆為釐正。此就西清藏器據著錄而作之一次大清理，大有裨益於故宮所藏彝器之辨偽。其鑑定文字真偽之法約有六端：一、凡仿宋著錄之器者皆偽；二、改易宋代著錄之器銘者亦偽；三、移宋代著錄之器銘於他器者偽；四、文語不合於古器銘辭體例者偽；五、器形與古不類者偽；六、僅作普通銘辭者，亦多偽。諸表先列西清四鑑器數及有銘器數，然後分別就鼎、鬲、甗、簠、簋、盨、盂、豆、鋪、盤、

匜、監、壺、罍、鐳、盉、鉶、卣、爵、觚、觶、角、斝、觥、瓶、尊、彝、鐘、鐸、鍾、洗、雜器等項，以字數寡多、及“眞、疑、僞”為先後，詳加表列。

《鳥書考》

1934 年，載《燕京學報》第 16 期

鳥書是春秋戰國時期流行於我國南方的一種特殊的書體，由於外加一些裝飾性的筆劃，其文頗不易識。先生此文錄附有鳥書銘文的銅器 19 件，玉印一品，共 20 器。

越國諸器中，“戉王”二字舊多不得其讀，由希白師首先發明當讀作“越王”，始定為越器。

《鳥書考補正》

1935 年，載《燕京學報》第 17 期

此文為上文之補正，共錄八器，計鐘一、劍二、戈三、印一、碑額一。

《鳥書三考》

1938 年，載《燕京學報》第 23 期

本文為上述二篇之再補，著錄戈三。劍二。

《鳥書考》（增訂）

1964 年，載《中山大學學報》（社會科學版）第 1 期

先生於 1934 年曾作《鳥書考》，翌年作《鳥書考補正》，1938 年又作《鳥書三考》。事隔二十餘年，新出之器較多，而研究亦較前深入，先生因合舊作，益以新增，寫成此文，帶有總結之意。鳥書之器，多為春秋戰國間之劍、戈、矛之屬，其他器甚少。此文計收越國器十五，吳國器四，楚國器二，蔡國器四，宋國器二，不知國名器者十二；另漢印三方，唐碑額二，僞秦璽一方，合

45器。文中指出，有人名可考者，始於吳王子于（即位於公元前526年），而終於越王州勾（公元前448—前412年），以鳥書作銘，流行時間並不長。

《宋代吉金書籍述評》
　　原載《慶祝蔡元培先生六十五歲論文集》，後修改補充再刊《學術研究》1963年第6期、1964年第1期

本文述評，以宋代有關古銅器著作為限，先列存者，而以佚者附焉。書之存者八種，計有：呂大臨《考古圖》、《考古圖釋文》，趙九成《續考古圖》，徽宗敕編《博古圖錄》，薛尚功《歷代鐘鼎彝器款識法帖》，王俅《嘯堂集古錄》，王厚之《鐘鼎款識》，張掄《紹興內府古器評》。佚者十二種：僧湛淀《周秦古器銘碑》，楊元明《皇祐三館古器圖》，劉敞《先秦古器圖》，胡俛《古器圖》，李公麟《考古圖》，黃伯思《博古圖說》，趙明誠《古器物銘碑》，晏溥《晏氏鼎彝譜》，《紹興稽古錄》，王楚《鐘鼎篆韻》，薛尚功《廣鐘鼎篆韻》。共二十種。每書詳細記載各種版本、作者、體例以及書之得失等，最後論述如何整理宋代著錄古器的方法。先生提出整理宋代古器，可分四項：（一）宋代古器著錄表，（二）宋代金文校釋，（三）宋代金文編，（四）宋代考古叢談。其中著錄表一項，首創於王國維氏，而先生已為之重編，其餘三項，則尚未有人嘗試，書之以待來者。

《清代吉金書籍述評》
　　載《學術研究》1962年第二、三期

《清代吉金書籍述評》是繼《宋代吉金書籍述評》一文而作，體例與前文同，分圖象與文字兩類引述書籍二十四種。圖象類計有：梁詩正等《西清古鑑》、《寧壽鑑古》，王傑等《西清續鑑甲編》，《西清續鑑乙編》，錢坫《十六長樂堂古器款識考》，曹載奎《懷米山房吉金圖》，劉喜海《長安獲古編》，吳雲《兩罍軒彝器圖釋》，潘祖蔭《攀古樓彝器圖釋》，吳大澂《恆軒所見所藏吉金錄》，端方《陶齋吉金錄》、《續錄》，丁麟年《桼林館吉金圖釋》。文字

類計有：吳東發《商周文拾遺》，阮元《積古齋鐘鼎彝器款識》，劉喜海《清愛堂家藏鐘鼎彝器款識法帖》，吳榮光《筠清館金文》，徐同柏《從古堂款識學》，朱善旂《敬吾心室彝器款識》，呂調陽《商周彝器釋銘》，吳式芬《攈古錄金文》，吳大澂《愙齋集古錄》，方濬益《綴遺齋彝器款識考釋》，劉心源《古文審》及《奇觚室吉金文述》。文末附論清人對古銅器研究的缺點，計有四項：（一）為印刷術所限；（二）為圖形文字所限；（三）為名物所限；（四）為鏽蝕所限。

歷代吉金書籍，因刻版、翻印等原因，各書優劣不等，加上辨偽不易，考釋存在認識上之局限等等，故初學者在使用這些書籍時往往不知所從，先生以數十年研究金文之功力，為此述評，綜觀全局，扼要述評，給後學者省去了許多無謂的勞動，實有益學林。近人有好空談"理論"者，往往抓一二所謂"典型材料"，輒附會臆測，侈談研究，敷衍成篇，竟鄙視先生之文，謂之搞搞材料而已，與先生治學之法大相徑庭，是毫不足取的。

《周金文中所見代名詞釋例》
　　1929年12月，《燕京學報》第6期

周代銅器銘文代名詞之研究，先生此篇實為嚆矢。珂羅倔倫嘗著《論〈左傳〉之真偽及其性質》一文，其下篇乃用文法學以考訂《左傳》者，先生讀後，頗受啟發，遂取周代銅器銘文之代名詞加以排比研究，覺其與經傳有不同處，亦可證經傳之失，與後人改易之誤。文中列舉人稱代名詞，第一人稱者有余、我、虘、朕、走五字；第二人稱者有汝、爾、乃、而四字。第三人稱有其、厥、之三字。指示代名詞，有其、厥、之、是、茲、此六字。各皆以例論證其說。

《毛公鼎集釋》
　　稿本未刊，約成於1932年

毛公鼎是傳世銅器中銘文最長的一器，出土後一直受到各收藏家、研究家的重視。是器於道光末年出土陝西岐山，陳介祺約在 1852 年（清咸豐二年）得之估人蘇億年，陳氏逝世後，其子以萬金質於端方，端方死後，存物星散，端妻曾致函廉泉，托售此鼎，因索價甚昂而未能成議，端妻死後，家人將此鼎抵押於天津道勝銀行。1925 年，交通部津浦鐵路同人集資三萬元，贖出為葉恭綽壽，鼎遂歸葉氏。先生之作《集釋》，當在鼎歸葉氏之後。文中諱言所藏，蓋此文為葉氏作耳，故後亦未曾正式發表。

著文考釋者，有徐同柏、方濬益、吳式芬、孫詒讓、吳大澂、劉心源、王國維、吳寶煒、林泰輔、郭沫若、容庚、吳闓生、于省吾、陶北溟、楊樹達諸家，綜觀各家之說，當以王、郭二氏所得獨多，郭氏在時代的斷定和銘文通讀上，創見尤多，而希白師博綜眾說，別為《集釋》，詳出土之時地，評諸書之得失，引經籍以比勘，譯彝銘為今語，自是集大成之作，惜稿未刊行。至於他人，王國維曰："明經（徐同柏）首釋是器，有鑿空之功，閣學（吳式芬）矜慎，比部（孫詒讓）宏通，中丞（吳大澂）於古文字尤有懸解，於是此器文字，可讀者十且八九。"（《毛公鼎集釋》）郭沫若曰："《王釋》後出，自能綜集眾美而緯以新知，……王於劉摒之不論，緣劉所得本自有限，其說解每病支離，且時不免抄襲也。然於此器亦間有一二字釋得其當者。"（《毛公鼎之年代》）容師曰："方濬益得潘祖蔭覆刻本，命其子臻杰為釋文，自為考證，無甚新得，書未印行，世人尟得寓目。"吳寶煒之書印行於 1930 年，徵引僅吳大澂一家之說，所附釋正十二字義，實如容師所云，"十九譌舛，其荒陋視劉氏殆有過之。"日人林泰輔《毛公鼎銘考》一文，大多沿襲徐、孫、二吳（式芬、大澂）成業，間下新義，亦多未安。陶北溟之文刊行於 1939 年，銓釋取前人說甚多，然皆未言明，近人新作，似未曾一瞥，釋文斷句不妥，釋字未安之處亦頗多。其他各家，大抵皆綜合前人之說而各抒己見，間亦有所獲，茲不一一贅述。

《晉侯平戎盤辨偽》

1937年，載《考古社刊》第6期

晉侯平戎盤原藏北京怡王家，一八七零年為英人所得，陳列於英國博物館中。S. W. Bushee 所著《中國美術》一書著錄。按：著錄此盤而辨其偽者，始於馮浩《孟亭居士文稿》（卷一、四頁），題為古鬲辨。馮氏從文義上辨其偽，甚為明確。先生又從用字上舉出五點以補馮氏之缺：一、金文我字無作逇者，此襲用石鼓文作逇。二、金文迺、於是也，乃、汝之也，絕不相混，此銘云"迺光顯於西"，"鴻敷迺心"二字皆作迺。三、金文非字皆作兆，从飛下翅，魏三字石經尚如此，此皆作非，乃唐人譌變之體。四、金文不、丕二字皆作不，此銘"不顯丕功"、"余戀迺不顯功"二丕字，下皆有一小劃。五、散盤銘文末一字為農字，後人不識，誤釋為鬲，以為盤名，此承其誤，意以為"元鬲成"者，實乃"元農成"，甚可笑。要之，此銘字體純仿散盤而作，而間參以石鼓文，惟書刻太劣，一望即知其偽。此盤偽造，約在乾隆年間散盤藏揚州徐氏及洪氏時。嘉慶十一年，鹽院額勒布購散盤以充貢，遂歸內府。

《頌壺考釋》

1932年，載燕京大學《文學年報》第1期

本文考釋頌壺銘文及各家著錄等甚詳，這些內容，後來都寫入《武英殿彝器圖錄》中。

《秦公鐘簋之年代》

1937年，載《考古社刊》第6期

秦公鐘簋鑄作的年代，歷來眾說紛紜，關鍵是銘文中的"十有二公"應從哪一公算起，中間應計算哪些公？先生曰："余謂秦之稱公，自秦仲之子莊公始，歷襄、文、寧、出、武、德、宣、成、穆、康，共為十二公。鑄器者乃桓公也。"按：秦先公之世系，各家多不計出子，如歐陽修《集古錄》、薛尚功《歷代鐘鼎彝器款識法帖》、黃伯思《東觀餘論》等皆是。先生於世系之排

列中，特刊出"出子"一世，可謂獨具慧眼。陝西寶雞太公廟新出秦公鐘銘文中有文公、靜公、憲公，即文獻中之文公、靖公、寧公。靜公未立而死，鐘銘在計算先公時尚且計入，出子在位六年，不計入是很不合情理的。至於先生至不計靜公，則為千慮之一失。

《弭叔簋及訇簋考釋的商榷》
  1960年，載《文物》第八、九期合刊

弭叔簋及訇簋，1959年出土於陝西藍田，郭沫若同志有考釋，段紹嘉有簡介，均載1960年《文物》第2期。先生讀郭老之文，頗有疑義，後因段紹嘉以拓本寄贈，附函云："並盼示覆"故作此文以答。

弭叔簋銘文中，弭叔、弭伯和師察，郭、段均以為係一人，先生以為非是。郭老原文為"弭叔又稱師察或弭伯師察，可知察其名、叔其字、師其官、伯其爵、弭其封邑，稱弭伯師察者猶召虎召伯虎。"此文後來收入《文史論集》時，改作"師察又稱弭叔，可知察其名，叔其字，師其官，弭其封邑。"又謂"弭伯當是弭叔之父兄。"（348頁）此外尚有幾種補充意見，有些亦為郭老所採納，如以"用楚弭伯"為一句，楚與胥同，在此用為輔助之意等。

《青銅器的起源和發展》
  1962年，載《中山大學學報》（社會科學版）第3期

1962年，先生為重訂《商周彝器通考》，曾親自到全國各地博物館搜集材料，當時參與其事者，有張維持、馬國權、曾憲通等人。本文是《商周彝器通考》重訂本第一章的初稿，係與張維持合寫，共分三節：一、中國青銅器文化的發生和發展。二、彝器的產生及其用途。三、彝器在藝術和歷史上的價值。重訂《通考》一事，後因各種原因，中途擱置，未能成事。

二、甲骨學之研究

先生一生的主要精力是研究金石與書畫，對於甲骨文，嘗作考索，亦有專著出版。在燕京大學任教時，曾以《甲骨文》授門下諸生，下面謹就有關著述，作一簡介。

《甲骨文發現及其考釋》
　　1923年，載北京大學《國學季刊》第1卷4期
本文是先生在北京大學研究所國學門學習時所寫的一篇論文，也是先生研究甲骨文的第一篇文章。

安陽甲骨發現以後，應如何保存，如何研究？先生有感於對此三千年前之神物，"政府不之收，世人不之識，衹三數學者私相考證。恐數十年後，此質脆易碎之物化為灰塵，徒增後人之悲歎，故不揣謭陋，述此以為之介。"

文章先簡述甲骨文發現的概況，接着論述考釋，將各家考釋之所得分小學、歷史兩項論之。關於小學者，分象形文字、會意文字、斠正說文、斠正經文、參證金文、參證古籀諸項說之；關於歷史則分都邑、帝王、制度（繼統、名號、祭祀、貞卜）卜法論之。

《殷契卜辭》三冊
　　1933年印行
1929年5月，先生為燕京大學以千金購得徐坊所藏甲骨1200片，徐氏所藏雖不詳其購置年月，然彼卒於1916年，其時贗品尚少，故此中偽刻不及百分之一，先生淘汰偽物後，於其中選取874片編成此書，書分圖版與釋文兩部分，釋文為先生與瞿潤緡同作，並撰集文編附後。書成後，還請商承祚、唐蘭、董作賓、魏建功諸先生校刊一過，始為印行。

此書所錄雖無重大發現，然所錄甲子大版一方（第165片），六十甲子排列完整無缺，為當時他書所未見；由第20片知殷之先公先王之次序，與王國維所論正合；由第31片知衛人讀己亥為三豕之由；由第596片知卜法先灼龜而後刻辭，且卜辭不加於兆上；由第388片知卜辭之有誤字；由229及230諸片知有以甲骨文練習契刻之用者。考釋持論平實，文編檢閱極便，不失為研究甲骨文的一本好的資料書。

《甲骨學概況》
　　1947年，載《嶺南學報》7卷2期
　　本文分三章，第一章發見，記述歷次甲骨出土之時地甚詳。第二章作家，介紹了孫詒讓、羅振玉、王國維、王襄、葉玉森、商承祚、董作賓、郭沫若、唐蘭、孫海波、于省吾、胡厚宣十二人的生平、經歷與著作等情況。第三章著作，又分為一、文字類，二、考釋類，三、雜著類，四、字書類，五、目錄類。共引書55種，皆有詳細的介紹。
　　這是一篇綜論性的文章，對於初學者很有啟發的作用。

三、有關文字學的著述

　　先生早年曾在東莞中學任教，即開文字學一課，爾後在燕京大學、嶺南大學、中山大學任教時，亦開文字學課程，並自編《中國文字學形篇》、《中國文字學義篇》兩種講義。文字學的內容，除上述金、甲文字兩項外，還有關於秦代刻石與《說文》以及有關方面。
　　值得特別提出的是，早在1935年，先生即在燕京大學開設"簡筆字"一科，從學者二十人，取先生自編《簡體字典》逐字討論，而後寫定印行。先生是古文字的專家，研究古器物而不為古物所感，看到時代的潮流，極力提倡簡化漢字，這在當時是十分難能可貴的。

下面是先生在文字學方面的著述簡介。

《中國文字學》（講義）
　　　　無出版年月，燕京大學印行

先生在北京大學研究所國學門畢業後，即接燕京大學之聘，在中文系講授"文字學"，《中國文字學》就是當時所用的講義。這一講義分"形篇"、"義篇"兩部分："形篇"有第一、二章。第一章為敘說，分文字學之意義及沿革、文字學之關係、研究之方法等三節。第二章為字體，下分造字之傳說、字體之種類、古文、小篆、隸書、正書、草書、行書等八節。"義篇"為第三章字義，下分六書、象形、指事、會意、形聲、轉注、假借、訓詁、結論（今後文字之改革）等九節。全書約八萬言。條理明晰，為研習漢字入門之佳著。近十年，臺灣有兩家以上書店翻版此書，甚至盜用書店編譯所編著為署名，因出先生手寫影印，故識者一見便能知之。

《秦始皇刻石考》
　　　　1935 年 6 月，《燕京學報》第 17 期

秦始皇二十六年並兼天下。自二十八年東行郡縣，始作《嶧山刻石》，用頌秦德，亦以宣揚政策。其後登泰山、琅邪，復南游會稽等地，先後勒《泰山刻石》、《琅邪臺刻石》、《之罘刻石》、《東觀刻石》、《碣石刻石》、《會稽刻石》。其刻石之文，載於《史記》者凡六，今石之傳者唯《琅邪臺刻石》一種。《泰山刻石》殘存十字。《之罘刻石》、《會稽刻石》皆為仿寫。《東觀刻石》不傳。《嶧山刻石》之文，又為《史記》所不載。各刻石並有多種翻刻之本。自宋以來，金石學者曾就上述刻石拓本詳加著錄。先生經多時搜集研究，著成是篇，擬作系統總結，計分五章：一、刻石之原起；二、刻石之形狀及存佚；三、刻辭之校釋；四、拓本之流傳；五、結論。附錄各刻石著錄表及圖版十八幅。

《古石刻零拾》一冊

1934 年印行

是書收《周詛楚文》（《絳帖本》、《汝帖本》）《秦泰山刻石》（《絳帖本》）、《漢袁安碑》、《漢袁敞碑》、《魏蘇君神道》、《素下殘石》、《晉左棻基誌》等拓本七種，用珂羅版精印。所擇皆以文字精美，有裨於史；或新出土，而世罕知；或舊雖著錄，而流傳不廣為準。先生分別撰《詛楚文考釋》、《秦泰山刻石考釋》、《漢袁安碑考釋》、《漢袁敞碑考釋》、《魏蘇君神道考釋》、《素下殘石考釋》、《晉左棻墓誌考釋》等共七篇，約二萬許言，廣為鈎稽考釋，以供讀者參考。並附馬衡先生所撰《漢袁安碑跋》、《漢袁敞碑跋》於後。

《論說文誼例代顧頡剛先生答柳翼謀先生》

1926 年，載北京大學研究所國學門週刊第 2 卷 15、16 期

柳詒徵（翼謀）在東南大學《史地學報》第 1、第 2 合期上發表《論以〈說文〉證史必先知〈說文〉之誼例》一文，後顧頡剛《答柳翼謀先生》一文，發表於《北京大學研究所國學門週刊》第 14 期。先生此文主要是辨論《說文》的誼例，謂《說文》並未自訂誼例，柳氏代訂誼例，失之疏闊，如有誼而兼有人名者，列舉二十事以駁柳氏。

《答楊樹達先生書》

1935 年，載《考古社刊》第 2 期

《古石刻零拾》印行後，楊樹達撰《讀容希白君古石刻零拾》一文，發表於《考古社刊》第 2 期，先生因為此文以答之。楊氏舉正五事，皆有關詛楚文之釋讀與斷句，先生除同意灋當作廢、𢡃可釋億外，對其餘三事，皆提出與楊氏商榷的意見。

《尚書中台字新解》

1935年，載《考古社刊》第2期

《尚書》中台字凡十二見，偽孔傳皆訓為我，段玉裁《古文尚書撰異》於"夏罪其如台"句始據《史記》訓如台為奈何。厥後，王引之《經傳釋詞》、楊樹達《詞詮》皆引伸其說，或無異議。先生考之金文，謂台有三義：一、為以。字作台、作辝。二、為我之。字作辝、作㠯、作㠯。三、為厥、為其、為此、為茲，字作辝。無作疑問代名詞之何字解者。以此解《尚書》之十二台字，可分為二類：一、為我，二，為此，此為指示代名詞。

釋台為此，似較釋何為優，然觀《史記·殷本紀》改《尚書》"其如台"為"其奈何"，足證自漢已然，故張衡《思玄賦》"云台行乎中野"、《後漢書·班固傳》"今其如台而獨闕"，皆以台為何。

《簡體字典》一冊

1936年印行

文字乃記錄語言的符號，漢字形體的變遷，經過古文、小篆、隸楷以至行草，其間有繁化和簡化兩種現象，而簡化在任何時期都處於主流地位。古漢字雖有象形、指事之文，但秦漢以後已逐漸嬗變為符號，誠如先生所言："龜與魚同頭，鳥與馬同足，㫃邑之偏旁同作阝，肉舟之偏旁同作月。吾人認字，豈復有推求其如何象形，如何指事者哉。"（《自序》）1933年春，先生以簡體試寫《頌齋吉金圖錄》及《金文續編》二書，復以當時流行的《平民字典》4445字為准，編纂《簡體字典》。一九三五年，先生在燕京大學國文系開"簡筆字"一科，從學者二十人，先改革《康熙字典》部首，次取先生自編之字典逐字討論之，而後寫定印行。故先生所編之《簡體字典》是經過講授實驗之後而編成，與閉門造車出不合轍者大異。先生所定之簡體，好些字為四十年後的今天所推行的簡化漢字所採用，不是沒有原因的。先生是治古文字的學者，在四十年前就能看到時代潮流的發展，著書倡導簡化漢字，具見高瞻遠矚。

四、書畫與碑帖

先生之愛好書畫，得之於四舅鄧爾雅先生與叔父容祖椿先生。除了從事書畫與碑帖的研究之外，先生自己能書能畫，擅篆刻。書法以金文見長，偶作楷書和隸書，用筆凝重含蓄，厚樸高雅。書法推崇清初四王吳惲，於古畫臨摹，功力甚深。這無疑對先生之研究書畫，大有裨益。

七十多年來，先生從學習書畫篆刻開始，轉向古文字，然後又回到書畫的研究。抗日戰爭以後，致力在這方面的時間特別多，其鉅製有《叢帖目》、《頌齋書畫錄》、《歷代名畫著錄目》等書，除《叢帖目》已由中華書局香港分局出版外，其他二書積稿盈箱。尚待印行。

先生這方面的著作，知之者較鮮，現特介紹於後。

《雕蟲小言》
　　1919 年，載《小說月報》第 10 卷三、四號
這是先生最早發表的一篇論文，其時尚在東莞中學任教，署名"容齋"。後因前人已有容齋之名，遂改號"頌齋"，故"容齋"一號多為人所不知。發表後曾一再增改，現分 43 段，9500 餘言。

本文首述學篆之道，謂印人"未有不習篆書，不通《說文》，徒攻乎石而能以篆刻自矜者也。"學篆"古文當以三代彝器款識為宗，石鼓副之。小篆當以秦碑權詔版、新莽量布為宗，李陽冰篆書副之。"下分述彝器款識、秦碑詔版、漢金文、新莽量布、瓦當、吳天璽紀功碑、漢碑額、李陽冰篆書、宋章伯益篆書等，使治印者知所借鑑。接着敘述"名印朱文仿秦小璽，白文仿漢印，此正軌也，間參以鐘鼎彝器鏡幣瓦甓之意，尤覺古樸可愛。"文中述學篆與治印的關係、治印的方法，及可參考的書籍甚詳。最後舉近代治印名家如趙撝叔、黃牧甫、吳昌碩、鄧爾雅等以殿其篇。

《東莞印人傳》
　　1921年與弟容肇祖同輯

先生自幼隨四舅鄧爾雅習篆刻，又復珍視鄉土文物，故於東莞印人之史事與作品，頗留意搜輯。此書收明印人鄧雲霄、袁登道，清印人張穆、黃貞、蔡兆華、張敬修、尹子新、張嘉謨、葉汝才、張度，以至其弟容肇新等共19人，各為小傳，文字以石印印行。而刻印則以原印鈐拓於傳之後。此較清人周亮工《印人傳》、汪啟淑《續印人傳》之有傳無印，體例勝多矣。

《漢武梁祠畫像錄》二冊
　　1936年刊行

武梁祠畫像，最初著錄於宋人洪适《隸續》。清代又著錄於王昶《金石萃編》、馮雲鵬《金石索》、瞿中溶《武梁祠畫像考》三書。這些書中的圖像，或依樣臨摹，或以己意重繪，與原圖相去甚遠。本書以黃易手拓本影印，可云至善之本，其前後左三石室及祥瑞圖諸石，以未得佳拓，故只錄題字。先生於各種畫像故事，考釋甚詳。考釋分為八個部分：一、畫像之起源；二、武梁祠畫像舊拓本之流傳；三、武梁祠原石之發現；四、武氏碑與武梁祠畫像之關係；五、石室之形制；六、武梁祠畫像所載之故事；七、武梁祠畫像在美術上所佔之位置；八、武梁祠畫像之印行。最後附以武梁祠畫像著錄表，分圖像、錄文、題跋三項，查閱甚便。

《頌齋書畫錄》
　　1936年印行

《頌齋書畫錄》所錄乃先生早期自藏書畫之一部分，凡十六家。先生合譜錄、傳記、收藏三者於一書，名曰書畫鑑。為編纂書畫圖錄與著錄書籍，開一範例。先生所藏書畫，後積至1000餘種，已於四年前捐獻廣州市博物館，現由該館珍藏。

《伏廬書畫錄》

1936 年 10 月，考古學社印行

是書所錄，為伏廬主人仁和陳漢第所收藏，計胡靖畫竹卷，張寗畫墨竹軸，文徵明草書詩卷及畫菊花軸，馬守眞畫墨蘭卷，藍瑛仿李唐山水小軸及仿李成山水小軸，陳丹衷畫墨竹卷，傅山草書詩軸，八大山人臨藝韞多才帖軸及畫八哥圖軸，道濟畫墨蘭卷，嚴繩孫行書昇平嘉宴紀恩詞軸，鄭燮畫墨竹軸，華喦水鳥蘆花圖軸等明清名家書畫共二十七種，皆以珂瓖版精印。先生於序言中概述自來書畫著錄書籍"泛"、"翳"、"瞀"、"陋"、"偽"之缺失，主張合譜錄、收藏（包括作品質地、尺寸、風格特徵、題識）、傳記三者於一書。

此書收藏及傳記兩部分文字約二萬言。

《二王墨影》一冊

1936 年 6 月印行《考古學社專集》第十二種

王羲之、王獻之書法墨跡，宋代以後即罕見，清乾隆年間，高宗得王羲之《快雪時晴帖》、王獻之《中秋帖》、王珣《伯遠帖》三種，即以"三希"名其堂。本書輯錄日本所藏唐代開元、天寶年間所摹羲之《喪亂帖》等帖，益以三希帖及清府所藏羲之《游目》、《何如》、《奉橘》、《脩載》四帖，張伯英所藏《此事》五帖，凡十三帖，宇內所藏，幾具於此書，為研究二王墨跡提供了很好的範本。先生作《敘錄》凡 9500 餘言，歷述二王及王珣等史事書藝，及各帖有關情況，頗有參考價值。

《蘭亭集刻第一集十刻》二冊

1939 年印行

王羲之所書《蘭亭序》，遒媚勁健，為行書極品。因唐太宗的推重，歐陽詢、虞世南、褚遂良、陸柬之等大書法家，皆臨拓相尚。自宋以來，刻本甚多，《蘭亭考》所記，已達 61 本。薛紹彭所藏 200 本。宋理宗內府藏 117 本。及至清代，對《蘭亭》之考證，已成專門之學。1938 年，先生得明人宋濂、清人黃掌綸、徐樹鈞舊藏《蘭亭》82刻，又益以友好見貽，各刻雖面目無大異，而神韻各有勝場。各家題跋，亦多有可觀。欲選若干刻彙為《蘭亭集刻》，十刻為一集，分集印行。第一集十刻，計收《古定武本》（馬治跋）、《神龍本》（任勉之、馮敏昌跋）、《唐綠綾本》（馬治跋）、《脩城本》（馬治跋）、《舊梅花本》（宋濂、馬治、吳飛翰跋）、《唐硬黃本》（宋濂跋）、《甲秀堂本》（馮敏昌跋）、《虞臨本》（馬治、吳飛翰跋）、《褚臨本》（馮敏昌、吳飛翰跋）、《領字從山本》，均以珂瓃版精印，各家題跋附焉。

《頌齋讀書記》

1941年6月《文學年報》第7期

此為有關畫學論著讀書札記及書評之屬。先生中歲頗治書畫之學，讀畫學書籍至多，時有心得，此蓋其一二。是篇論及之書六種，計有：明莫是龍《畫說》，清龔賢《書法冊》，袁樹《皇清畫匯》、《國朝畫徵後錄》，陶樑《紅豆樹館書畫記》，近人于海晏（安瀾）《畫論叢刊》。先生得董其昌自書《間窗論畫》冊及跋語，推知《畫說》或出莫是龍抄本，後人遂誤以為莫氏所作。立說較余紹宋《書畫書錄解題》可信。於龔、袁、陶等著，並有詳妥評說。而於于輯《畫論叢刊》評述尤詳，列舉是書選錄之缺、版本之失、與校勘之疏，不獨於輯者可以循其所示，加以校改，而於讀者對輯校工作應抱有之態度，亦有所教益。

《記竹譜十四種》

1947年，載《嶺南學報》8卷1期

我國書畫刻木拓印，宋代以法帖為盛，明清則畫譜流行，寫梅、竹、蘭、菊諸植物，刻版較易，而以竹譜為多。先生嘗欲集錄各書之說之圖為初學者示範，並選歷代真蹟，集竹譜之大成，因成書不易，遂以所見竹譜十四種詳為介紹而成此文。所記竹譜有：一、元李衎《竹譜詳錄》七卷；二、元柯九思《竹譜》一卷；三、明高松《竹譜》一卷；四、明周履清《淇園肖影》二卷；

五、明程大憲《雪齋竹譜》二卷；六、明黃鳳池《集雅齋竹譜》一卷；七、明胡正言《雲舘竹譜》一卷；八、清王蓍《青在堂竹譜》二卷；九、清汪之元《天下有山堂畫藝竹譜》一卷；十、清蔣和《寫竹簡明法》二卷；十一、清李景黃《李似山墨竹譜》一卷；十二、清楊士安《瓶花書屋竹譜》一卷；十三、王寅《冶梅竹譜》一卷；十四、清竹禪《畫家三昧》八卷。每種有版本、作者、內容及異文校勘諸項，記述甚詳。

《倪瓚畫之著錄及其偽作》

1948 年，載《嶺南學報》8 卷 2 期

1942 年 2 月，先生自燕京大學移居宣南上斜街東莞新舘，與琉璃廠相去不遠，時乘自行車徘徊於書肆帖肆之門。觀復堂主人多藏法帖，先生多假觀，錄所見所藏為《頌齋帖目》，得 130 餘種。以辨偽定名之不易，故暫置之。後又為《歷代著錄畫目》作《續編》，收李廌《畫品》以下 59 種。其時，先生將倪瓚畫分為三等，較可信據者為正錄，疑信參半者為別錄，灼知其偽者列為偽作。計正錄 162 幅，附 81 幅，別錄 61 幅，附 3 幅，偽作 68 幅，附 1 幅。共 291 幅，附錄 85 幅。以畫繫年，詳記著錄、質地、尺寸、題跋等項。

《飛白考》

1949 年，載《嶺南學報》第 10 卷 1 期

飛白書是我國歷史上罕見的書體之一。"本是宮殿題署，勢既經丈，字宜輕微不滿，名曰飛白。"（唐張懷瓘《書斷》）其用以書寫之筆，或以掃帚、或以散毫、或以木、或以氈。本文考述飛白二十家，附錄四家，時歷唐、宋、明、清四代，字具篆、隸、楷、行、草五體，今人欲考知飛白書者，觀此可知其大略矣。

《頌齋書畫小記》

1950年，載《南國》（嶺南大學）第2期

《頌齋書畫小記》是先生繼《頌齋書畫錄》、《伏廬書畫錄》後所作有關書畫鑑方面的一部著作。因為未附圖錄，故名"小記"。所記包括所見、所藏。本文所發表的，只是已撰的很少一部分，計有林良、陳獻章、蘭瑛、王鑑、江韜、八大山人、傅山、章谷、張穆、陳砥諸家，每一作品皆記質地、顏色、尺寸、圖像、題跋、作者小傳、軼事以及後人評價等，甚為詳盡。50年代後，所記集中在個人之所藏，而於書畫家傳記的撰寫，每有新知，不厭求詳，輒為增補。於近世作者之史事，尤留心搜集。"小記"稿本凡三十餘冊，即在十年動亂之中，先生處境甚劣，仍不斷補充，務求完備。全稿凡百餘萬言。以篇幅較多，尚未印行。近年已將此稿改名為《頌齋書畫錄》，蓋體例與1936年所作《頌齋書畫錄》同，內容囊括於內。

《淳化秘閣法帖考》

1952年，載《嶺南學報》第12卷第1期

宋太宗以內府所藏前賢法書，命王著編次勾摹，勒為法帖，卷尾皆記淳化年號，故世稱淳化秘閣法帖。其中真偽雜糅，米芾、黃伯思、王澍等，並有刊誤、考正之作。先生參以諸家評騭，並據有正書局淳化閣帖影印本，與潘氏、顧氏、肅府三本，詳加校勘，寫成是篇，計分五章：一、法帖之興起；二、閣帖之摹勒；三、各帖之真偽；四、各帖之謬誤；五、閣帖之翻刻。附錄二：帖名同異表；標題次序同異表。先生用考據之法，對閣帖各卷逐一論述，敘析甚詳，足見先生對帖學用力之深。

《澄清堂帖考》

1961年八月號《文物》月刊

《澄清堂帖》，宋人論法帖之書皆未提及。明人邢侗得其殘本，刻王羲之三十八帖於《來禽館法帖》中。詹景鳳、王穉登於《澄清堂帖》皆極稱其波

發纖悉，逸態橫生。董其昌得《澄清堂帖》卷五，選王羲之特異的四十一帖鑴於《戲鴻堂法書》，並跋云："澄清堂宋人以為賀監手摹，南唐李氏所刻。余見五卷，皆大王書，出《淳化帖》之上，亦如賀八清真，下視王著，此間可容數等，真法帖之祖也。"推許過情。清人翁方綱、近人張伯英對董其昌刻於南唐之說頗有駁正。張氏更據缺畫乃避南宋之諱，定為宋刻。先生親見宋拓《澄清堂帖》卷十一及部分翻刻本，因博綜前賢所論，據以新得，著成此考，分：一、帖的發現和翻刻；二、帖的時代和評騭；三、帖的內容；四、結論。考定此帖為南宋嘉定年間人所刻。全帖可能有十二卷，於卷一、卷二、卷三、卷四、卷五、卷十一內容，並為一一列出。所刻帖為王羲之、王獻之，以至蘇軾。骨氣清勁，然亦有單弱處。明人已不能明之《澄清堂帖》，至是已得其概矣。

《叢帖目》四冊
　　1980年、1981年、1982年、1983年中華書局香港分局分年出版
　　先生藏叢帖220餘種，又遍覽惠兆壬《雜帖目》等帖學論著，致力是書前後凡三十餘年，初名《叢帖考》，後易今名。所錄以自藏及目見全國各地圖書館、博物館所藏一卷以上之叢帖為主，略及形式如叢帖之石刻畫像、印譜，及近代珂瓃版與石印本叢帖，亦擇要錄入。分歷代、斷代、個人、雜類、附錄五類，共二十卷，冊各五卷。網羅宏富，前代所刻叢帖，大抵已備錄於此。每本叢帖之摹刻者，基本上均撰有小傳，足供參考。同時摘要加入各家題跋，於張伯英《法帖提要》之適用者，亦備引其說，以資隅反。間或參以己意，亦要言不煩。似此編次井然，錄目明晰而又齊備之帖學巨著，實為研究帖學、書學者所不可缺少之參考書。

《叢帖瑣談》
　　1973年4月，載商務印書館香港分館《藝林叢錄》第八編
　　60年代初期，先生於叢帖致力至勤。時應香港大公報《藝林》周刊編者

之邀，作書畫及文史通俗之文，此文蓋其一也。先談叢帖的起源，次述叢帖的分類，以其所見約 340 種，約分為歷代、斷代、個人、雜類、附錄五類，並各舉三數較佳或較易得者為例，加以介紹。

《廣東的叢帖》
　　1973 年 4 月，載商務印書館香港分館《藝林叢錄》第 8 期

近人冼玉清曾作《廣東叢帖敘錄》，因多借自他人，又不熟於帖學，故所定帖名，多有岐異，且未見者亦據著錄編入，不無可商之處。先生所藏既富，又復精於此業，據其目驗，廣東叢帖始刻於清嘉慶十八年（1813 年）葉夢龍之《貞隱園集帖》，終於光緒六年（1880 年）孔廣陶《嶽雪樓鑑眞法帖》，共得刻帖者 8 人、帖 17 種，不及七十年即流風消歇。先生以人為綱，各列所刻帖名，並對各帖內容略加介紹。

《歷代名畫著錄目序》
　　1978 年，載《學術研究》（廣東）第 2 期

1934 年，沈凡遜為美國人福開森編纂《歷代著錄畫目》。先生深感是書多有訛缺，遂從 1942 年開始，先成《歷代著錄畫目補編》，後又費多年精力改編《著錄畫目》，完成《歷代名畫著錄目》一書，所錄畫家二千多人，畫目共五萬多條。如果人們要研究歷代某一畫家的作品，或某一張畫的眞偽，翻閱本書，甚有助益。

先生改編福氏原書，在原有基礎上進行了補缺、正偽和刪繁的工作。補缺一項，原書引書實計只有九十七種，先生為之補至一百五十種。所用本子較差者，皆改用較好之本。正偽和刪繁兩項，對原書補正尤多。

《歷代名畫著錄目》已於 1965 年寫成定本，今尚未刊行。

五、文學論著

先生幼年即好文學，後轉入文字、金石與書畫研究，孜孜不倦，於文學之嗜，遂難兼顧。雖然如此，也寫了幾種文學論著，今列之於後。

《中國文學史》（先秦兩漢部分）
　　1957年高等教育出版社印行
《中國文學史》（先秦兩漢部分），由先生與詹安泰、吳重翰合編，其中先生所撰，有第三、七兩章及第十章中之《史記》部分。第三章為"文字的創造與殷周散文"，分五節：一、文字的創造與甲骨文的發現，二、從卜辭上所見殷代的階級生活，三、卜辭和周易的文學，四、《尚書》中的殷周文告，五、西周的銅器銘文。第七章為"秦代的文學"，分二節：一、秦的社會背景及其文學，二、秦始皇刻石文。

這是將古文字材料從文學角度作一通俗而又系統的論述。過去學者們對甲骨文、金文等地下出土材料，多用來考史或僅研究其文字與辭例，很少人注意到它們在文學上的價值。先生首創其例，雖由於篇幅所限，論析不能詳盡，但扼要、明晰，其中所引用《周易》、《尚書》、金文篇章，間附釋文，頗便初學。

《論列朝詩集與明詩綜》
　　1950年，載《嶺南學報》第11卷1期
《列朝詩集》八十一卷，錢謙益撰集，錄明代詩人1644人，附見188人，書仿元好問《中州集》格式，順治九年（1652年）由虞山毛晉汲古閣刊刻行世。乾隆年間，錢氏著作如《初學集》、《有學集》、《牧齋文鈔詩鈔》等皆遭禁毀，《列朝詩集》、《列朝詩集小傳》亦不免於難，故流傳甚少。《明詩綜》

百卷，朱彝尊撰集，錄 3324 人，成於康熙四十四年（1705 年），後於《列朝詩集》53 年。本文從：一、《列朝詩集》之撰集；二、《列朝詩集》之定名與內容之增改；三、《列朝詩集》之禁毀與重印之缺誤；四、《明詩綜》之撰集；五、《明詩綜》對於《列朝詩集》之校正；六、二書之異同及優劣；七、後人對於二書之評騭等方面詳細論述，比較兩書的得失。其中如《列朝詩集》之選詩標準，因原書無凡例，先生總結歸納為八項，考證極詳。又如比較二書之異同優劣，亦甚嚴謹。先生治文學亦多用考據之法，所以立論堅實，材料宏富，說服力強，較之以詞藻取勝者，不可同日而語。

《紅樓夢的本子問題質胡適之、俞平伯先生》

1925 年，載北京大學研究所國學門週刊第 1 卷 5、6、9 期

1924 年，先生在舊書攤上購得《紅樓夢》舊鈔本一部，因與通行本異，遂作此文以質胡適之、俞平伯二先生。先生鈔本係百二十回本，據與程甲本、亞東書局排印本比較，認為鈔本在程甲本之前，先生認為百二十回本是曹氏的原本，後四十回不是高鶚補作的。

有關《紅樓夢》的研究，近五十年來，有了長足的進步，百二十回本恐怕不是曹氏原本，至於後四十回是否高鶚補作，則有不同意見。先生一家之言，亦可供研究紅學者參考。

《鐵橋集》（容庚、汪宗衍同輯）

1974 年何氏至樂樓叢書之八

《鐵橋集》為廣東東莞明遺民張穆的詩集。清康熙年間曾梓行，後經雍正、乾隆兩朝的文字獄，詩集多已燒毀，近幾十年公私未聞有所收藏。先生素重張穆遺詩，於四十多年曾於《東莞詩錄》等書中輯得張穆遺詩六十多首。後讀《雪橋詩話》，知劉氏嘉業堂藏有原版《鐵橋集》，經商借假錄，得詩 290 多首，及序、題詞。續後，先生又從張穆手跡和明遺民的集子中補錄遺詩二十多篇詩文，連同今無的《鐵橋詩序》，曾燦的《張穆之詩序》，名曰《鐵橋集

補遺》。先生又與汪宗衍先生從張穆友人之唱和中，以及給張穆作品的題詠，並行搜集，另成《鐵橋投贈集》、《後人題畫詩》，張穆的軼事遺聞，輯為《鐵橋集附錄》，編次於後，先生並為撰《張穆傳》四千餘言於卷首。張穆遺詩，及有關詩文史事，盡萃於此矣。

附錄　容庚先生著作目錄

《雕蟲小言》，《小說月報》10 卷第 3、4 期。1919 年。

《東莞印人傳》（容肇庚、容肇祖）1921 年石印本。

《甲骨文發現及其考釋》，北京大學《國學季刊》第 1 卷 4 期。1923 年。

《金文編序》，同上。

《金文編》，1925 年貽安堂初版，1939 年商務印書館再版，1959 年科學出版社三版。

　　附：書評 徐中舒《對〈金文編〉的幾點意見》，《考古》1959 年第 7 期。

《樂浪遺蹟出土之漆器銘文》（內藤虎次郎著，容庚譯），北京大學研究所國學門月刊第 1 卷 1 號，1925 年。

《樂浪遺蹟出土之漆器銘文考》，同上。

《紅樓夢的本子問題質胡適之俞平伯先生》，北京大學研究所國學門週刊第 1 卷 5、6、9 期，1925 年。

《漢緁仔玉印攷》（方濬益、容庚），同上第 2 卷 13 期，1926 年。

《論說文誼例代顧頡剛先生答柳翼謀先生》，同上第 2 卷 15、16 期合刊，1926 年。《古史辨》第 1 輯再錄。

《甲骨文》，燕京大學中國文字學講義稿本，1927 年。

《殷周禮樂器考略》，《燕京學報》第 1 期，1927 年。

《王國維先生考古學上之貢獻》，《燕京學報》第 2 期，1927 年。

《漢代服御器考略》，《燕京學報》第 3 期，1928 年。

《宋代金文著錄表》（王國維輯錄 容庚重編），國立北平圖書館月刊第 1 卷 5 期，1928 年。

《寶蘊樓彝器圖錄》，1929 年。

《評金石書目四種》，國立北平圖書館月刊第 2 卷 2 期，1929 年。

《西清金文眞偽存佚表》，《燕京學報》第 5 期，1929 年。

《評猷氏集古錄第一集》，《燕京學報》第 5 期，1929 年。

《周金文中所見代名詞釋例》，《燕京學報》第 6 期，1929 年。

《答商承祚先生評寶蘊樓彝器圖錄》，中山大學語言歷史學週刊 11 集 121 期，1930 年。

   附：商承祚《評寶蘊樓彝器圖錄》，中山大學語言歷史學研究所周刊百期紀念號，1929 年。

《評猷氏集古錄第二集》，《燕京學報》第 8 期，1930 年。

《秦漢金文錄》8 卷，1931 年。

《中國文字學形篇》，燕京大學研究所，1931 年。

《中國文字學義篇》，燕京大學研究所，1932 年。

《毛公鼎集釋》（稿本未刊），1932 年。

《頌壺考釋》，《文學年報》一，1932 年。

《殷契卜辭》三冊（容庚、瞿潤緡共著），1933 年。

《宋代吉金書籍述評》，《國立中央研究院歷史語言研究所集刊外編蔡元培先生六十五歲慶祝論文集》，1933 年。

《頌齋吉金圖錄》，1933 年。

《武英殿彝器圖錄》，1934 年。

《鳥書考》，《燕京學報》第 16 期，1934 年。

《考古學社之成立及願望》，《考古社刊》第 1 期，1934 年。

《甲骨文編序》，《行素雜誌》第 1 卷 4 期，1934 年。又見初版《甲骨文編》。

《古石刻零拾》，1934 年。

　　附：書評 楊樹達《讀容希白君古石刻零拾》，《考古社刊》第 2 期，1935 年。

《答楊樹達先生書》，《考古社刊》第 2 期，1935 年。

《海外吉金圖錄》，1935 年。

《金文續編》14 卷，1935 年。

《古竟景》，燕京大學，1935 年。

《尚書中台字新解》，《考古社刊》第 2 期，1935 年。

《秦始皇刻石考》，《燕京學報》第 17 期，1935 年。

《鳥書考補正》，同上。

《唐大中銅磬流傳考》，同上第 18 期，1935 年。

《記考古學社》，《東方雜誌》第 33 卷 1 期，1936 年。

《善齋彝器圖錄》，1936 年。

《善齋彝器圖錄序》，《考古社刊》第 4 期，1936 年。

《二王墨影》，1936 年。

《漢武梁祠畫像錄》，1936 年。

《頌齋書畫錄》，1936 年。

《伏廬書畫錄》，1936 年。

《簡體字典》，哈佛燕京學社刊，1936 年。

《宋代金石書考目》（楊殿珣撰 容庚校補）《考古社刊》第 4 期，1936 年。

《宋代金石佚書目》（楊殿珣撰 容庚校補）同上。

《晉侯平戎盤辨偽》，《考古社刊》第 6 期，1937 年。

《秦公鐘簋之年代》，《考古社刊》第 6 期，1937 年。

《頌齋吉金續錄》，1938 年。

《鳥書三考》，《燕京學報》第 23 期，1938 年。

《西清彝器拾遺》，1940 年。

《商周彝器通考》，1941 年。

《頌齋讀書記》，燕京大學國文學會《文學年報》第 7 期，1941 年 6 月。

《甲骨學概況》，《嶺南學報》第 7 卷 2 期，1947 年。

《記竹譜十四種》，《嶺南學報》第 8 卷 1 期，1947 年。

《倪瓚畫之著錄及其偽作》，《嶺南學報》第 8 卷 2 期，1948 年。

《飛白考》，《嶺南學報》第 10 卷 1 期，1949 年。

《頌齋書畫小記》，《南國》（嶺南大學）第 2 期，1950 年。

《甲骨綴合編序》，嶺南大學 1950 年。

《論列朝詩集與明詩綜》，《嶺南學報》第 11 卷 1 期，1950 年。

《淳化秘閣法帖考》，《嶺南學報》第 12 卷 1 期，1952 年。

《漢字簡化不容翻案》，《解放日報》1957 年 11 月 2 日，又見《文字改革》1957 年第 11 期，《1957 年文字改革辯論選輯》，《文字改革筆談》第 2 輯。

《殷周青銅器通論》（容庚 張維持），科學出版社 1958 年。

　　附：書評，見《考古》1959 年第 2 期。

《中國文學史·先秦兩漢部份》（詹安泰 容庚 吳重翰），1958 年。

《㢸叔簋及訇簋考釋的商榷》，《文物》1960 年第 8、9 期合刊。

《對於〈也談簡化漢字〉的批判》，《光明日報》1960 年 11 月 3 日。

《澄清堂帖考》，《文物》1961 年第 8 期。

《談談古銅器研究問題》，《羊城晚報》1961 年 5 月 18 日。

《畫馬名家張穆》（筆名希白），《藝林叢錄》第 3 編，1962 年 1 月商務印書館香港分館。

《評于安瀾〈畫論叢刊〉》（筆名希白），《藝林叢錄》第 2 編，1962 年 5 月商務印書館香港分館。

《青銅器的起源和發展》（容庚 張維持），《中山大學學報》（社會科學版）1962 年第 3 期。

《幾件罕見的銅器》（容庚 張維持），《南方日報》1962 年 9 月 9 日，又 9 月 16 日。

《清代吉金書籍述評》上、下，《學術研究》（廣東）1962 年第 2 期、第 3 期。

《宋代吉金書籍述評》，《學術研究》（廣東）1963 年第 6 期、1964 年第 1 期。

《鳥書考》（增訂），《中山大學學報》（社會科學版）1964 年第 1 期。

《李公麟九歌圖辨偽》（筆名希白），《藝林叢錄》第 4 編，1964 年 4 月商務印書館香港分舘。

《梁鼎芬的風趣》（筆名希白），同上。

《戴熙海天霞唱圖卷》（筆名希白），《藝林叢錄》第 5 編，1964 年 12 月商務印書館香港分舘。

《記唐志契〈繪事微言〉原刻本》（筆名希白）《藝林叢錄》第 6 編，1966 年 6 月商務印書館香港分舘。

《陸柬之五言〈蘭亭詩〉與〈文賦〉》（筆名希白），《藝林叢錄》第 8 編，1973 年 4 月商務印書館香港分舘。

《頌齋叢帖目及凡例》（筆名希白），同上。

《叢帖瑣談》（筆名希白），同上。

《廣東的叢帖》（筆名希白），同上。

《燦爛的商周青銅器藝術》（筆名希白），同上。

《記任熊大梅山民詩中畫冊》（筆名希白），《藝林叢錄》第 10 編，1974 年 3 月商務印書館香港分舘。

《歷代名畫著錄目序》，《學術研究》（廣東）1978 年第 2 期。

《懷念郭沫若同志》，《學術研究》1978 年 4 期。又《郭沫若書簡——致容庚》再錄。

《略評書畫書錄解題》，中國古文字研究會第二屆年會論文，1979 年，廣州。

《叢帖目》（一），香港中華書局，1980 年。

《叢帖目》（二），同上，1981 年。

《叢帖目》（三），同上，1982年。

《叢帖目》（四），同上，1983年。

《金文編》第四版，待刊。

《頌齋述林》，待刊。

《頌齋書畫小記》，稿本三十餘冊。

《歷代名畫著錄目》，稿本。

（本文與馬國權合撰。原載《古文字研究》第12輯，中華書局1985年）

鍥而不捨　自強不息

——容庚教授青年時代求學的故事

　　容庚先生是我國著名的考古學家和古文字學家，字希白、號頌齋，廣東東莞人。先生從 1925 年開始，先後在北京大學、燕京大學、廣西大學、嶺南大學和中山大學任教，其中以在中大的時間最長，自 1952 年起，直到 1983 年 3 月 6 日去世為止。他學識淵博，治學謹嚴，在青銅器、古文字、石刻、書畫、篆刻等方面都有高深的造詣。為了整理研究我國古代的文化遺產，先生積七十年的辛勤勞動，為後人留下了近 800 萬字的學術著作，其中除學術論文數十篇外，專著達三十部之多。這樣一位國內外知名的學者，他青年時代走過了一條怎樣的求學之路呢？在這裏，我想着重講一講先生在 1925 年以前的求學情況，講一講先生是怎樣從一個中學畢業生一躍而為全國最高學府的研究生，再進而成為著名的專家學者的。

　　容庚先生青年時代求學的道路是坎坷不平的。他 15 歲的時候，父親就去世了。在家裏，他是長子，帶着弟弟妹妹學習的責任自然而然地就落在他的身上。當時他常常和弟弟肇新、肇祖一起跟四舅鄧爾雅學《說文》，有時也跟叔父容祖椿學畫，金石與書畫就成為他此後一生中治學的兩大內容。

　　1913 年，容先生 19 歲，進東莞中學讀書。從現在的觀點來看，19 歲讀中學，似乎年齡大了一點，但先生非常勤奮好學，這時恰好四舅鄧爾雅也住在他們家，於是課餘的時候，兄弟們就各據方案而作，或習篆、或刻印，孜孜不倦地學習起來。舅父書法與篆刻的奇技，使他們神往；屋裏擁置的各種金石書籍，開闊了他們的眼界，也增添了他們對古文字的興趣。青年時代的容庚先生，不但是一個勤奮的人，也是一個學習上的有心人，當他讀到《說文古籀補》、《繆篆分韻》這些書時，心中就產生了補輯之意。這是先生有志於著述的開始。

我們知道，清代人是很推崇《說文》的，吳大澂雖然是清代一個頗有影響的古文字學家，可是他編這本古文字字典的時候，卻仍然叫做《說文古籀補》，意思是補充《說文》中的古文和籀文。由於吳氏在古文字研究上獨具卓識，加上長於書法，所以此書一出，即風靡一時，再補、三補者皆有之，然而在體例和編纂方法上卻跳不出吳書的窠臼。先生補輯吳書，銳意創新，首先在方法上作了兩大改革：一是改吳氏金文、古璽、錢幣、陶文兼收並錄之法而一以金文為限，故名曰《金文編》；二是改臨寫為摹寫。這樣，《金文編》一開始就力圖在準確和專一上超過吳書。

但是，對於一個年方二十的中學生，編書之事談何容易？更何況一年之後，四舅移家桂林，二弟肇新又病死，指導者和協助者相繼離去，給研究工作帶來了諸多困難。然而容先生並不氣餒，1917年在東莞中學畢業後，決心不再升學，專事著述。這時剛滿23歲的容庚先生，便擬訂了一個相當龐大的著書計劃。準備採集篆籀之現存者編為《殷周秦漢文字》一書，包括甲骨文編、金文編、石文編、璽印封泥文編、泉文編、磚文編、瓦文編、陶文編八種。遠大的志向必須和求實精神相結合，才能眞正做出一番事業。先生根據當時的條件和能力，先着手編纂《金文編》，他潛心鑽研金石文字，朝夕摹寫各種銅器銘文，匯集不同形體的單字按《說文》的體例排列起來，每字註明出自何器，形體與篆文相差較大或《說文》所無之字，則選取各家考釋中可信之說，擇優而從。這樣幾易寒暑，終於編成了自己的第一部專著——《金文編》的初稿。可是，當先生帶著收穫的喜悅準備繼續奮進時，命運似乎註定要和這個奮力拼搏的青年人作對，1920年秋天，舅父家因火災各種金石拓本、書籍印譜之類蕩然無存。這個打擊實在太大了，因為金石拓本、圖書典籍非一日可以聚積，更不是當時家境清寒的容先生所能重備。所以儘管奮鬥了四年，積稿盈尺，而書卻不能最後完成。出路在哪裏呢？先生這時彷徨呀，苦悶呀，終於在山窮水盡疑無路的時候，邁出了一生中具有決定意義的一步。1922年5月，他與弟弟肇祖一起，毅然北上，踏上了新的征途。

一個事業上有進取心的人，要做出一番成績，不能光靠個人奮鬥、孤軍作戰，還需要前輩的提攜，以及各種客觀條件的配合。先生帶着《金文編》的稿本，北上路經天津時，抱着試一試的心情，去拜見當時頗負盛名的古文字學家羅振玉。果然，數年的心血沒有白費，他得到了羅振玉的賞識，並經羅介紹，考入了北京大學研究所國學門，從一個中學畢業生一躍而成為北大的研究生。從此，先生在羅振玉、王國維、沈兼士、馬衡等著名學者的指導下，學業日進，終於在1925年出版了自己的第一部成名之作《金文編》。此後，先生在各大學任教，治學條件當然比學生時代好多了，但是如果沒有青年時代那種刻苦自學的磨練，他又怎麼能踏進古文字研究的學術之門呢？

我於1961年考上先生的研究生，廁身於先生門下已經二十餘年了。先生那種言不違心、行不悖理、剛正不屈的品德，刻苦自學的精神，都使我受到深深的教益。就是我當了研究生以後，先生仍然諄諄教導我們要走自學成才的路。記得我當研究生的時候，先生就沒有給我們排過什麼課程，而要我們自己讀書，在《金石書錄目》中任意取讀，可以從宋代、清代到現代讀下來，也可以反過來從最新的研究成果開始，再回溯上去，有問題可以隨時去問他。我經過摸索，採用的是後一種讀書方法。因為讀現代人的著作比較容易入手，而且後代的書大抵都能總結前人的研究成果，並經過一番去蕪存菁，讀起來省時省力，容易出成果。中國有句老話，叫做"師傅領進門，修行在各人"。"修行"之事得靠自己，而且得根據現有的條件揚長避短，主動進擊。在文科各個學科中，古文字學是比較難學的一個科目，如果古文字學都能自學成才的話，那其他的學科還怕攻不下來麼？我想，容庚先生青年時代求學的往事，是可以給我們一些啟迪，使我們這些後輩堅定地走自學成才的道路的。

（原載中山大學中文系《刊授指導》第1期，1984年11月）

中國古文字的發現與研究

中國的古文字，是指秦漢以前古代遺物上保存的文字材料。這些材料，歷代都曾出土。由於古文字材料的不斷發現，中國古文字的研究，自宋代以來，已逐漸成為學術領域里的一個重要方面。本世紀以來，它又從中國走向世界，形成一種世界性的科學——中國古文字學。這門學科的發生和發展，走過了一條漫長的道路。

中國古文字研究的興起——宋代的古器物學

中國古文字材料的發現，可以追溯到秦漢以前，當時就有青銅器零星出土。至兩漢，"郡國亦往往於山川得鼎彝，其銘即前代之古文"（見《說文解字敘》）。當時認識那上面文字的人不多，也沒有人去搜集和整理。西漢時由於一批用戰國古文書寫的經書的發現，引起了今文經學（用隸書書寫的經籍稱今文經）與古文經學兩大學派的激烈爭論，東漢著名的古文經學家許慎為了捍衛古文經學，編撰了中國第一部以小篆為主體的字典——《說文解字》。魏晉以後，除了對《說文》的研究外，還整理過汲縣發現的大批戰國竹簡。唐初在陝西又發現了石鼓文，引起了當時學者的注意。北宋初年，郭忠恕編《汗簡》，夏竦繼之作《古文四聲韻》，是對唐代學者古文字知識的結集，不過這些書流傳不廣，影響也不大。眞正對後代產生影響的是宋代的古器物學。

北宋年間，由於青銅器大量出土，器物上的銘文逐漸引起學者們的注意。

嘉祐八年（公元1063年）劉敞輯所得古物為《先秦古器記》（書今佚），開私人收藏、著錄古器的先河。後來歐陽修編《集古錄》，把劉氏搜集的古器都收集進去。他們對宋代古器物的研究起了倡導的作用。

宋代著錄古器物的書以呂大臨的《考古圖》和王黼等的《博古圖錄》為代表，每器繪圖，摹寫銘文，並記載器之大小、輕重、容量及出土地、收藏人等，是一種科學的著錄傳世銅器的方法，為後世著錄家開創了良好的先例。其它如薛尚功《歷代鐘鼎彝器款識法帖》、王俅《嘯堂集古錄》、王厚之《鐘鼎款識》等則不圖器形、只摹款識，價值較次。

總之，宋人對青銅器的著錄和考釋有鑿空之功，傳世器物的定名也大多為宋人所定。當然也有定錯了的，如"𣪘"宋人稱"敦"，其實是簋，而宋人所謂的"簋"則是"𠤳"字。宋代的古器物學不僅是中國考古學的前驅，也為中國古文字的研究開闢了道路，其開創之功是不可磨滅的。

為古文字研究奠定基礎——清代的說文學和金石學

宋代自南渡後就很少發現銅器了，由於理學的盛行，元明兩代古器物及文字的研究趨向衰頹。清代乾嘉以後，金石學才又振興起來，乾隆年間，有"西清四鑒"的編纂，但真正對清代銅器研究起領導作用的則是阮元的《積古齋鐘鼎彝器款識》，此後名家輩出，著述日富。曹載奎的《懷米山房吉金圖》是石刻本中的善本，而木刻本金文則以吳式芬的《攈古錄金文》最佳，其他如潘祖蔭的《攀古樓彝器款識》，吳大澂的《恆軒所見所藏吉金錄》和《愙齋集古錄》，方濬益的《綴遺齋彝器款識考釋》，端方的《陶齋吉金錄》和《續錄》等，都是上乘之作。清人不僅注意銅器上的銘文，還搜集古璽、陶文和貨幣文，眼光擴大，創獲日多。

清代古文字研究的進展，與當時的《說文》研究密切相關，段（玉裁）、桂（馥）、王（筠）、朱（駿聲）四大家對《說文》深入而精湛的研究，直接影響了對古文字的考釋，吳大澂把二者結合起來，編了一部著名的字典——《說文古籀補》。他還著有《字說》一書，所釋二十餘字大多是可信的，如辨正古書中"寧王"之寧為"文"字之誤，極為精確。除了吳氏外，孫詒讓在古文字考釋的方法上也作了可貴的探索，他在《古籀拾遺》、《古籀餘論》等書中，運用六書條例，用分析偏旁的方法考釋文字，一掃以往金文學家隨便推測、附會的習氣。清代從編纂圖錄、積累資料，發展到考釋文字，闡明條例，為古文字研究的獨立發展創造了條件，他們的研究成果，為後代學者所繼承。

甲骨學的崛起和三十年代的金文研究

19世紀末，河南安陽小屯村的農民在耕地時，常挖到一些龜甲獸骨，他們發現這些古物磨成粉后能收斂止血，於是賣給中藥店，稱之為"龍骨"。1899年，在北京的金石學家王懿榮對這些所謂"龍骨"進行了鑒定，確定是一種古代文物，後來寫《老殘遊記》的作家劉鶚輯所得編成了第一本著錄甲骨文的書——《鐵雲藏龜》。1908年，羅振玉弄清了甲骨的出土地點在安陽小屯，斷定這是商代晚期的都城。1928年，前中央研究院正式在小屯發掘。從此這種3000年前的古代文字才逐漸公諸於世，終於得到中外學者的重視，為中國古文字的研究，開闢了一個全新的領域。

最早研究甲骨文的著作是孫詒讓的《契文舉例》。羅振玉在將他所搜集到的大量甲骨編纂成書（如《殷虛書契》、《殷虛書契菁華》等）的同時，也對甲骨文進行了初步的研究，著有《殷虛書契考釋》等書。王國維的《殷卜辭中所見先公先王考》則是利用甲骨資料考證商代歷史的著名篇章。

羅、王以後，著名的甲骨學者有董作賓、郭沫若、唐蘭和于省吾等人。董氏的重大貢獻是《甲骨文斷代研究例》。通過斷代研究，使學者們增強了時代和發展的觀念。郭沫若的特點是注意聯繫社會發展來研究古文字。唐蘭在總結前人（主要是孫詒讓）考釋古文字的基礎上，提出辨別文字形體的方法有比較法、推勘法、偏旁分析法和歷史的考證四種。而于省吾則把形體分析、聲韻通假和典籍訓詁緊密結合起來，以地下出土材料與傳世古籍相互印證去分析和考釋古文字。此外，王襄、容庚、商承祚、胡光煒、徐中舒、楊樹達、胡厚宣、曾毅公、孫海波、陳夢家等，對甲骨學的發展也作出了應有的貢獻。

由於甲骨文的發現，20世紀初年，古文字學家對銅器研究未暇多顧，直到20年代末、30年代初，隨着新鄭、洛陽金村、安徽壽縣等地古墓的發現，金文研究才又興旺起來，十餘年間，青銅器和金文研究的各種著作相繼出現，這種興旺的景象一直延續到抗日戰爭時期。30年代出版了許多著名的銅器圖錄，如容庚的《武英殿彝器圖錄》、《頌齋吉金圖錄》和《續錄》，于省吾的《雙劍誃吉金圖錄》、《雙劍誃古器物圖錄》等，圖像採取攝影，摹拓款識兼及花紋，形象逼真，印刷考究，為前此各種圖錄所未備。這一時期的兩大著作是郭沫若的《兩周金文辭大系圖錄》和《考釋》，容庚的《商周彝器通考》。《大系》在銅器斷代上的業績使它成為整理金文資料的劃時代著作之一，而《通考》則是800年來銅器研究的總結。這一時期還出現了搜羅宏富、鑒別甚嚴、印刷考究的金文合集——《三代吉金文存》（羅振玉編）。在考釋上，于省吾的《雙劍誃吉金文選》吸收各家考釋的精華，釋文斷句，是一種很簡潔的金文集釋本。隨着青銅器的日益被人重視，作偽之風日盛，辨偽學也相應地發展起來。總之，這一時期由於殷墟發掘與對青銅器的研究，使古文字的研究與考古學、歷史學等學科緊密結合起來。這時的古文字學與舊的金石學已完全不同，在觀點與方法上都有了新的飛躍。

近三十年來的古文字研究

近三十年來，中外學者和廣大的考古工作者通過辛勤的勞動，使古文字學這門學科進一步發展，各種大型合集的編纂，不僅是這一學科成熟的標誌，更為以後的研究開闢了廣闊的前景。

在甲骨文方面，郭沫若主編的《甲骨文合集》和中國社會科學院考古研究所編纂的《小屯南地甲骨》是集殷墟甲骨大成的著錄書。臺灣也有《殷虛文字乙編》和《丙編》出版。綜合論述甲骨文的專著有陳夢家的《殷虛卜辭綜述》；集釋文字則有李孝定的《甲骨文字集釋》；甲骨文字典有孫海波增訂的《甲骨文編》和金祥恆的《續甲骨文編》。周原甲骨的發現更開闢了甲骨學研究的另一個全新的領域。王宇信的《西周甲骨探論》是到目前為止各家周原甲骨研究的綜合論述。

金文方面，由於基建工程的開展，大批銅器隨之出土。工人、農民和解放軍協助文物工作者發掘、徵集了大批古物。據不完全統計，新出有銘銅器達千件以上，尤其是通過殷墟婦好墓、壽縣蔡侯墓、隨縣曾侯墓、平山中山王墓的發掘，使古文字研究高潮迭起，成績斐然。出版的青銅器圖錄以上海博物館編的《上海博物館藏青銅器》最佳，考釋之作則有楊樹達的《積微居金文說》和陳夢家的《西周銅器斷代》（部分），並有大量論文在各種刊物上發表。1983年，嚴一萍、邱德修依據孫稚雛1981年出版的《金文著錄簡目》，分別編纂了《金文總集》和《商周金文集成》兩種大型資料書在臺灣出版。最近，中國社會科學院考古研究所主編的《殷周金文集成》第一冊和第二冊也已出版，其它各冊將在近年內陸續問世。這部巨型的金文資料書收器一萬件以上，在質量和數量上都超過了上述二書。金文字典則有容庚《金文編》增訂第三版、第四版的印行。

近數十年來，外國學者對中國的古文字研究也作了很多有益的工作，日本的梅原末治，貝塚茂樹、白川靜、島邦男，澳大利亞的巴納等都有相當的貢獻。

總之，經過自宋代以來數百年的努力，中國古文字學發展到現在，已經成為一門世界性的、有自己的理論和研究範圍的、成熟的獨立學科，它與考古學、古代史、語言學、文獻學既有密切的聯繫，又互相促進。中外學者們正在攀登着一個又一個的高峰，向着新的深度與廣度前進。

（原載中山大學中文系《刊授指導》1987年第9期）

後　　記

　　本書是我從事中國古文字學、青銅器銘刻、《說文解字》和書法教學與研究的部分已刊文稿，蒙中山大學古文字研究所陳偉武教授、陳斯鵬教授、蔡一峰博士和各位研究生同學的鼎力相助，克臻於成。中山大學出版社的各位先生也為本書的出版付出辛勤的勞動，特此一併致謝！

　　今年我整整滿八十週歲了，在這辭舊迎新的時刻，恰逢本書出版，許多往事湧上心頭⋯⋯

　　1961 年我在中山大學中文系畢業後，分配到中山大學古文字學研究室當研究生，師從容庚、商承祚兩位老師學習古文字學，我主要研習金文。入學伊始，容老認為我們基礎差，研究生讀三年時間不夠，遂申請教育部改學制為四年。容老的教學計劃分三步，第一步寫字，抄寫《說文解字》、《金文編》和《甲骨文編》三部字典，每天寫五十字，一周送審一次。現在看來這種方法雖然簡單卻很有實效，記住了古文字的形體又培養了寫篆書的能力，還經常能和老師海闊天空地交談，一舉三得，何樂不為？第二步是讀書，容老說可以從宋代往下讀，也可以先讀現代人的著作再讀古人的書。我選擇了後一種讀法，於是系統地讀了郭沫若的《兩周金文辭大系圖錄考釋》、容庚的《商周彝器通考》、于省吾的《雙劍誃吉金文選》、楊樹達的《積微居金文說》、陳夢家的《西周銅器斷代》和日人白川靜的《金文通釋》，等等。讀書的同時將讀過的銘文製成卡片，內容包括器名、字數、時代、著錄和釋文，釋文凡確識的字用隸定，不識或可疑的字則照摹下來，這些積存下來的卡片對我後來的金文研究提供了極大的方便。第三步是寫論文。容老從一開始就提醒我們要注意找題目，他說題目大了你們做不了，題目小了沒意思，不大不小的別人早就寫了。我當年選擇的做集釋，這樣可以把讀書和寫論文結合起來，長可成書，短則選幾篇有心得的應付畢業。一晃幾年讀研時間就這樣過去了。

1970年高校恢復招生，我從英德"五七"幹校奉調回中大，此後近十年裏我教過各種課，甚至是文藝創作怎樣寫小戲，但一有時間我仍然心存集釋，在容老校補過的羅福頤《三代秦漢金文著錄表》的基礎上進一步增補編成《金文著錄簡目》，後來又將收集和讀過的論文編成《青銅器論文索引》，這兩種書稿實際上是我作金文集釋的工作目錄。

1978年春，中華書局趙誠先生南來，瞭解了我所做的這些工作後，建議我先出版《金文著錄簡目》以應學界之需，至於集釋，他說做一篇發表一篇，不要等到積纍很多篇才一起發表。我聽從趙先生的意見，於是1979年《簡目》手寫影印由中華書局出版。後來據說臺灣學者邱德修依照《簡目》編成《商周金文集成》一書（15冊），嚴一萍也出版了一套《金文總集》。至於我的另一本目錄書《青銅器論文索引》也於1982年由中華書局手寫影印刊行，由於好些文章我寫了提要，中華書局出版時在封面上將"編"字改成了"編著"。金文集釋的成果在《古文字研究》上發表了幾篇，雖然資料收集頗全，但總感覺煩瑣，於是將長篇銘文的匯釋部分刪去，僅保留其餘部分而成《今譯》，這也是一種新的嘗試吧！

1996年以後，我因患開角性青光眼沒有及時治療，視力日下，結果只剩下一點點可憐的生活視力，無法看書，不能查資料，無可奈何只有逐漸淡出古文字研究的領域。2013年兒子送給我一個ipad，可以將字放大，且有朗讀功能，我餘情未了，於是利用新科技再次讀書撰稿，2016年根據網上資料寫成《契齋書法辨偽》一文，今天又用同樣的工具寫成了這篇後記。

感恩老天給我關了一道門又開了一扇窗……

撫今追昔，感慨萬千。

最後用以前寫的一首小詩作為本書的結束：

> 隨緣習古籀，染翰夢雕龍。
> 塵海蒼茫客，空留紙上風。

我的書既不能藏之名山，更不想持以蓋醬，大概也只有空留紙上的一陣清風了。耑此謹記。

2018 年 12 月於珠江南岸中山大學之蒲園